争取荣耀的代价

一份不完整的拿破仑私人和公共财务账单

许天成 ｜ 著

九州出版社
JIUZHOUPRESS

图书在版编目（CIP）数据

争取荣耀的代价：一份不完整的拿破仑私人和公共
财务账单 / 许天成著. — 北京：九州出版社，2024.9
　　ISBN 978-7-5225-3427-5

Ⅰ. F156.59

中国国家版本馆CIP数据核字第2024KF4981号

争取荣耀的代价：一份不完整的拿破仑私人和公共财务账单

作　　者	许天成　著
责任编辑	陈春玲
出版发行	九州出版社
地　　址	北京市西城区阜外大街甲35号（100037）
发行电话	（010）68992190/3/5/6
网　　址	www.jiuzhoupress.com
印　　刷	天津中印联印务有限公司
开　　本	710毫米×1000毫米　16开
印　　张	21
字　　数	300千字
版　　次	2024年9月第1版
印　　次	2024年9月第1次印刷
书　　号	ISBN 978-7-5225-3427-5
定　　价	89.00元

前　言

　　将拿破仑和金钱联系在一起似乎是合情合理的。因为大家都对印有"第一执政"头像的法国共和纪年金币以及后续改换了罗马风格的帝国金币印象深刻，但是这种联系在同一时刻又似乎会招来其崇拜者的批评。青年时期身着灰色长衣、戴着小礼帽的拿破仑是朴素的，皇帝陛下本人后来也非常愿意追忆和怀念这种朴实无华的形象，他似乎不愿意在公众面前让人产生他与金钱这种玷污人的美德的卑鄙金属有什么共同点的联想。在这一时期，欧洲主要国家都盛行重商主义，所以争取贵金属流入的问题是很重要的国计问题，与贵金属相关的问题因此不能被完全掩盖，但拿破仑在塑造自己形象的时候，对钱的问题通常只是简略处理。在讨论皇帝的家庭生活时，法国和欧洲其他国家的人民当然对约瑟芬的挥霍无度、莱蒂齐亚的过分悭吝印象深刻，但人们对他在法兰西银行成立过程中所起作用的认识，就大概限于学术研究成果中比较大众化的那些了。当提到伟大的拿破仑战争时，大家就更加不关心财政问题了。

　　然而，在拿破仑作为军人和政治家的生涯起点，个人收支（或者说财政问题）就与他如影随形，金元政治在18世纪末的欧洲无处不在。拿破仑一生荣耀和悲剧的根源都应该归结于他在法国大革命中扮演的角色、发挥的作用，而法国大革命正是旧制度所无法控制的金融、财政危机爆发后的产物之一。纸币（银行券和有价证券）的崩溃是旧制度失去信用的主要原因。为了恢复秩序，法国社会的最终选择是找到那些在混乱中还能保持住组织度的团体，军队正是这样的团体。军队能够在混乱年代有效运转并向外输出秩序，但这种输出并非毫无代价，拿破仑的意大利远征在很大程

度上是出于经济考虑的产物。他在埃及的失败在很大程度上也是由于当地
经济资源的匮乏。拿破仑在埃及的失败促成了他回国并在各种财政问题上
寻求政治的一揽子解决方案。如果否认金钱的作用，就会连带否认拿破仑
所面临的严重财政问题——为15年的长期大战提供资金但尽力避免国家破
产，其中的财政和金融操作是真正的艺术。对这门艺术的掌握和运用水平
的高低则最终决定了他的崛起、掌权和败落。英国人几乎每次都能在皇帝
最薄弱的地方进行有针对性的经济资源投入，反法同盟一次又一次地重建，
法国的海军梦失败了，伊比利亚半岛变成了帝国不断溃烂失血的伤口。在
这样的殊死搏斗中，敌对双方都要找到越来越多的钱，以便在下一次对决
中争取更大的胜率。

本书固然是一本比较易于阅读的经济史著作，但不是专门的财政史或
法制史著作，主要关注点在于评估拿破仑个人的历史活动在多大程度上受
到18世纪末至19世纪初西欧经济和财政限制的影响。这包括了他在不同
历史阶段的私人财务状况，他在崛起为第一执政并最终成为法兰西帝国皇
帝过程中相关方面的公共财务状况以及与此相关的战争收支等，本书还希
望强调拿破仑在这些领域所采取的经济决策及其后果。已有许多研究拿破
仑战争的著作，其中又有很大一部分集中关注了法兰西第一帝国后半段那
些悲剧性的失败。因此，本书将在这里节约相应的笔墨，不再叙写皇帝走
向失败过程中的战争开支和相应的国家财政情况。

由于这段历史有其自身的连贯性，在聚焦于拿破仑个人的经济史之外，
我们将只涉及拿破仑时代的一部分军事、外交或政治事件，以便于理解。
这不是一本事无巨细的拿破仑时期法国国家财政手册，也不是拿破仑的军
事征服史，许多那样的著作早已面世。在拿破仑自己的心中，公共资金和
他自己的私人财务活动是截然分开的，但他的财务活动又确实影响到了当
时的重大历史事件。这些历史事件包括但不限于他的青年时代、王室的破
产、督政府新币制的失误与失败、他对权力的追求、他的战争、他的统治
以及他的流亡生涯。

　　简而言之，在拿破仑人生的初期阶段，他不得不为在商界树立自己的地位而奋斗。在共和岁月和帝国的初期，他面临了严重的财政危机。在法兰西第一帝国的高光时刻，他看上去制定并实行了有效的经济政策，迎来了法兰西短暂的稳定与繁荣。但是，由于缺乏真正的公共信贷，从布列塔尼半岛最西边的布列斯特到威斯特伐利亚的首府卡塞尔，欧洲各国人民承受着拿破仑战争的后果：掠夺性的税收、烦琐的海关管制、被误解的改革、经济生活的痛苦和工业生产的紊乱等。皇帝本人则最终付出了两次被推翻和被流放的政治代价。当皇帝首次复辟的时候，这是法国历史上最昂贵的百日。这短暂的复辟快乐需要皇帝本人用自己二次被推翻和流放后剩下的自由时光来偿还。法国大革命的光辉熄灭了，王政复辟了，法国人民也背上了沉重的对外赔款。

许天成

2024 年 7 月 1 日

目录

第一部分

法国大革命和拿破仑战争前的
简要经济背景

一、变革的年代

18 世纪是欧洲经济发生巨变的时期，以至于人们常常将其称为变革年代。具有讽刺意味的是，作为这些变革的特征的许多结构、思想和制度并不是新的，而是起源于之前的几个世纪。18 世纪变革的本质特征不是制度初创，而是这些制度终于开始以前所未有的规模得到实际应用和强化。欧洲统治者意识到，提高各自国家的经济水平将不仅关系到他们的既得利益，更关系到他们能否顺利进行工业化和领土扩张。经济的繁荣有助于政治稳定和税收增加。

在近代早期，一些关于政府如何促进经济增长的观点，被归纳为重商主义。重商主义的基本观点是，世间财富的数量如果不是不变的，也至少是很难增长的。要衡量一国财富的多少，就要看它有多少贵金属（即金银币或金银块）。如果一个国家想获得更多的贵金属，就必须以牺牲其他国家的利益为代价。这些思想带来了侵略策略的产生与发展，其中就包括贸易战。如 17 世纪的四次英荷战争，就是旨在强行夺取有利可图的贸易路线、船只和市场。国家还倾向于加强进出口管控。过多的进口意味着货币离境，因此高关税或进口税成为当时的主流。为了促进出口，统治者利用垄断、特权和关税保护来鼓励国内工业企业生产出口商品。

重商主义者专注于贸易，而重农主义者（法国经济学家和哲学家，其理论基础是所有财富的起源都可以追溯到农业）则认为，经济增长最自然、最富有成效的来源不是工业或贸易，而是农业。按照他们的逻辑，贸易只是简单地将货物流动起来，而工业只是将已有的部件拼凑在一起，两者都没有创造出任何新的东西。在农业领域，一粒小小的种子就能生产出成千上万蒲式耳的小麦。为了实现这一潜能，农民需要自由地以最佳方式进行耕作，因此他们所面临的所有限制都需要改变。理智派使用医学隐喻，将平衡理念作为其制度的基础，认为社会有机体的每个部分都必须按照自己的方式自由发展，以免扰乱所有部分的自然工作秩序。在普鲁士和奥地利等东欧国家，某种折中的经济理论采纳了这两种哲学的要素，强调农业和工业发展的重要性，同时寻求国家利益与公民福祉和最大利益之间的平衡。

尽管有这些学术的理论，但统治者之所以采用重商主义，首先是因为他们需要钱。18世纪以前，大多数欧洲国家都以类似的方式筹集资金。君主通常也是本国的大地主，会将王室土地的收益作为国家资金。此外，还有通常不适用于社会特权阶层、贵族或神职人员的实用税收安排。如果没有庞大的官僚机构的帮助，统治者会发现他们的税收制度很难调整，甚至根本不可能调整，而税收本身也同样难以征收。统治者也可以通过提供特殊服务、合同或特许权来获得收入。当这些努力失败时，他们通常会被迫向社会上的富裕公民贷款。由于长期以来的传统筹资安排通常不包括利用贸易利润或从长途贸易中收税，因此贸易是一个特别有利可图的新收入来源。统治者出售某些地区或某些商品的贸易垄断权，并对进出口征收重税。尽管贸易不断增长，但欧洲统治者发现自己长期缺乏现金。战争的消耗越来越大，几乎无时无刻不处于战争状态的国家也面临着最大的财政赤字。

利用信贷和商业税、人头税、消费品税的历史在西欧虽然历史较长，但一般只是临时措施。在英法百年战争（1337—1453）的中后期，英国尤其如此。法国的财政情况比英国好，但也使用了征收盐税和炉灶税等筹资办法。因此，从英国人发起宪章运动、法国国王必须就开征新税问题召开包括各社会阶层的特别会议时起，西欧国家的财政体制其实已经开始从中世纪的桎梏中缓慢解脱出来。第一个彻底改变国家财政体制使之迈向现代化的国家是荷兰。新成立的荷兰联合省是一个共和国，而非君主制国家，因此其财政体系依赖于城镇政府使用的信贷和税收制度。在这一制度下，对葡萄酒和纸张等商品的消费征收消费税。与传统的财产税或财富税相比，消费税带来的收入更多、更稳定，而且更容易征收。另外一个好处是，这些税收适用于社会各个阶层，即使是精英阶层，免税也是例外，而不是常规。城镇还发行市政债券，允许它们以未来的税收收入为抵押借款。债券只是购买者向政府提供的贷款，作为回报，政府向债券持有人支付利息。由于荷兰各地的商业城镇建立了良好的信用，债券被认为是一种安全的投资。通过发行债券，这个年轻的共和国能够以较低的利率借到更多的钱，而且借款的期限比周围那些大得多的君主国国王所能借到的更长。随后，荷兰人利用利息收入成为外国的大投资者。即使在荷兰经济实力衰退之后，阿姆斯特丹仍然是欧洲的金融之都。

当时间来到 18 世纪，荷兰本土人口少、缺乏国土战略纵深的问题暴露无遗。在造成霸权转移的多次战争中，现代金融和财政制度曾经是荷兰的力量源泉。当战争的规模变大，频率变高，持续时间变长，这个力量源泉反过来就变成了荷兰的弱点。国家预算的大部分不得不用于偿还债务和再扣税。政府通过提高税收来避免破产，但这使得他们的商品价格相对较高，影响了他们在贸易中的竞争力。要想发挥这套制度的威力，它需要更大的施展舞台。恰在此时，英国发生的光荣革命提供了这样的舞台。

英国的战略纵深和地缘安全性比荷兰更佳，英国的人口也更多（但只相当于法国的三分之一）。1688 年，荷兰贵族威廉·奥兰治与玛丽·斯图亚特联姻，成为英国国王。他带来了荷兰丰富且行之有效的金融知识。到17 世纪末，英国人已经按照荷兰的思路改造了自己的财政，建立了中央银行系统，该系统比荷兰的同类系统拥有更广泛的贷款权，引入了纸币的使用，并简化了金融业务。在英国议会的支持下，该国政府将这场金融革命转化为自己在 18 世纪所享受的那种政治和军事上的成功。

相比之下，法国的人口和经济总量比英国多得多，法国王室所拥有的地产及其孳息也比英国王室多。那么，法国政府就不太依赖现代化的财政、金融手段。但反过来，法国在国家财政制度改革和创新方面的落后在 100年后终将变成法国大革命的主要原因之一。

二、农业革新激起的人口涟漪

18 世纪西欧各国在贸易、金融和工业等方面的扩张受到学者们的广泛关注。然而，人们很容易夸大这种变化的程度和广泛性。总的经济局面并没有突然之间焕然一新。对于大多数当时的欧洲人来说，他们的生活与数百年前并无太大区别。大多数的欧洲人仍依赖农业。在当时的欧洲人口中，大约每四人中就有三人是农民。大多数农民拥有属于自己的一小块土地，但也经常租佃别人的土地来耕种。他们的生活主要是为养活自己和家人而奋斗。这显然属于典型的简单再生产。

在这一时期，更为根本性的变化发生在农业部门。尤其是在英格兰和荷兰等相对先进的地区，这种变化更显著。自中世纪以来，农民习惯于将田地分为两部分。一半耕种，通常是小麦或其他谷物，另一半休耕，或耕种可以补充地力的其他非正式作物。三圃制轮作始于 17 世纪，它将田地分为三部分，耕种其中的两部分，休耕剩下的一部分。起初这只是通过使用更多的土地来提高产量，但农民们随后开始尝试种植小麦以外的其他作物。燕麦和黑麦的种植让农民拥有了更多的牲畜和马匹。马匹是一种有利于开荒和贸易贩运的动力源。有了这些新作物，积极进取的农民还可以通过使用粪肥肥沃土壤来完全摆脱休耕的限制（当然这需要付出相当多的劳动）。一门完整的农业科学和配套的文化习俗发展起来。学术界出版了专业的农学期刊和论文，统治者和农民都争相阅读。这些进步都确实有助于增加总产量、提高生产效率、加强佃农以及后来的农业工人的安全。在英国，这种影响尤为显著。

土地比以前变得更有价值了，地权形式也随之而变。英国政府通过了各种各样的《圈地法》（*Parliamentary Inclosure Acts*）。在《圈地法》颁布之前，领主所拥有的大农场的田地被分割成小块，然后分给众多佃农耕种，这些农民可能拥有遍布整个农场的多块田地。农民还有权使用指定区域作为牧场，在公用的林地上拾取木柴等。《圈地法》允许土地所有者将其所有土地封闭成更大更有效的耕作单元，但却牺牲了佃农原来的那种不完整但有内在蕴含价值的地权。

新农业耕作技术、新农作物的出现和传播是零星和缓慢的，但当它们传播到了适合农耕的法国、西班牙和东欧平原部分地方，其效果却十分显著。新的土地被开垦且其地力得到提高之后，这些地方的人均食物拥有量提高，种类也变得更加多样化了。以改良芜菁为代表的根茎类作物和豌豆、紫花苜蓿等豆科植物，为农民和他们的牲畜提供了更好、更多样化的饮食。在经历了长期的缓慢增长或负增长之后，欧洲人口的增长模式终于开始摆脱"高出生率—高死亡率—低增长率"的原始阶段。欧洲的人口开始缓慢增长。到了 1750 年以后，欧洲人口更是迅速增长。在英国，人口几乎翻了一番。在人口增长和扩散的过程中，新的农业技术也在扩散和向下渗透。

三、贸易的转型

贸易方面的情况也与此类似。欧洲的多层次远距离贸易体系在 16 世纪就已出现，并在 17 世纪就已较为成熟和稳固。到了 18 世纪，贸易和农业一样，在欧洲各国政府的推动下得到了加强，各国政府都希望增加自己在世界财富中的份额。新产品创造了新机遇，那些安于现状的国家被日益激烈的竞争甩在了后面。

海外贸易并不是欧洲人从事的唯一一种有利可图的贸易。英国和荷兰等国利用良好的国内航运系统，向本国境内的居民出售更多商品。英国还通过消除货物和人员自由流动的一切障碍，促进其本土岛内和整个殖民帝国范围内的贸易。法国人紧随其后，建立了某种程度的国内统一税收系统，取消了许多阻碍货物流通的过路费和其他税收。欧洲各地的贸易也随之加速。历史学家往往忽视了欧洲各国国内贸易、欧洲各国相互贸易增长的重要性。这或许是因为与海外商人的惊人探险发现和超高殖民回报相比，一国国内的贸易、欧洲各国之间的相互贸易显得相对平淡无奇。

在 18 世纪的时候，开展远距离贸易仍然是一项风险高、成本更高的事业，市场化的保险业务的发展对比起到了缓冲作用。不过，为了证明贸易投资的合理性，潜在的利润必须极高，才能对冲仍然存在的风险并说服投资人进行投资。这一时期的大多数贸易都是针对供不应求的奢侈品，尤其是富裕消费者所追求的那些消费品。丝绸、白银、胡椒和其他香料吸引着欧洲人开始开发亚洲和西属美洲的贸易。巨大的利润使欧洲人有理由、有经费去建立武装舰队来强行获取殖民地，并建造武装堡垒来"保护"商人。然而，随着越来越多的国家参与到贸易和商品生产中来，利润率也随之下降。到 17 世纪末，胡椒的价格比中世纪晚期已经下降了 80% 以上。对于大多数贸易公司来说，这一行已经不值得再做了。要在较低的利润率情况下追求更大的利润总量，一条行之有效的办法是把贸易的品类转向市场消费量更大的"普通"嗜好品、成瘾品。

在真实的历史上，事情正是这样演化的。由于在基础设施建设、商路维持、武装配备等方面投入了大量资金，商人们发现，努力寻找利润总量更高的新产品对他们更有利。在 18 世纪，这些产品是烟草、糖、茶和咖啡。18 世纪最抢手的这几种产品都是令人上瘾的副食品，这绝非巧合。轻微的成瘾性确保了它们在欧洲的畅销。随着价格的下降，越来越多的人可以买到这些产品。利润率变得不那么惊人，但更大的市场和几乎肯定有保证的回头客降低了风险，增厚了利润。随着欧洲人在大多数殖民地的人口增长，政府出台了保护主义法案，要求殖民地人民从宗主国购买商品，这是另一种利润的安全来源。

欧洲人利用他们在地理大发现以后建立的世界经济体系中的中心地位，构建出新的机遇并以此谋利。例如，蔗糖需要比更早期其他初级产品更多的投资，因为蔗糖需要种植、收割和加工，这需要大量的半熟练劳动力。要生产蔗糖就需要建造精炼厂。从这个意义上讲，蔗糖不是一种农产品，而是一种早期工业制成品。葡萄牙人在印度发现了蔗糖，并试图在欧洲种植甘蔗，但他们发现欧洲种植者并不愿意改种这种新作物。于是，他们开始在殖民地巴西种植甘蔗，并从非洲进口奴隶劳动力。因为事实证明，巴西原住民不适合蔗糖生产的艰苦劳动。在葡萄牙人从蔗糖中赚取的高额利润的吸引下，其他国家也加入了这场争夺战。到 18 世纪，荷兰在德梅拉拉、法国在圣多明各、英国在牙买加和巴巴多斯、西班牙在古巴都开始生产蔗糖。他们在每个地方都建立了大型种植园，并从非洲输入奴隶劳动力，这大大加速了奴隶贸易。1700 年到 1786 年间，仅牙买加就有数十万非洲人。奴隶劳动产出的蔗糖成为各殖民地重要的出口产品。对英国人来说，从 1713 年到 1792 年，英国出口了价值上亿英镑的商品，这几乎全部是糖。随着越来越多的国家生产蔗糖，蔗糖的价格开始下降。为了寻找新的利润来源，荷兰人开始在东印度群岛，尤其是在爪哇岛种植咖啡。英国人则在印度种植茶叶。此外，英国人还对瓷器和棉花进行了早期试验。棉花、棉纱、棉布的生产和贸易最终推动了工业变革。

17 世纪，世界贸易，尤其是对亚洲的暴利贸易，属于荷兰人，他们享受着黄金时代。到了 18 世纪，荷兰人依然富裕，但他们更满足于守住自己的收益。总体而言，他们的策略不再那么激进，而是更加保守。荷兰东印度公司仍然相当有利可图，许多其他国家都效仿其股份公司的组织形式，这是一种私人有限责任组织，享有政府的支持和特许。虽然这些公司大多失败了，但法国和英国的东印度公司却从学习荷兰模式的过程中获得了力量和金钱。英国人利用他们的影响力控制了对美洲和印度的贸易。法国人则同样发挥自己的影响力控制了欧洲大陆的贸易和对中东地区的贸易。鉴于两国在当时的全球贸易总量中占有大致相同的份额，因此两国之间频繁发生战争也就不足为奇了，每一方都希望以牺牲另一方为代价来获得更多的利益，并建立自己的优势地位。

世界贸易，尤其是环大西洋的三角贸易，是工业增长的重要动力，出口工业的产量增长最快，也最先发生革命性变化。当然，正如每一部工业革命史都清楚表明的那样，蒸汽机、机械化纺纱和炼铁工艺等一系列新技术的发明导致了商品生产效率和产量的大幅增长。棉纺织品生产及其劳动组织形式方面的类似巨变最终造成了从手工工场向采用大机器生产的工厂的发展。

四、工业化的问题和多国给出的不同答案

由于后来几个世纪发生的变化，我们现代人很容易犯以今匡古的毛病，去高估这些变化对 18 世纪经济的影响。实际上，即使在英国，直到 18 世纪后半叶，这种影响也并不显著。当时，受雇于工业的劳动人口规模的增长率很高，但绝对量却仍然较小。即便以最乐观的估计而言，也只有少数人口从事工业工作，尽管工业人口比例在将来很长一段时间内仍能持续上升。

17 世纪末，法国财政大臣让·巴蒂斯特·柯尔贝尔感受到了本国商人对于扩大商品出口的热切希望。他对这种希望给予了切实的回应。他制定并开始了一项雄心勃勃的工业发展计划。法国的工业生产主要集中在手工业生产上，通常是在家庭或商店而不是工厂里进行。工业生产在小范围内兴起，通常是组织工人进行不同步骤的生产，最终再把不同的零件拼装成成品，这一过程实际上是某种"原初工业化"。因此，柯尔贝尔的计划并没有取得完全成功。法国的工业产量也只是短暂地赶上（或者略微超过）同时期的英国，但很快就再次落后。

英国的生产能力远远超过了竞争对手，这一成功在未来将转化为巨大的财富。大家都想研究出英国成功的秘诀，反之，各国也研究了其他国家未能取得成功的原因。英国的成功引起了其他国家极大的嫉妒。与军事秘密相比，英国人对其工业秘密的保护更为严密，但欧洲大陆的统治者们引诱英国工程师和技术工人前往他们的国家，密谋窃取工业蓝图和其他相关信息，还试图限制本国对英国商品的进口。不幸的是，所有这些举措在 19 世纪之前几乎都无济于事。

英国的成功有很多原因，但与最接近的竞争对手法国和荷兰相比，有两个因素尤为突出。与英国一样，荷兰也经历了一场农业革命。17世纪，荷兰农业劳动人口占总人口的比例是欧洲最低。荷兰的城市化率、识字率和技术创新能力都相当先进。他们还拥有几个具有竞争力的工业部门，包括纺织、造船和糖精制业。然而，到了18世纪，由于高关税，荷兰产品无法出口到欧洲大部分国家，荷兰工业受到严重影响。此外，荷兰此前拥有的突出国际地位引起了嫉妒，其贸易对手几乎持续不断地发动对荷兰的战争。尽管荷兰共和国拥有先进的财政系统，但却无力承担连续战争的费用。荷兰政府也缺乏能力和意愿，无法像更大型的国家那样有效地支持贸易和工业的发展。

五、不愿革命的法国

法国是欧洲面积最大、人口最多的国家，在18世纪的大部分时间里拥有名列世界前列的工业产值。以太阳王时代的政策而言，法国致力于支持贸易和工业的经济增长，而且不惧怕动用庞大的军队来保护本国的经济利益。法国并不缺乏中央集权的国家力量对经济的保护，但是缺乏推动荷兰和英国成功的那种制度上的革命性变革。法国没有类似于《圈地法》的法律。与英国相比，法国农场的平均规模也较小，因此不太适合开展商业性的农业。尽管封建制度给法国的进步带来了沉重的负担，但法国人普遍不愿意离开封建制度的保护而到其他制度下的新行业寻找新机会。考虑到法国人的生活水平（比工业革命时悲惨的英国劳工阶级好），这是可以理解的。此外，法国中央财政财力比较充足，他们没有改革税制的急迫需求，也就因此没有对税收制度进行大的改革。相反，法国还在用封建的传统财政支撑耗资巨大的殖民争霸战争。在太阳王路易十四死后，不断增加的债务和人民的骚乱阻碍了国家的行动。最终，债务导致了政府的彻底更迭。革命政府改变了土地所有制结构，但不是向着大地产的方向改革。相反，法国大革命的土地主张比以前更有利于小生产者。小生产欠缺规模经济性，也不能提高农产品的商品化率。最终，持续的粮食短缺导致通货膨胀加速，新的法国政府发现自己无力解决这一问题。就整个 18 世纪而言，荷兰人经历了一场金融革命，英国人经历了一场工业革命，而法国人先是不愿有任何的革命，后来却不得不经历了一场政治革命。况且，在经受了政治革命的暴风骤雨并在国家财政上持续付出巨大代价之后，法国农业经济中最具代表性的小农制度也只维持了几十年，它最终仍然没有能够跳出资本主义农业要走规模化、商品化道路的规律限制。

当然，读者还需要注意，首先，法国农业在历史上（尤其是拿破仑一世到三世期间）的分散小农经营，是比照同时期海峡对面的英国的情况而言的。其参照物并不是在那时正在经历人口暴增并步入依赖玉米、地瓜的"饥饿的盛世"[①]的清朝。其次，法国的可耕地占其国土总面积的比重并不低，法国按可耕地面积计算的人口压力指标比东亚的同类指标要轻得多。再次，后来拿破仑三世在普法战争中惨败，那时，他既不需要也不可能继续以财政补贴来使法国农民过上（拿破仑一世时期那样的）较好的生活。在强行维持小农经营的外部财政支持条件消失后，法国同样发生了农业用地集中化。

---

① 张宏杰：《饥饿的盛世：乾隆时代的得与失》［M］.长沙：湖南人民出版社 2012 年版，序言页。

第二部分

拿破仑的私人资金来源和财务状况

第一章　朴实无华的青年军校生

一、贫困抑或富裕

　　拿破仑1793年到1795年旅居巴黎期间所遭遇的金钱难题是早已经广为人知的。他的儿时旧友路易·安托万·德·布列纳称，如果拿破仑那时没有穷到在餐馆里抵押他的帽子，那就是在拍卖行里留下手表，或者是卖了他的马车。拿破仑在巴黎的开支需要迫使他以3000法郎的价格将马车卖给了一个科西嘉同乡安托万·克里斯托夫·萨利切蒂。在某些更穷困的时候，他甚至在贵妇沙龙里向绰号"热月圣母"的掌权者泰雷莎·塔利安索要一套新制服[1]。泰雷莎的沙龙当时是巴黎上流社会最常光顾的地方，因此，拿破仑的窘况广为人知。以此看来，似乎这位科西嘉青年出生于一个一直为金钱问题所困扰的家庭，他的悲惨遭遇似乎是他所面临的困难的必然结果。事实真的如此吗？

　　波拿巴家族的先祖原是佛罗伦萨和利沃诺之间的领主，1261年，一个佛罗伦萨人首先采用波拿巴作为自己家族的姓氏。家族的长子一脉留在了意大利，1529年，弗朗西斯科·波拿巴移民科西嘉。在接下来的200多年里，其后代大都在法律界、学术界和教会谋求比较体面的职业。这种职业收入当然比普通的科西嘉农民收入高，但为了维持体面所必需的开支也很大。拿破仑出生时，波拿巴家族的经济情况大约处在包含了中产阶级上层

---

[1]　Louis Antoine de Bourrienne. *Mémoires de Bourrienne, Tome I*[M]. Paris: Ladvocat, 1829, p.50.

和比较穷的小贵族在内的那个社会圈子的外围。

在拿破仑出生之前，他的家族已经积攒了一些土地。拿破仑的叔祖父卢齐亚诺是科西嘉阿雅克肖的副主教。他说波拿巴家的葡萄酒、面包或橄榄油从不用买。从 1682 年起，波拿巴家族就住在波拿巴宅，这栋三层大屋位于今阿雅克肖圣夏尔街，今人仍可在屋内地下室看到用于磨面粉的磨石。拿破仑的父母卡洛·波拿巴和莱蒂齐亚·拉莫利诺还有一幢乡间住宅，他们在另外几个科西嘉岛上的城镇也有财产。他们在乡间还经营着畜牧业和种植业，如橄榄园、葡萄园、桑园等。

根据卡洛自己写于 1780 年的个人小传，他和莱蒂齐亚的婚姻并不是出于爱情，而是基于经济理性的考虑。"我的初恋情人是一位福尔乔利小姐，虽然她没有出身，没有美貌，年龄也与我不相称，但我的心除了她的火焰外别无其他。如果没有我的叔父们用理智的眼光帮我一把，我可能就会匆忙结婚，从而毁掉我的生活和我们家族的命运……在经历了因爱情受挫而产生的矛盾、分歧和沧桑之后，我最终屈服于理智，同意娶莱蒂齐亚·拉莫利诺为妻，她是一位真正美丽、道德高尚的年轻女子。"[1] 莱蒂齐亚的嫁妆包括一间窑炉及其附近的一座房子、一套小寓所、一片葡萄园和 8 英亩土地，价值总计 175 000 法郎。在当时的科西嘉，婚姻是两个合适的家族之间的结合，而不是两个人之间的结合。因此，这种基于利益的婚姻符合传统。考虑到 18 世纪末科西嘉岛上一场婚姻所涉及的嫁妆很少能超过 11 000 里弗尔（Livre，法国货币单位），莱蒂齐亚的嫁妆可以算是非常慷慨的巨款了。[2]

---

① Dorothy Carrington. *Portrait de Charles Bonaparte*[M]. Ajaccio: Alain Piazzola, 2013, p.11.

② Dorothy Carrington. *Portrait de Charles Bonaparte*[M]. Ajaccio: Alain Piazzola, 2013, p.11.

二、不坚定而又奢靡的战士

在被卖给法国之前，科西嘉名义上处于意大利城邦热那亚的统治下，但热那亚对科西嘉岛的支配权仅限于其沿海城镇。热那亚很少设法将权力延伸至科西嘉的内陆山区，科西嘉人在那里保持了相当的独立性。帕斯夸莱·保利曾经在 1755 年宣布成立独立的科西嘉共和国，自那以后，某种程度的游击战争一直在断断续续地进行，其中规模和影响较大的战斗有 1763 年的佩迪科斯特之战和 1768 年的科西嘉人起义。1768 年，热那亚厌倦了战争的投入，以 4000 万法郎的价格把科西嘉卖给了法国[①]。拿破仑的父亲卡洛·波拿巴年轻时曾经是科西嘉独立的热情支持者，担任过保利的私人秘书兼副官，但是当法军在蓬泰诺沃之战中消灭了科西嘉抵抗力量之后，卡洛选择了效忠法国而非被流放。

卡洛发现，效忠法国能给自己以及整个科西嘉带来更大的发展，最终也将带来更大的利益。因为他的及时转变，他保住了自己阿雅克肖法院陪审推事和科西嘉岛林业学校校长的职务。在认真做一个优秀的法国人这样的信念指导下，卡洛就任了科西嘉贵族代表，此后他两度在凡尔赛宫觐见路易十六。他到巴黎的旅行花费巨大，正是这些到巴黎去的长途旅行招来了拿破仑对父亲的批评。卡洛身材高大，相貌俊朗，广结人缘，擅长马术。他能讲流利的法语，熟知约翰·洛克、孟德斯鸠、大卫·休谟、卢梭和霍布斯的启蒙思想，并撰写质疑传统天主教的伏尔泰式随笔，供人私下传阅。卡洛的花销肯定超过他那微薄的收入，这导致波拿巴家族逐渐背上债务。比如，卡洛自述了自己 1778 年底去巴黎的经过。"1778 年 12 月 12 日，我带着 100 金路易前往法国宫廷，我是科西嘉的贵族代表。在巴黎，我从国王那里得到了 4000 法郎的奖赏，从国家那里得到了 1000 埃居（Ecu，法国

---

① Janice Alberti Russell. *The Italian community in Tunisia 1861—1961: a Viable Minority*[M]. New York: Columbia University Press, 1977, p.142.

货币单位）的酬劳金，但我回到家时身无分文。"① 拿破仑认为父亲是个放荡不羁并且挥霍无度的人。拿破仑之母莱蒂齐亚的作风则完全不同。虽然她在嫁给卡洛时带来的嫁妆非常可观，但她仍然憎恶多余的消费。在这种双亲行事风格的冲突中，拿破仑无疑更喜欢他的母亲。拿破仑曾说："我的好运和我的一切有意义之举都归功于母亲。"②

三、悲剧性的误会

根据现有的史料，我们可以说拿破仑对父亲有很深的误解。卡洛对自己的旅行花费记载在半日记半账簿性质的 *livre de raison*（《理由书》）中。据该簿记的内容，卡洛不得不为两个儿子（约瑟夫和拿破仑）提供非常昂贵的服装。他为约瑟夫花了 1618 里弗尔，为拿破仑花得更多。这是因为拿破仑当时正需要好几套制服。虽然根据拿破仑获得的贫困贵族证明，他可以凭法国国王提供的奖学金免交学费和膳食费，但还是要交很多杂费。此外，卡洛在凡尔赛宫住了大概 4 个月。在宫廷里长期居住意味着很多的住宿费用和洗漱用品支出。要接近在朝廷里当值的侍从和绅士们的上峰，也要花非常多的钱。向国王献礼需要租用私人马车，在宫殿内出行则需要乘坐轿子。宫廷礼服是强制性的，价格约为 340 里弗尔。③ 在这样的条件下，找好把两个儿子送进上流社会的门路之后，卡洛只能身无分文地回家也就不足为奇了。

那么，卡洛为拿破仑安排的出路是什么？他又是如何安排的呢？当时，法国派驻科西嘉的统治者马尔伯夫伯爵在科西嘉上层阶级中积极推行法国

---

① Charles Bonaparte. *Aide-mémoire pour mes affaires domestiques, commencé au mois de septembre 1780, à Ajaccio*[G]. Bibliothèque Nationale, Cabinet des Manuscrits, p. 30.

② Alian Decaux. *Napoleon's Mother*[M]. London: Cresset Press, 1962, p.12.

③ Charles Bonaparte. *Aide-mémoire pour mes affaires domestiques, commencé au mois de septembre 1780, à Ajaccio*[G]. Bibliothèque Nationale, Cabinet des Manuscrits, p. 30.

化政策。1770 年，他颁布法令，宣布凡能证明自身贵族家世长达两个世纪的科西嘉人皆可享有法国贵族的广泛特权。意大利的托斯卡纳大公曾经正式认可过卡洛之父朱塞佩·马里亚·波拿巴的贵族身份，随后，比萨大主教也承认老朱塞佩是佛罗伦萨贵族。1771 年 9 月 13 日，由科西嘉最高理事会发布了声明，宣布波拿巴家族是法国的"受封贵族"。法国王室当时有一项用于收买贵族人心的慈善政策，可以为多达 600 名法国穷贵族之子支付学费，条件是他们都得证明自己出身贵族，无力负担学费，能用法语读写。拿破仑已经符合了前两条要求。为了满足法语方面的条件，他于 1779 年 1 月被家人送到勃艮第的欧坦学习法语。3 个月后，拿破仑进入香槟大区特鲁瓦附近的布列讷堡王家军校就读。该校虽然是王室直属的军校，其部分师资力量和主要的管理方式却属于教会学校的类型，军事技术类的课程才归校外教师来讲授。该军校的主要课程有：数学、拉丁语、历史、法语、德语、地理、物理、工事学、武器学、击剑、舞蹈和音乐。从这个课程结构来看，布列讷军校又是不折不扣的贵族学校，能把拿破仑送去这样的学校并享有奖学金，无疑表明卡洛的运作是成功的，但是要维持贵族的体面，要让家族得到新的发展，卡洛还需要新的财源。

四、家计问题

拿破仑于 1784 年秋从布列讷堡王家军校毕业，前往巴黎王家军校继续学习。在贵族体系下成功融入法国社会并如鱼得水让他的父亲卡洛发生了某种好高骛远的想法，但他 1200 里弗尔的任职收入和每年 6000 到 7000 里弗尔的葡萄园产业收入并不能让他变得大富大贵。他决心开发新的产业。卡洛获得了阿雅克肖附近的一片沼泽地，他希望在这片沼泽地上进行排水改造，开发一个大型桑树苗圃（即后来的萨利内庄园，从 Salines 这个名字的字面意思就可以发现这里的盐碱特性）。由于个人资金不足，他开始寻求政府补贴。出于私交，马尔伯夫伯爵不介意为他提供一些方便。马尔伯夫建议卡洛利用一下法国为了在科西嘉岛发展丝绸业而制定的国家援助开发计划。

这一看似充满希望的项目却成了让卡洛不断损失金钱的噩梦。这个"令人厌恶的地方"只会带来"花费、损失、失望和不便"[①]。洪水接踵而至，桑树即使不当场腐烂，其生长也常常受到影响。尽管遭遇了这些挫折，卡洛对该地的经济前景仍然坚信不疑。尽管沼泽地的空气腥臭难闻，曾导致他的一位园丁患病并死亡，但他仍坚持引进新的植物来替代那些已经死亡的植物，并竭尽全力寻找新的工作人员。然而，这个后来被称为"波拿巴废墟"的项目从一开始就注定要失败。科西嘉岛上此前从来没有这种类型的种植园。所有的尝试性项目（包括后来拿破仑帝国时期的项目）都相继失败。拿破仑于1806年将萨利内庄园赠予自己母亲的拉莫利诺家族，科西嘉省随后也没有将其变为农田。卡洛在这个项目上花费了不少于29 000里弗尔。一方面，这足以说明波拿巴家族的财力雄厚；另一方面，这样的损失也可以说是异常惨重的了。

在遭受持续性损失的同时，卡洛希望通过新建奥多内庄园重建自己的财富。除此之外，他还总是在寻找别的机会，有一天，他发现他的一个远房表亲（他声称自己是这个表亲唯一在世的继承人）在70年前将他的财产捐给了一个耶稣会团体。他深信，或者至少在公开场合假装深信，远方表亲对教会的这笔遗赠剥夺了他本应继承的遗产。更重要的是，由于这个教会团体已经于几年前被逐出法兰西王国，国家早就接管了它的所有财产。卡洛觉得，作为"损失"的回报，在有高层人士撑腰的情况下，他至少可以要来上述财产中的某一部分。他想获得米勒利的农业地产。他深信自己的权利主张是正确的，因此表现得非常固执。为了获得这笔相当丰厚的财产，他整理了一份包含不下17份文件的档案，但是由于法国行政当局的拖延，他在有生之年一直没能得到这笔财产。因此，他不得不独自承担沼泽

---

① Dorothy Carrington. *Portrait de Charles Bonaparte*[M]. Ajaccio: Alain Piazzola, 2013, p.83.

桑树苗圃事件带来的糟糕经济后果，并开始不断累积债务。[1]

后世之人对卡洛·波拿巴的评价当然不会很高，但我们也不应该认为他是个挥霍成性的寄生虫。他为自己认定的事业付出了高昂的代价，他的投资决策和理财能力有限，他在 1785 年 2 月 24 日因为胃癌死在蒙彼利埃。

---

[1]　Dorothy Carrington. *Portrait de Charles Bonaparte*[M]. Ajaccio: Alain Piazzola, 2013, p.59.

第二章　如何变成一家之主

一、母亲持家

丈夫在世时，莱蒂齐亚生育了众多子女。从 1765 到 1786 年，她共生育 13 次，其中 5 人早夭。与同时代法国妇女的生育和子女存活情况相比，这属于常见但轻微偏多的情况。丈夫去世后，她还享有每年 1500 里弗尔的收入。这足够让她和孩子们活下去，但要支撑起作为贵族的排场，就必须精打细算。因此，从这一时期起，她养成并保持了后来广为人知的那种"吝啬"和喜欢积累的"贪婪"。考虑到生活的艰难，我们很难说这到底是谨慎还是真的吝啬，也不好区分她对安全感的追求和对钱财的贪婪。后来，在儿子称帝后，她虽然不明白儿子为什么要养这么多的仆人并口头表示过反对，却也没有对自己的儿子过什么样的生活采取实际的干涉行动。对她自己而言，花钱并不能带来快乐，保持自己的富贵尊荣也不重要，她更乐于从存钱中获得快乐。

二、名义上的家主

父亲的去世在短期内让波拿巴家族的情况变得复杂。比如，叔祖父卢齐亚诺就变成了波拿巴家族的大执事，他将担任卡洛·波拿巴未成年儿子们的监护人。但卡洛为了收回地产而持续进行的司法方面的努力并非劳而无功，他给拿破仑铺下的道路也即将迎来回报。对拿破仑而言，家计的困难更多体现在会计现金流的短缺，并不存在物资匮乏的实质性生活困难。卡洛去世半年之后，拿破仑于1785年9月1日升任炮兵中尉，他的驻地在法国南部瓦朗斯地区。16岁的年轻军官实在是法国历史上的一个特例。作为基层军官，他享有800里弗尔的初始年薪和320里弗尔的各种福利待遇。这些钱不能让拿破仑过上上流社会的生活，但足以让他变成一个衣食无忧的快乐单身汉。同一时期，奥多内庄园也逐渐完工，科西嘉老家的支出情况显著缩小了。到1786年初，米勒利的土地也回到波拿巴家族名下（这片地产面积约有11公顷）。这块地产的回归一方面给波拿巴家族带来了新的收入；另一方面还基本满足了他们对柴薪、蔬菜的需求。此时的拿破仑既无须养家，也未结婚。1785年，他第一次有了高达几百里弗尔的"自由预算"。

表 2-1　1785 年拿破仑的收支草表

（单位：里弗尔）

收	支
年薪：800	房租：96
各项福利补贴：320	寄宿包餐餐费：420
－	军队杂费：180
合计：+1120	合计：-696
结余：+424	

资料来源：Par Iung. Bonaparte et Son Temps, Tome I[M]. Paris: Charpentier, 1883, p.156.

　　法国陆军炮兵有着完善的休假福利制度。1786年9月，拿破仑第一次归家探亲（休炮兵团团假）。他一回到家，实际上就肩负起一家之主的责任。欧洲根深蒂固的长子继承制度虽然让他的哥哥约瑟夫不至于遭到冷落和忽视，却也没有真的保障其能够掌握家计大权。这是因为，只有拿破仑看来有希望替家里解决沼泽苗圃的问题。

　　在拿破仑回来之前，他的家族在沼泽苗圃这个半拉子工程中勉强栽种了25 000棵桑苗，只达到原设计产能的四分之一。也就是说，波拿巴家族和法国政府签的合同既不能说没有被履行，也不能说是被成功履行了。法国王室政府此时面临越来越严重的国内矛盾，需要把有限的财政资源放在别处。国王路易十六派往科西嘉的代表们确认，岛上的那些开发项目产量不佳，在岛上的投资决定是欠考虑而又不成熟的。1786 年 5 月 7 日，王室政府取消了波拿巴家族运营沼泽苗圃的特许权。原本已经承诺将来会支付给他们的补贴将不再给付，国家也不会再买入苗圃生产的任何苗木。王室原本答应付给卡洛的补贴是 8500 里弗尔，但实际只给了 5800 里弗尔。补贴不足和停付马上就给苗圃造成了损害。本来这个苗圃就是排干盐碱沼泽而修建起来的，如果没有持续的投入，这个苗圃是无法维持下去的。莱蒂齐亚早就觉得投资这个苗圃是个愚蠢的决定，给自己招来了一处亏本的无底洞，她想要止损，于是开始向政府索赔。政府派遣到科西嘉岛上来的评估专家直到 1787 年 1 月才撰写了关于这次违约和索赔事件的报告。王室政府认可确实存在违约的情况，但不想对波拿巴家族支付赔偿，采取了拖字诀。年轻的炮兵中尉以病假为由申请延长休假。实际上，这是在为处理家中发生的索赔案争取时间。整个 1787 年，拿破仑都在为这个索赔奔忙。1787 年底，拿破仑前往巴黎，去寻找能用得上的所有社会关系。他曾两次用母亲莱蒂齐亚的名义写信给王室财政审计长洛梅尼·德·布里埃纳。信件之一措辞如下："如果求助者能以最深切的感激之情感谢您的善意，那么阁下您就欠她一个机会，这将使您在想起这个家庭时永远不会感到内心的安稳……（不会）达到正义之人的天堂。"[①]

可是，在大革命的前夜，法国国家财政事实上早就破产了，王室为了应付各种紧急开支已经在高息四处借贷。这时候，如果有那么一个年轻的科西嘉小贵族为了一笔小钱在那里控诉，他基本不可能成功。两年后，拿破仑不再抱有耐心和期待。他仍然向宫廷里的大人物们发出请求，但语气

---

① Lettre à Loménie de Brienne, contrôleur général des Finances, novembre 1787, *Napoléon Bonaparte, Correspondance Générale publiée par la Fondation Napoléon*[M]. Paris: Fayard, 2004, No.13.

已经变得非常直接。从 1789 年 4 月 2 日他写给驻凡尔赛宫的科西嘉代表的信能够明显感到这种变化。"先生，请原谅我来这里打扰您。自从我们得到终止桑树苗圃合同的赔偿承诺以来，已经三年了；自从（政府调查员）起草报告并由您好心地把报告送交法院以来，也已经三年了。这种拖延对我们的生意造成了最大的损害……先生您知道，去年我们只交付了四五千棵树，而准备移植的却有一万棵。今年我们只交付了几百棵，而国王本应再拿走一万棵。这些种植成本正在毁掉我们。我不能向您隐瞒一个事实，那就是苗圃如今的状况非常糟糕。"[①]

在法国大革命的风暴马上就要爆发之际，这种要求果然无人理睬，但拿破仑仍不放弃。直到 1795 年，在旺代战争爆发前，已经是将军的拿破仑终于能够骄傲地向自己的哥哥约瑟夫宣布"国家还钱了"的好消息。"苗圃的事情已经交由财政委员会处理，报告已经完成并提交。它将给我们带来由国库公共资金拨付的 400 法郎的收入，这比（原来我们索要但得不到支付的）8000 法郎好得多。"[②] 在这场要求国家承担违约责任的艰苦斗争中，拿破仑绝不放弃。虽然最终的赔偿额比原要求金额小得多，但是他巨大的决心和顽强毅力终于获得了回报。在对待金钱的态度方面，我们可以说拿破仑继承了莱蒂齐亚那种对钱的执着精神，总是想着为家族增加利益。

三、实际上的一家之主

在法国大革命的混乱和艰难中，家族和个人的收入界限不再那么明确。首要的目标是通过在家族成员之间分享收入来维持家族和个人的存续。在 1791 年 6 月到 1792 年 10 月期间，拿破仑收到总共 2500 里弗尔的工资，

---

① Lettre à La Guillaumye, intendant de Corse, du 2 avril 1789, *Napoléon Bonaparte, Correspondance Générale publiée par la Fondation Napoléon*[M]. Paris: Fayard, 2004, No. 24.

② Lettre à Joseph Bonaparte du 11 septembre 1795, *Napoléon Bonaparte, Correspondance Générale publiée par la Fondation Napoléon*[M]. Paris: Fayard, 2004, No. 340.

其中有 1500 里弗尔被寄回了科西嘉老家。在混乱和困难的情况下，他的固定支出和机动零花钱都变少了。在这段时间里，他的机动开销为 415 里弗尔，这些钱最后大部分都变成了各种书籍。他的买书读书兴趣符合革命时代的潮流，受过教育的阶层那时候都或多或少有一些政治抱负，也乐于在出版物、酒馆、沙龙和读书会上讨论革命的问题[①]。

1791 年 10 月 15 日，担任家族大执事的叔祖父的死给拿破仑变成实际的一家之主创造了机会。大执事是个爱财如命的人，会为了一头猪、一匹马或一块地的租金去打大大小小的官司。卡洛那种要花大钱的政治投机和外出冒险行径不得他的欢心。即便在卡洛死后，卢齐亚诺也还对他持批评态度。他倒是更欣赏莱蒂齐亚，其中肯定有部分原因是他们对金钱的态度比较一致。同样，由于这种对金钱的节俭态度，这位老人不愿意资助拿破仑在巴黎等地的政治活动，但是现在他死了。有了他的遗产，拿破仑的事业无疑将有更好的发展，可也有人说卢齐亚诺大执事其实是个债台高筑的穷光蛋，而所谓"副主教大人的遗产"是波拿巴家族放出的烟幕弹。

那么，情况到底如何？据大执事在死前 6 个月所立的遗嘱，他要求卡洛·波拿巴的 5 个儿子组织一个家族管理委员会来管理和处置自己的遗产，只有在取得多数同意的情况下，才能对外出售、承诺转赠或处置他的任何财产，同时，委员会要负责他们的 3 个姐妹的嫁妆。[②] 这样看，卢齐亚诺制定了切实可行的规则来防止自己留下的财产被挥霍。那么，如果他的继承人要分担的只是债务，他为什么还要立这样一份遗嘱呢？这似乎很难说得通。有一种更加合理的解释是，尽管卢齐亚诺很富有，但他对自己的钱太看重了，以至于不愿意偿还欠款。从他的这些侄孙辈继承遗产后迅速还清老人欠债的情况看，这种解释也是最有可能的。

在继承了老叔祖父的遗产之后，波拿巴家族的资产迅速增长。1785 年

---

① Par Iung. *Bonaparte et son temps, Tome II*[M]. Paris: Charpentier, 1883, pp.493–494.

② Henri Bertrand, Paul Fleuriot de Langle. *Cahiers de Sainte-Hélène: journal 1818—1819, Manuscrit déchiffré et annoté par Paul Fleuriot de Langle*[M]. Paris: Albin Michel, 1959, p.142.

卡洛·波拿巴去世时，波拿巴家族还只有约 45 公顷地产。在 1792 年的几个月里，他们就新买了 280 公顷土地和另外一些住宅。这种扩张之所以比较顺利，有一部分原因在于大革命后的新政府缺钱而被迫低价抛售公产（国有财产）。波拿巴家族的购买行动大约耗资 8000 里弗尔[①]。

但更加重要的是这些遗产以及用遗产购买来的资产是如何使用的。拿破仑希望被拔擢为科西嘉国民自卫队的中校军官，为了实现这个目标，要引诱一些人，贿赂另一些人，举办宴会和拉拢活动也需要场所。为此，波拿巴家族和费施家族一起把马勒巴宅邸改成了某种形式的联谊中心或竞选总部。事实证明，这样的投资确实有效。1792 年 2 月 22 日，他以 422 票对 120 票顺利获得任命，得到了梦寐以求的中校职位，但是他错过了返回法国陆军的最后期限。1792 年 2 月 6 日，战争部在他的档案上加注了"放弃军职"[②]。金钱现在第一次在他的政治胜利中发挥了关键作用，金钱此后也将继续发挥或正面或负面的作用。在 1792 年，拿破仑还前往巴黎，一来是接妹妹埃莉萨·波拿巴回家，二来则是希望依靠自己新当选的这个科西嘉国民自卫队中校身份，把自己在法国陆军里的职位也从已离职的上尉变成现任的中校，但是巴黎的大人物们和战争部（陆军部）对此却根本不予理睬。

波拿巴家族依靠法国本土得到的发展和他们对投入法国大革命事业的热心实际上意味着他们背叛了科西嘉人自己的民族事业。这个家族和主张科西嘉应该借助英国帮助获得独立的保利一派矛盾日益尖锐。于是，1793 年 6 月，他们不得不全家从岛上逃往法国本土。他们先去土伦，后到马赛。革命后的法国本土许多人好像被魔鬼咬住了尾巴一样地变穷了，原来的权贵和公务员纷纷破产和失去生命，新的币制改革造成了疯狂的通胀。拿破仑靠着军饷和老执事剩下的黄金遗产，让波拿巴家族的人们窝在马赛的小

---

① Arthur Chuquet. *La Jeunesse de Napoléon*[M]. Paris: Armand Colin et Cie, 1900, p.252.

② Hubert Richardson. *A Dictionary of Napoleon and His Times*[M]. London: Cassell Company, 1920, p.469.

旅馆里勉强度日。

但是，情况还远不到绝望的地步，任何时候都不妨找找老乡，科西嘉人的团结又一次发挥了作用。国民公会代表、特派员萨利切蒂为他的波拿巴朋友们征用了一家叛逃的前移民的旅馆，拿破仑于是又有闲心和一些不那么够用的金钱去自费出版他那本表达政见的小册子《博盖尔的晚餐》（*Souper de Beaucaire*）。与其说波拿巴家族遭遇了金钱方面的不幸事件，还不如说大家在大革命中都变穷了。这年头谁又能不穷呢？拿破仑的情况并不比别人坏到哪里去。

四、投身政治

正是这位萨利切蒂为年轻的波拿巴的命运作出了贡献，他作为国民公会代表，向雅各宾派介绍了拿破仑在小册子里表达的政治主张。这使得雅各宾派（尤其是小罗伯斯庇尔）认为拿破仑是个政治可靠的自己人。萨利切蒂本来是被国民公会派遣到科西嘉执行监督管理职责的，结果遭到岛上人民的反对。他被迫撤回普罗旺斯，在那里他参加了镇压马赛和土伦叛乱的行动。在此期间，他向土伦法军指挥官让·弗朗索瓦·卡尔托（大革命前原本是个画家）建议提拔他的老乡拿破仑。在土伦围城战（1793 年 8 月 29 日—12 月 19 日）中，拿破仑被任命为炮兵指挥，表现出色。1793 年 10 月，拿破仑正式被晋升为少校，负责统一指挥土伦城外所有法军炮兵。其间，他顶住了卡尔托和弗朗索瓦·阿梅迪·多佩（大革命前原本是个医生）连续两任主帅指挥无方造成的被动局面，等来了知人善任的职业军官雅克·弗朗索瓦·科奎尔（绰号迪戈米耶）。

12 月 19 日，土伦城投降。3 天后，拿破仑被晋升为准将，他的年薪也随之上涨，达到了 15 000 里弗尔。战后，他加入法军意大利方面军少将安德烈·马塞纳手下，继续指挥这里的炮兵。在尼斯任职期间，他获得了昂蒂布附近的萨雷城堡作为官邸，并在那里安顿了全家。这一时期，在拿破仑的哥哥约瑟夫与一位马赛地区富商的女儿朱莉·克拉里结婚后，波拿巴家族的生活也得到了改善。此外，如果拿破仑继续与这位商人的二女儿德西蕾·克拉里保持关系，那么，家族还将获得第二笔丰厚的嫁妆。

可惜拿破仑这时候更加热衷的不是能够带来钱财的婚姻，而是更加火热的政治。马克西米连·弗朗索瓦·罗伯斯庇尔在热月政变中倒台了。拿破仑因为和罗伯斯庇尔的弟弟奥古斯丁·罗伯斯庇尔（即前文中的小罗伯斯庇尔）过从甚密而陷入一种不荣誉的耻辱之中。虽然他在遭到牵连被捕后获得了释放，他的个人情况还是在逐渐恶化。《博盖尔的晚餐》主张法国的爱国者在雅各宾派的统一领导下采取行动。小册子还假托某不知名军官（实际就是拿破仑自己）之口说马赛为自由事业已经付出了巨大牺牲并有过难以磨灭的贡献，因此马赛港不应该请求西班牙的干涉舰队来反对法国人，这是一种自我玷污。后来，在拿破仑成为第一执政官之后，在阿维尼翁出版过《博盖尔的晚餐》的那个书商的寡妇曾写信要执政官先生支付拖欠的部分出版费，但那个时候的拿破仑显然不愿意人们回想起他曾经真诚地信仰过雅各宾主义，他因此付了非常多的钱要那个寡妇把剩下未售的书全部销毁。由此，我们可以回过头来说，1794年拿破仑被捕的事件虽说是诬告的结果，但仍然事出有因。

第三章　葡月风云

一、贫穷的传统形象

虽然拿破仑是个曾被通缉又有入狱经历的问题军官，他还是因为突出的战略眼光和规划能力被选入法国陆军参谋部，但他得到的这个喘息时间并不长。1795 年 3 月 29 日，参谋部改组，拿破仑被解除了炮兵指挥官的职务，意大利方面军中也不再有位置。他被指令去旺代地区指挥一个步兵旅镇压叛乱。炮兵军官去指挥步兵是非常痛苦的，拿破仑也不想打内战。于是，他和两个伙伴朱诺、马尔蒙一同去巴黎申诉，这两人是他在土伦战役中发掘出来的副官，但是罗伯斯庇尔的倒台使得他在政府高层失去了支持，陆军部也不再理睬他的意见。在这段时间内，拿破仑的工资也遭停发，所以拿破仑决定不如先请个长假。一方面，这是给自己休养和恢复的时间；另一方面，这也是给自己留出混迹首都巴黎继续进行游说活动的时间。

过去的史学家一般认为，巴黎的夏天并未让拿破仑恢复健康。相反，由于贫穷，拿破仑变得面色蜡黄且瘦长，看上去相当悲惨。这时，他没有财富，也没了工资，还不得不忍受巨大的痛苦，由此产生了无穷的烦恼。在这些烦恼中肯定也包括德西蕾与他分手造成的打击在内。像他这样的军官"被迫住在每周房租 3 法郎的小房间里，每天只吃一顿 25 苏的饭，这不能不引起人们的同情。几乎在最低谷的时候，他发现自己处于一种十字路口，他的命运似乎随时都可能变成悲剧（他甚至提到过自杀）"①。失恋中的

---

① 　Jacques Marquet de Montbreton Norvins. *Histoire de Napoléon*[M]. Paris: Furne, 1842, p.30.

他写了一篇短篇三流爱情小说《克利松与欧仁妮》(*Clisson et Fvgenie*),把自己幻想成小说里那个在情变中进行决死冲锋,被敌军攒射后为国捐躯的士兵。

后来,他终于设法让"公安委员会"(Comité de salut public,也即"救国委员会")听取了他的意见,该委员会对他的意大利战役计划表示赞赏,这使他得以被任命为陆军地形处处长,并继续留在首都。无论是出于革命大势的命运走向,还是出于他个人要求进步的意愿,我们都知道接下来发生了什么。"葡月13日"颠覆了他的生活。对于后人来说,这几个星期(拿破仑的假期实际上是两个月)的粮食短缺将被视为他人生的真正起点,仿佛在强调之后等待他的是神话般的崛起。

但是新披露的史料对这种看法提出了挑战。法国拿破仑协会新公开了许多青年时期的拿破仑写给哥哥约瑟夫的信件。从这些信件的内容看,拿破仑当然一心扑在钱财上,但理由不是缺钱。虽然没了工资,他却并不是一个身无分文的士兵。相反,他是一位商人,在一封又一封的信中表达了自己对首都当前物价的观点,想要投机某些基本生活必需品。

二、缺钱的真正原因

在1795年5月28日从巴黎发往马赛的信中,拿破仑描述了巴黎正在经历的供应短缺。当时,巴黎相当缺乏糖、咖啡、肥皂。在马赛,这些同样的东西要比巴黎便宜得多。于是,拿破仑坚信搞一搞贩运生意是有利可图的。他怂恿自己的哥哥:"带一些货进来是有好处的,即便这些东西的运费贵到每担400里弗尔也行……因为这次交易注定会带来利润。"[①]但那时候约瑟夫已经不在马赛,而是去了热那亚,拿破仑的打算不能实施。他没

---

① Lettre à Joseph Bonaparte du 9 prairial an III 28 mai 1795, *Napoléon Bonaparte, Correspondance Générale publiée par la Fondation Napoléon*[M]. Paris: Fayard, 2004, No.299.

有丧气，而是马上又提出了新的投机建议："我们想在热那亚购买 1 号男式各色丝袜，2 号各色女式丝袜，3 号、4 号、5/4 号丝绸披肩，4/4 号、5 号来自意大利佛罗伦萨和英国的塔夫绸。我们希望了解我们将从热那亚寄往德国莱比锡的所有丝绸产品。我们想知道所有这些货物的价格、如何销售，把这些货物运到德国所需的时间，是自己运送丝绸还是找一家公司货运代理代发货……提出这个请求的人在德国做买卖，在那里的所有地方都有商业联系人。我对他很感兴趣，他非常可靠，他的名字叫 Fauvelet le Jeune。我在等待他的答复。"①

实际上，Fauvelet le Jeune 是个化名，可直译为"浮华的年轻人"。他所提到的那个可靠的"浮华年轻人"其实就是他儿时的玩伴、老同学布列纳。后来，布列纳还将变成皇帝的秘书官。除了拉老同学跟自己一起投机倒把以外，拿破仑还在从莱蒂齐亚的同父异母兄弟、未来的红衣主教费施舅舅那里想办法。他想给费施开家店，让他把瓷器餐具和其他一些东西从巴黎拿到巴塞尔去卖，以赚取整整 100% 的差价。大革命后的通胀问题也让拿破仑发现了漏洞。国家掌握了大量神职人员、旧贵族、逃亡海外的移民们的房产。为应付巨大的开支，这些房产都在拍卖会上出售。出售的标价是以大革命后新发行的指券（Assignat）的数额来表示的。

最初的指券并不具有货币的职能，它就是一种普通的有价证券，是用来购买收归国有的教会地产的票据，一旦没收的土地拍卖完毕，指券就会悉数收回，并予以销毁。首批发行的指券还有 5% 的利息，为防止持有人利用指券投机和加速国产拍卖，自 1790 年 9 月 29 日开始发行无息指券，从此，指券的发行额越来越大。

对于制宪议会的政策制定者来说，他们坚信共和国抛出的纸币越多，证明用来担保这些纸币的国有财产的价值也就越大，尽管纸币一再贬值，

---

① Lettre à Joseph Bonaparte du 18 messidor an III 6 juillet 1795, *Napoléon Bonaparte, Correspondance Générale publiée par la Fondation Napoléon*[M]. Paris: Fayard, 2004, No.309.

在议会账目中，收支却总可以保持平衡。对于大众来说，指券是以最为稳固的土地为抵押的，获得指券就意味着自己的资产以土地凭证的方式被保有，所以，大家都疯狂地去获取指券，为的就是获得一块从教会没收来的土地。这种良好的局面让制宪议会的经济决策者们乐昏了头。无节制地发行指券，其后果就是物价上涨。1793 年 6 月，巴黎生活必需品价格比 1790 年 6 月大幅度增长，其中酒价增长 60%，牛肉价格增长 70%，奶油价格增加 90%，之后几年物价飞涨的情况更是愈演愈烈①。1793 年 9 月，虽然雅各宾派政权实行了最高全面限价，但市场上的商品缺乏继续加剧，黑市活动猖獗，巴黎街头饥民充斥，市民为买到一点发霉的面包要彻夜排队，抢劫食品的事件屡见不鲜。总之，法国大革命后，广大下层群众所幻想的那个永恒正义的理性王国并没有降临人间，呈现在他们面前的反而是一幅令人极度失望的政治讽刺画：眼看法国人的钱袋越来越鼓，只是连面包也吃不起了。

针对指券严重贬值问题，督政府开始全面整顿货币，1795 年 3 月 18 日，督政府下令停止印刷和发行指券。督政府试图用一种新的货币，即土地票来取代指券。由于人们对纸币的信任度降低，面市不久的土地票很快就遇到了和指券同样的问题，到 1797 年 5 月 2 日，督政府被迫废除土地票，一切租税均用硬币交纳，市面上重新流通金属货币。这一举措稳定了人心，物价上涨和通货膨胀也得到了明显的抑制。为了减少政府支出，彻底治理通货膨胀，督政府宣布清理和削减债务，实行了"三分之二破产法"，让政府所有债务包括财政积欠，终身年金、养老金、浮动债务都以三分之二机动调整的办法进行清理，《公债大册》（*Grand Livre*）上只保留三分之一债券，成为只付利息的长期国债。持券人以此缴纳税赋或支付购买国有产业时必须要用贵金属铸币支付的部分价款，其余三分之二改为国库发行的银

---

① 孟庆莉：《试论法国大革命时期的货币、财政问题》［J］.《素质教育论坛》2012 年第 24 期，第 5–6 页。

行券，没有流通性，只用来抵偿购买国有财产不需要铸币支付的部分价款。上述措施使国家债务瞬间减少了20亿，年财政预算减少了1.6亿，政府和财政部长多米尼克·文森特·拉梅尔·诺加雷特终于可以喘口气了[①]。

拿破仑发现了纸币贬值造成的套利机会，他也想加入如火如荼的房产投机当中。1795年夏天，拿破仑给哥哥约瑟夫写了十几封信连续分析房地产问题，而在1795年的夏天，人们可以用贵金属硬币的实际价值去买入大量纸币，再支付以指券的票面价格拍来的房子。在纸币贬值的时候，价格即使大幅调整，这也往往远低于纸币发行前1790年的价格。此外，为了加快销售速度，1795年5月31日的法律将政府公产的销售价格统一定为1790年法国人均年收入的75倍。[②]在这样的计算规则下，即使国家销售迅速，货物的售价也不可避免地低于其贵金属价值的25%。现金已成为躲避通胀的避风港。如果你有贵金属硬币现金，你就可以购买价值数十万法郎的纸质票据，用它们来购买财产，而这些财产的价格名义涨幅赶不上纸币的崩溃速度。因为是国家在出售这些没收来的财产，它又不能不接受由自己发行的那些纸币。

当时，法国政府出售的国家公产基本上有两类。第一类是教会的财产，主要的存在形式是农田、牧场。其真正的价值取决于耕作和放牧的条件。自1790年以来，价值高的那些教会地产已经基本被卖出了。剩下的那些教会地产并不值钱，对竞买人没有足够的吸引力。第二类是旧贵族和逃走的叛国者的"世袭财产"。这些财产的形式多样，包括了旧住宅、城堡、大型庄园等，它们有真正的使用价值，要享受这些财产的好处也不必具备专门的地产经营能力，但是这些世袭财产受到追捧，很难买到，而且，1795年5月31日的那个明显造成国有财产流失的法律很快就被废止了，买到这些

---

① 孟庆莉：《试论法国大革命时期的货币、财政问题》[J].《素质教育论坛》2012年第24期，第5-6页。

② Amédée Vialay. *La Vente des biens nationaux pendant la Révolution française*[M]. Paris: Perrin, 1908, pp.68-69.

财产所需的成本开始回升。

必须趁着付款便利和利润空间还在的时候赶紧行动。按照目前的通胀情况，指券在不久的将来马上就要被废除了，再不用废纸买真东西的话，就买不到了。拿破仑在 8 月 12 日对约瑟夫说："如果我一来巴黎的时候就买，你就能赚 100 万，因为转让人每天都在亏钱，而土地的真实价格却在上涨。"① 他让约瑟夫汇给他等值 120 万指券的钱，还建议约瑟夫在必要时可以从他的姻亲——富有的克拉里家族借贷。尽管路途遥远，在动荡形势下汇款也困难重重，但拿破仑还是在 8 月 20 日得到了约瑟夫的肯定答复，复信中附上了一张 6000 皮阿斯特的汇票，这笔贵金属货币在当时等值于100 万法郎的指券②，剩下的就是他要在巴黎地区找到合适的交易对象了。

拿破仑首先去看了距离巴黎 6 法里（约合 23.4 公里）的别墅，它配备了沙龙、独立的餐厅、厨房、储物柜、餐具室和主卧室，1791 年的原始购买价格是 109 000 里弗尔，如果倒买倒卖成功，这笔交易现在仅需 30 000里弗尔。如果这处房产不用来常住，也可以在产权证明过期之前再次出手。后来，他又去看了距离更远一点但利润更大的另一处地产，此地靠近梅隆，拿破仑表示："如果我用等值 160 万指券的钱，也就是大约 7600 皮阿斯特或 35 000 法郎买到它，它实际上值 145 000 法郎。"③ 但是，年轻的准将并非唯一一个发现这些机会的人，这处地产的价格马上涨到了 300 万指券，折算后，利润大降，和当时的公允市价几乎差不多。时间拖得越久，拿破仑能找到的便宜货越少。他对约瑟夫说："你为什么不在三个月前就把钱寄给我呢？你本来会得到价值 200 000 里弗尔的财物的！"④ 尽管如此，他并

① Lettre à Joseph Bonaparte du 10 thermidor an III 28 juillet 1795, *Napoléon Bonaparte, Correspondance Générale publiée par la Fondation Napoléon*[M]. Paris: Fayard, 2004, No.316.

② Lettre à Joseph Bonaparte du 3 fructidor an III 20 août 1795, *Napoléon Bonaparte, Correspondance Générale publiée par la Fondation Napoléon*[M]. Paris: Fayard, 2004, No.327.

③ Lettre à Joseph Bonaparte du 15 fructidor an III 1 septembre 1795, *Napoléon Bonaparte, Correspondance Générale publiée par la Fondation Napoléon*[M]. Paris: Fayard, 2004, No.334.

④ Lettre à Joseph Bonaparte du 17 fructidor an III 3 septembre 1795, *Napoléon Bonaparte, Correspondance Générale publiée par la Fondation Napoléon*[M]. Paris: Fayard, 2004, No.335.

不放弃，他又开始想要买布卢瓦附近的博斯地块。直到"葡月13日事变"之后，这些计划才寿终正寝。

三、节俭但想赚钱的将军

从拿破仑要求哥哥寄来资金、到处考察购买巴黎近郊房地产的活动来看，这些信件揭示的拿破仑的形象与传统拿破仑传记里所描绘的那种穷困青年军官相去甚远，他所参观的那些待售房屋属于法兰西岛范围内最漂亮的那一档。由于这些预计的投机活动没有任何一次获得成功，他实际也没用过约瑟夫给他的那6000皮阿斯特汇票。不能说拿破仑穷困潦倒，而只能说他是个对消费和浪费明显厌恶的节俭的人。在1795年底的巴黎，上流社会的成员必须是某种了不起、不可思议、闪耀之星般的存在，奢侈和炫耀是上流社会的入门券和资格证明。朴素的将军在这里反差太大，他对家族财富增殖的热爱并不是因为缺钱，在巴黎的上流社会混迹越久，就越是刺激他的野心膨胀。在拿破仑对近东，尤其是对土耳其的野心中，存在相当的经济动机。他曾说："我去土耳其是为了看看这个国家，远离（巴黎这里）革命的陷阱，为我的国家效力，赚钱并赢得声誉。"[①] 那时的奥斯曼苏丹正在重金招聘外国炮手和炮兵军官。

想办法赚钱是当时在巴黎活动的革命新贵和外来者的共同心愿，混乱的巴黎充满了各种机会，指券的全面崩溃使得黑市和走私肆无忌惮地发展起来，革命新贵的成功案例也摆在各路野心家的面前。当时，在巴黎搞投机的成功人士之一是著名的哲学家、经济学家本杰明·康斯坦茨。就在拿破仑到处看房的同时，本杰明也在给自己在瑞士的家人写信，向他们要钱进行投机。"我刚刚做了一笔很难想象的好交易！我用3万法郎买了一块地，

---

① Lettre à Joseph Bonaparte du 3 fructidor an III 20 août 1795, *Napoléon Bonaparte, Correspondance Générale publiée par la Fondation Napoléon*[M]. Paris: Fayard, 2004, No.327.

保证有 8000 法郎的收入。我亲爱的姨妈，你会承认，很难有比这更好的投资方式了——1795 年 8 月 7 日。"[1] 本杰明还给他的叔叔写了要求追加投资的信。"如果你能给我提供等值 800 金路易或 90 万指券的钱，我就给你买一处房租收益价值 200 或 250 金路易的房产。"[2]

就这样，这两个 20 年后将会在"百日王朝"最后的战争中再次相遇的人，几乎一字不差、日复一日地向各自的家人提出了同样的建议。归根结底，拿破仑和他那个时代所有雄心勃勃的年轻人一样，都在努力跟上时代的金融潮流。还有什么比这更正常的呢？本杰明非常享受在巴黎的生活。他赞美这样的好时光："我们的生活成本从来没有这么便宜过。我住的地方有 4 间漂亮的房间，一个月的房租只要 9 埃居金币，其他就随你的意了。（如果你住在巴黎），生活成本几乎可以忽略不计。这时候的 1 个金路易大概可兑换 800 到 1000 法郎指券。食物支出在总支出里所占比例也很小。你在瑞士的收入的一小部分就能让你过得很好，就好像你在瑞士挣钱而在秘鲁花钱一样。"[3] 很快，拿破仑也拥有了这样的行动自由，因为他最终获得了对约瑟夫的那张支票的自由支配权。口袋里有真正的贵金属钱币比只有指券纸币好太多，金银能给人带来特权。

四、真正的权贵

总的来说，拿破仑的经济投机活动并不成功，但他在葡月 13 日的开炮决定，他对保罗·巴拉斯的支持则很成功。讽刺的是，当他不愿意在旺代屠杀法国本国人民时，他倒了霉，而当他在巴黎街头下令对着民众开炮之

---

[1] Jacques Godechot. *La Vie Quotidienne en France sous le Directoire*[M]. Paris: Hachette, 1977, p.113.

[2] Jacques Godechot. *La Vie Quotidienne en France sous le Directoire*[M]. Paris: Hachette, 1977, p.113.

[3] Jacques Godechot. *La Vie Quotidienne en France sous le Directoire*[M]. Paris: Hachette, 1977, p.113.

后，他反而得到了督政府的信任和奖赏。他与督政府首脑巴拉斯的接触将他带入了真正的权贵们的世界，一个更加富有但也更加腐败的世界。由于这种特殊关系，他被任命为首都卫戍司令，年薪48 000法郎。拿破仑的哥哥约瑟夫谋得外交部的职位；弟弟路易在沙隆炮兵学校升学，后来加入拿破仑迅速扩张的副官队伍；家里最小的弟弟，即11岁的热罗姆去了更好也更贵的贵族学校。拿破仑告诉妈妈莱蒂齐亚："妈妈，家里以后什么都不缺了。"①

阿布朗泰斯公爵夫人洛尔·佩尔蒙称，她注意到葡月后拿破仑变了："他的靴子不再泥泞斑斑。波拿巴住进旱金莲街的豪宅，每次出门都乘漂亮马车……他曾经憔悴瘦削，现在脸也长丰满了。他本来面色蜡黄，显然健康不佳，如今他的脸变干净了，相对好看些。波拿巴瘦骨嶙峋的身体也长壮实了，他的微笑倒是一直讨人喜欢。如今再没人叫他'穿靴子的猫'了。"②

1796年3月2日，26岁的拿破仑被任命为法兰西共和国意大利方面军总司令，3月9日，与贵妇玛丽·约瑟芬·德·博阿尔内结婚。约瑟芬是博阿尔内子爵的遗孀，不幸的子爵在大革命的恐怖中丧命。

---

① Lettre à Joseph Bonaparte du 27 frimaire an IV 18 décembre 1795, *Napoléon Bonaparte, Correspondance Générale publiée par la Fondation Napoléon*[M]. Paris: Fayard, 2004, No. 377.

② Duchesse de Abrantes. *At the Court of Napoleon*[M]. New York: Doubleday, 1989, p.37.

第四章　到意大利去

一、40 万的"小钱"

通过对巴拉斯的支持，拿破仑于 1796 年 3 月 2 日立即被任命为意大利方面军总司令，新婚不久的他也立即到任，这时候，钱已经不是问题了。拿破仑给家里寄去了 40 万指券、礼品、服装等，他对哥哥约瑟夫说："我把最近收到的 40 万法郎指券给你，钱在费施那里，他会给你交代。这笔钱是如此之少的一笔小钱，以至于我能够完全信任他。弟弟吕西安·波拿巴已经被任命为战争专员……一有实缺，哥哥您将被任命为驻意大利或者葡萄牙的领事。"[1] 拿破仑在督政府的影响力越来越大，这种影响力使他能够相当容易地获得政府资金。作为军队总司令，他的军饷已经不少了。作为高级军官，他的工资当中肯定有一部分是以现金（贵金属硬币）而非纸币支付的。在飞速通胀的情况下，这是一种很大的优势。他与"督政府实际上的王"巴拉斯的密切关系为他谋取到了这种优待。当时的法国极度缺乏现金，即便是国家高层也都缺乏硬通货，纸币的供应倒是非常充足，但大家都知道革命政府的纸币几乎已经是废纸了。法国人自 1790 年以来也已经适应了这样的情况，大家面对金融的混乱只好表示逆来顺受。从拿破仑被任命为意大利方面军总司令那一刻起，满是财富的北意大利平原各省都会一个一个地变成他的势力范围。

---

[1]　Lettre à Joseph Bonaparte du 27 frimaire an IV 18 décembre 1795, *Napoléon Bonaparte, Correspondance Générale publiée par la Fondation Napoléon*[M]. Paris: Fayard, 2004, No. 377.

二、北意大利真的有钱赚

在意大利之战的开始阶段，拿破仑就开始为法国的国库赚钱了。他的征战收入填满了督政府的国库，战利品包括了价值数千万法郎的金银珠宝。在他同时代人的评价中，大家固然称赞他是个军事天才，更叹服于他竟然能让军队为国赚钱，而不是成为国家的负担。后来，拿破仑向财政部部长马丁·米切尔·查理·高丹抱怨了督政府给他的开拔费是如此之少，而他给督政府赚到的钱是如此之多。"你以为我在尼斯收到了多少钱？ 24 000 法郎！这就是征服意大利给法国国库带来的全部损失，这（一点点的启动资金）让我在付清了我所指挥的军队的所有开支后，可以陆续向督政府或莱茵河沿岸的其他法国军队汇款 6000 多万。"[1] 我们并不难理解为什么拿破仑拿到的启动资金非常少。当时，法军的主要战略方向是北方的莱茵河一线，意大利战场只能算一个次要方向。从尼斯地区穿过法意边境后，再向东北攻击前进也比较困难，阿尔卑斯山地区的主要攻击路线就只有那么几条山间峡谷小路，在这里摆不开太多的兵力，督政府不肯在这里投入太多是合乎常理的。

因此，拿破仑到任之后的第一件事情并不是作战，而是解决后勤问题。当时的意大利方面军状况凄惨，士兵遭到长期欠饷，已经数月没有肉吃，大部分人缺少衣物，士气低落得不适宜采取任何行动。只有当拿破仑整顿了军纪并且任命新的参谋长路易·亚历山大·贝尔蒂埃之后，这个方面军才有能力前往更靠东北方的阿尔本加。

早在拿破仑被任命之前，督政府也不是没有派兵去意大利境内敲诈军费，但效果不佳。督政府派去热那亚勒索革命赞助的军队滞留在了沃尔特里，此地比阿尔本加更偏东北。于是，贫穷的意大利方面军就这样呈一字

---

[1]　Emmanuel de Las Cases. *Le Mémorial de Sainte-Hélène*[M]. Paris: Points, 2016, p.106.

长蛇阵，摆在了利古里亚的海岸线上，在沃尔特里的法军还吃了奥地利人的暴击。只有当拿破仑在北意大利持续作战一年多，消灭了十几万奥地利军队，在米兰成立了特兰斯帕达纳共和国并威胁维也纳之后，法国在莱茵河方向上连续战败的危险才被解除了，其中，涉及对北意大利财富的有效压榨和对法军意大利方面军后勤的有效组织。拿破仑要求热那亚、米兰、帕尔马、摩德纳等地的贵族和富商赞助革命，他仿照法国的制度，把热那亚改成了利古里亚共和国，在摩德纳成立了奇斯帕达纳共和国（Repubblica Cispadana，可意译为"波河内共和国"）。米兰和摩德纳的傀儡政权后来在1797年7月被合并成了山内高卢共和国。

不论如何，意大利方面军进行了有计划的抢劫，就连意大利家庭存入当铺的存款也被洗劫一空，这种存款通常用于支付婚礼嫁妆，大量的黄金最终涌入法国。伦巴第大区是意大利北部主要的工商业中心，那里遭到的损失非常惨重。拿破仑诸多头衔之中恰巧有一个是"洛迪征服者"，洛迪就位于伦巴第大区。在更偏西北的米兰，当地贵族献出了城市钥匙，拿破仑住在米兰的宫殿里，模仿起大贵族乃至皇帝的宫廷礼仪。在满足自己生活所需和意大利方面军军费之后，拿破仑用剩下的钱变成了督政府最强有力的支持者。

但当拿破仑后来被关在圣赫勒拿岛上的时候，他又说自己与抢劫意大利的黄金这事没有关系。他说自己是个高尚的、不被腐蚀的人，就像他早年的精神导师小罗伯斯庇尔那样。他说抢劫的行为是在文官政府派驻远征军的萨利切蒂专员指挥下进行的，而他虽然和萨利切蒂是老乡，又是早年的朋友，在意大利战争时期却已经是文武殊途的对头了。

三、自由价更高

不论拿破仑内心作何真实想法，他口头上说的是："我从意大利回来的时候，名下没有30万法郎，本来我可以轻而易举地赚到1000万乃至1200

万，这些钱本来应该会变成我的（但实际上没有），我从来不做账，也没人问过我。回国后，我满心希望国家能发给我丰厚的奖赏。社会上有公议说应该把香波城堡赠予我，我非常渴望获得这笔财富，但督政府说这事完全不可能。然而，我在为法国提供服务的时候，至少给国家带来了5000万（法郎）。这是现代史上军队第一次服务于国计需求，而不是成为国家负担。"①

拿破仑还在意大利的时候，曾有一次要处置摩德纳公爵埃尔科莱三世·埃斯特，专员萨利切蒂来找拿破仑，萨利切蒂说："公爵的弟弟以公爵的名义，带着4大箱子价值一共400万法郎的黄金来找你了。他请求你接受这些黄金。我比他更先一步来找你则是为了提供我的建议。我来自您的国家（指科西嘉），也知道您家族的事情。督政府和议会里的立法者们将永远不会承认你的功劳。这些钱是您的了，请毫无顾忌地接受它，但不要对公众声张。公爵从他的领地上收到的供奉将减少这400万，但他很高兴得到您这样一个保护人。"②

拿破仑的回复非常冷淡："谢谢，但我不会为了这么一丁点钱就听命于摩德纳公爵，我想保持我的自由。"③话不投机，1796年10月16日，公爵大人迅速逃往了威尼斯。作为埃斯特家族最后的男嗣，摩德纳公爵于1803年10月14日死在了特雷维索。

即便后来成为圣赫勒拿的囚徒，拿破仑仍然关注自己的独立性、决策自由度，他对不受制于人这点的关切程度明显要高于对不腐败伤害自身名誉的关注。由此可以推测，在意大利方面军任职期间，拿破仑一方面要维持军队中的文官专员对他的看法；另一方面还要在军队中保持一个高高在上的处事人所必需的那种权威。因此，在金钱问题上，拿破仑不得不小心翼翼，他不希望自己好不容易建立起来的英雄形象和声誉因为贪腐受贿的

---

① Emmanuel de Las Cases. *Le Mémorial de Sainte-Hélène*[M]. Paris: Points, 2016, p.107.

② Emmanuel de Las Cases. *Le Mémorial de Sainte-Hélène*[M]. Paris: Points, 2016, p.107.

③ Emmanuel de Las Cases. *Le Mémorial de Sainte-Hélène*[M]. Paris: Points, 2016, p.107.

嫌疑而遭到贬损。

但是，在意大利战役的第一阶段里，萨利切蒂和加劳等督政府特使紧密陪同他，并向他汇报一切，因此还是有可能发生不检点的行为，尤其是在他作为英雄的荣光正盛的时候，这可能会给一些质疑他的人带来阴影，而当督政府不能给出拿破仑心目中应得的酬劳的时候，他可能自己动手。当他的辉煌事迹不被承认时，这种动机就更加强烈。出于道德或谨慎的考虑，拿破仑可能也没有与高层以外的其他人分享这场战役第一阶段的战利品。

四、偷偷发财

到了 1797 年，拿破仑在意大利方面军几乎所有关键性的岗位上都安排了对他忠心可嘉的人。又因为他取得了决定性的胜利，他不仅在意大利可以安排自己的哥哥约瑟夫去做一系列的外交操作，法国本土的督政府的财政实际上也要依赖他。胜利给他带来了相对独立的超然地位，军需供应、军队财政也逐渐被他控制。督政府指定的供应商弗拉查特被让·皮埃尔·科洛替代，其中很可能涉及商人对拿破仑的行贿活动。

这个科洛是玛丽·卡雷特和药剂师皮埃尔·科洛的儿子，他后来成为艺术收藏家和金融家。他的金融家生涯始于督政府成立初期。他和他的合伙人卡伊拉德自 1796 年以来一直在对国家非常苛刻、对军队非常不利、对自己非常有利的合同条件下，为法兰西共和国的军队提供军需服务。1793 年，科洛作为阿尔卑斯军团的分包商遇见了拿破仑。两年后，他与合伙人拉沃维特一起申请向全部军队提供食用肉类的垄断权利，但这个申请没有被完全批准，他的公司只获得了给意大利、阿尔卑斯、南方等三个军团提供后勤供应的垄断权。

督政府不再能够控制意大利方面军。督政府让亨利·雅克·纪尧姆·克拉克将军率领一个外交使团去米兰，拿破仑把米兰当成了自己的临时首都。

督政府特使在米兰询问和调查了许多与意大利方面军财务工作相关的人。大部分人都回答得不尽不实，因为他们自己或多或少都在意大利战役里利用自身所拥有的有利条件谋取了不那么正当的利益。克拉克没有得到任何能够指认拿破仑不诚实的确凿证据。没有更好的证据，又不能不对督政府有所交代，于是克拉克给出了一个模棱两可的结论："波拿巴先生太在意自己的荣誉，但对细枝末节的小事又太不在意，所以没有注意那些能让他发财的事。"① 克拉克作为督政府的"奸细"，也询问了主要的利益相关方，认为这些人的回答方式看起来"把猜疑抛之脑后，似乎是坦率的"②，但克拉克也报告说自己在意大利方面军里闻到了阴谋的味道。他认为军队供应商科洛这样一个表面上对总司令全心全意的人可能在私下搞些欺诈活动，他还发现，总司令大人的某些基金消失不见了，但只靠自己一人的力量，克拉克既没有时间，也没有具体的方法去核实这些疑点。

　　那么，这么对督政府报告会不会显得无论怎么说也不怎么诚实呢？退一步讲，督政府如果相信了这些信息的话，又会不会召回拿破仑呢？答案显然是否定的，巴黎的老爷们还要靠拿破仑的钱来供养，所以对克拉克而言，既没有必要把对拿破仑的调查推向深入，强行这么办也没什么意义。如果真的认真调查下去，天知道会查出什么不得了的事情来。即便后来拿破仑被囚禁在圣赫勒拿，也找不到与这时候的这些相信拿破仑清白的说法相左的材料。除非拿破仑能够谨慎地与那些他完全可以信任的人一起行动，否则拿破仑对在他身边流淌着的金钱可以说是完全无动于衷。在可以完全信任的人面前，事情就会起变化。

　　安托万·罗曼·哈梅林是一位冒险家，他与约瑟芬一起从巴黎来到意大利。哈梅林有时还被总司令委以秘密的使命。拿破仑征服的里雅斯特和

---

① Jacques Godechot. *Les Commissaires des Armées sous le Directoire, Tome I*[M]. Paris: Presses Universitaires de France, 1941, p.553.

② Antoine Romain Hamelin. *Douze ans de ma vie*[J]. Revue de Paris, AN.33, Tome 6, Novembre-Décembre, 1926, p.298.

周边国家让人们看到了卡尼奥拉公国（Carniole，即今天斯洛文尼亚的克拉尼斯卡）伊德里亚汞矿的价值，得到拿破仑信任的科洛被派到此地。科洛发现，这里有价值约 400 万或 500 万法郎的水银可以交易。这些水银（在迫于军事压力的假装公平的市场）被以每磅 24 苏的价格卖给科洛。当时，每磅水银的市价是 3 法郎。在这次交易中，科洛所付出的各种费用是 100 万法郎，军队的军需金库得到 120 万法郎，剩下的利润归拿破仑（此数大约 200 万法郎），但是拿破仑拿到钱以后给军官们发了大量的感谢金（奖金）。①

据哈梅林的不完全回忆，这些奖金包括了：给贝尔蒂埃的 10 万，给贝尔纳多特、缪拉、弗里昂的每人 5 万，给每个司令部副官的 12 000，给首席财务授权官维尔曼齐的 10 万②。作为意大利事实上的主宰，拿破仑这时候颇有些自鸣得意。如果哈梅林的回忆是正确的，那么，拿破仑在水银矿的不公平交易里至少贪污了 100 万法郎的巨款，但这些钱也不完全就能说是属于拿破仑一个人的。即使他和科洛在整件事情里得到了最大的好处，他也没有忘记那些忠实的伙伴们。这件贪污案即使真的发生了，也应该算作集体事件，每个人在其中都拿到了属于自己的那一份。也正是因为这件事的集体性质，或许我们才可以解释为什么拿破仑对待金钱的这些做法显得非常随意。伴随着随意性的增加，意大利战役给拿破仑和他的伙伴们所带来的隐性收入成倍增加了。拿破仑在意大利各地搜刮了数千万或上亿资金，其中有部分肯定已经被转用于军队。

秘密收入的去向不只是军需的耗费、笼络手下的耗费。1797 年春天的拿破仑搬进了米兰城宏伟的蒙贝洛城堡，他过上了像过去罗马执政官那样的生活。在特兰斯帕达纳共和国，他确实是事实上的君主，他像君主一样

---

①   Antoine Romain Hamelin. *Douze ans de ma vie*[J]. Revue de Paris, AN.33, Tome 6, Novembre-Décembre, 1926, p.298.

②   Antoine Romain Hamelin. *Douze ans de ma vie*[J]. Revue de Paris, AN.33, Tome 6, Novembre-Décembre, 1926, p.298.

在公共场合用餐，非常熟练地接受意大利贵族献来的贡品，庆典和宴会也是必不可少的。要支持这样的支出，一些贪污行为难以避免，但当他结束在意大利的好日子并回到巴黎时，这样的生活显然不可能再持续下去。前文已经提到，拿破仑说他从意大利回巴黎的时候身上连30万法郎都没有，但是他所表现出来的购买力却与这种表述不太一致。

五、回到巴黎

拿破仑一回到巴黎，就花20万法郎购买和重新装修了尚特雷纳街（Rue Chantereine）的旅馆。"Chantereine"意思是"唱歌的青蛙"，因为该地区原是沼泽地，有很多青蛙栖息在此。1797年，拿破仑在意大利的战役取得胜利后，这条街被命名为"胜利街"。此外，他在典当行的户头上存了10万法郎，就这样，他已经花光了自己在明面上所承认的那些合法收入，但是我们知道拿破仑总是有着强烈而又昂贵的政治野心，那他还能依赖什么呢？他作为总司令的那份48 000法郎工资吗？这显然是不可能的。布列纳和哈梅林可以提供一些线索。这一时期拿破仑还在依赖伊德里亚的水银矿、他同科洛的军需供应方面的商业联系，但拿破仑在金钱方面是个不太灵活的管理人，而他之所以在金钱上身段不够灵活，则是因为他一直以来总想保持独立。正因为受制于钱，拿破仑才比任何人都明白人不能缺钱。

如此开销下去，拿破仑从意大利带回来的钱无论如何都是不够维持波拿巴家族生活所需的。我们知道约瑟芬是个特别挥霍无度的人，从意大利带回来的钱只够她花几个月的，一旦拿破仑去了埃及，约瑟芬就只有名义上还富可敌国，实际上没有钱去支付最小最小的开支。她只能通过向有权势的人出卖自己的信用来摆脱困境，但这种曾经利润丰厚的交易让她在不计后果的人际关系中受到了损害。如果说拿破仑在某种程度上依赖他和科洛的生意关系，那么约瑟芬在意大利战役开始的时候就和博丹的生意不清不楚，两人这种不清不楚的关系似乎和约瑟芬之前同巴拉斯的情人关系类似。拿破仑在意大利作战，约瑟芬在巴黎寻找到了新的情人希波利特·夏尔。当约瑟芬从巴黎去意大利与拿破仑团聚时，她不仅为拿破仑带来了他的哥哥约瑟夫，她还带着她的这个新情人。在情人的协助下，约瑟芬的贿赂和商业系统在整个意大利战役期间顺畅无比，但约瑟夫同博丹也有利益往来，他把约瑟芬的情况告诉了弟弟。伤心和愤怒的拿破仑对约瑟芬进行了暴风骤雨式的批判，但拿破仑仍然被爱情蒙蔽着双眼，况且他仍然需要约瑟芬的人际关系网络，因此他很快就不再愤怒。于是，约瑟芬的小动作得以以一种更加谨慎的方式继续进行。在拿破仑的商业网络遭到损害时，约瑟芬利用自己的人脉关系，多次予以救助。这些关系给约瑟芬带来了丰厚的回报，但她购买马尔梅松城堡的时候还是要靠赊账，她连付给公证人的首次定金（15 000 法郎）都是找马尔梅松城堡的前管家借的。

不管拿破仑在意大利有多么能赚钱，也不管拿破仑带回法国的钱是多是少，结论都很明显——在意大利战役结束之后，拿破仑和约瑟芬的生活水平绝对远超他们当时的经济能力，这迫使他们采取了某些不名誉的赚钱方法，但是这种"不名誉"的定性是以我们现代人的观点和标准得出的结论。在 18 世纪末那个时候，时代风气并不像现在这么压抑。他们夫妇二人各自的做法也并不像今天这么令人不齿。如果说夫妇二人都在用自己的方式"天助自助"，那他们俩绝对不是当时社会上这么做的唯一一对非典型夫妇。

第五章　神秘但并不富饶的东方

一、到埃及去

1798 年 1 月 4 日当选法兰西学院院士后，拿破仑从加莱到奥斯坦德，对北海海岸线进行了考察，于 2 月 23 日返回，并提交了一份拒绝入侵英国的计划的报告。

3 月至 4 月间，拿破仑征服埃及的想法逐渐赢得了法国督政府的支持。5 月 4 日，拿破仑亲自前往土伦，监督这次远征的舰队准备工作。该舰队于 5 月 19 日起航，搭载着 3.7 万人的远征军。6 月 10 日至 13 日，法国舰队经停马耳他。7 月 1 日，法军抵达埃及海岸。波拿巴在半夜登陆。第二天，法军进入亚历山大。7 月 21 日，法军在金字塔之战中击败马穆鲁克，25 日占领开罗。

1798 年 8 月 1 日至 2 日，随着阿布基尔海战（即尼罗河战役）的失败，局势突然恶化，但这并没有阻止拿破仑在当地发展自己的学术研究组织。法国埃及研究所于 8 月 22 日成立。8 月 29 日，《埃及邮报》创刊号出版。9 月 4 日，拿破仑决定，所有埃及居民都应佩戴象征法国大革命的三色帽，开罗以及各省首府最高的清真寺宣礼塔将悬挂三色旗。然而，10 月 21 日，开罗民众起义爆发了，波拿巴的一名将军和一名副官被杀，立即而血腥的报复性惩罚很快就使埃及首都的局势恢复了平静。10 月 30 日，拿破仑抽出时间为一场花园音乐会主持了开幕活动。

1799 年 2 月，拿破仑进军叙利亚，与奥斯曼土耳其苏丹派去收复埃及的土军遭遇。2月10日，拿破仑离开开罗。2月25日，法军进入加沙，并于3月7日占领雅法。几天后发生的驻军大屠杀破坏了法军与当地居民的关系，也有损于法军军事胜利的光荣，拿破仑随后转向还在坚持顽固抵抗的阿卡。4月16日，法军在塔博尔山战役中击败一支土军后备部队后，被迫解除对该城的围困，返回雅法。拿破仑带病探访了士兵，随后发出撤退信号并开始向开罗方向缓慢移动，并于6月14日抵达开罗。7月17日，由英国舰队协助运送的土耳其援军与法军遭遇，25日，土军在阿布基尔被象征性地"击败"，这是拿破仑在埃及的最后"胜利"。8月22日，拿破仑启航前往法国。最终，他于10月16日抵达巴黎。

二、在埃及真的没有利润

埃及战役的利润远比意大利的少，富饶的波河平原不见了，除了尼罗河两岸有限的绿洲之外，一望无际的沙漠就是一切。就拿破仑看到的情况来说，埃及是贫瘠的，东方的宝藏似乎消失了，军队面临可怕的财政问题。拿破仑要想尽一切办法去找钱，以便能给手下提供仅仅是名义上的那点工资。在埃及，维持正常发薪就已经要费尽心机了，拿破仑又怎么考虑增加个人财富呢？但是，当他1799年离开埃及的时候，就像他上次从意大利返回时那样，又有人跳出来怀疑他了。英国有海军优势，在埃及战役期间经常拦截拿破仑所部发往法国的信件和文件。有时候，为了证明英国舰队的封锁能力并侮辱法国，英国人会把截留的法军文件结集出版。在另外一些时候，英国人则会给法国人透露一些法国的已经过气了的时事新闻。这同样是对自己封锁能力的炫耀。英国人截获并公布了军队财务总监让·巴蒂斯特·普塞尔格的一份报告，其中对总司令的管理提出了严厉批评。

普塞尔格曾经是科西嘉岛行政首席秘书，法国大革命时期，他历任国家公产和特别基金管理局第一书记员、第一财务书记员、国民大会立法委员会主任、国家税收委员会委员、财政部第四司司长。1796年2月15日，他被任命为法兰西共和国驻热那亚共和国公使馆一等秘书，负责在都灵的秘密谈判，以期能够与撒丁王国缔结联盟条约。1798 年 2 月，他前往马耳他执行任务，在那里他受命与贝托莱和埃斯特夫一起盗取医院骑士团藏在马耳他的宝藏。他担任军队开支总监和埃及财政总管，并参与了与西德尼·史密斯爵士签订的《阿里什条约》（ Traité d'El-Arish ）（1800 年 1 月）的谈判。谈判结束后，他抵达土伦，并在那里写了一封信给已经就任第一执政官职位的拿破仑，以报告他的使命完成情况。第一执政阁下对他的态度很差。①

三、贪污金库的疑云

普塞尔格指出，在埃及，现金完全消失了。给一份被英国人出版的报告做注的注释者称："普塞尔格看到了波拿巴中饱私囊的证据，指责他将金字塔战役中从马穆鲁克手中夺取的 2000 万放进了自己的口袋。"② 然而，这所谓的"2000 万"只存在于作者的想象之中。战后，将军确实向财务官员报告说，他的士兵在每个倒下的骑兵身上发现了"300、400 或 500 个金路易"，但他很快指出，"这些人的全部奢侈品都在他们的马匹和武器上"③。此外，这些英勇的马穆鲁克骑兵损失数很少。因此，当时法军所能收获的所有黄金只是让少数幸运的士兵发了财而已，不能按照每个人都发了大财的情况去估算缴获的总量。

此外，普塞尔格之所以得罪了拿破仑的又一个重要原因在于，当时他为了推诿自己在埃及工作不力的过失，给督政府写了另一封告密信。普塞

---

① FRAN_NP_050537, *fonds Poussielgue 131 AP*[Z]. Archives Nationales.

② *Copies of Original Letters from the French Army Part the Third: Letters to the French Government Intercepted by the British Fleet in the Mediterranean*[M]. London: Published Here by Authority, 1800, p.133.

③ Lettre à Joseph Bonaparte du 6 thermidor an III 24 juillet 1798, *Napoléon Bonaparte, Correspondance Générale publiée par la Fondation Napoléon*[M]. Paris: Fayard, 2004, No 2625.

尔格在信中指控拿破仑偷偷收了 200 万法郎，而这笔钱是从军队金库里盗窃的。正在谋求更大权势的拿破仑遭到这样的背刺，当然对普塞尔格感到"产生了真正的厌恶，这是我第一次在道德上感到沮丧，如果他不是唯一的一个，至少可能是最尖锐的一个"。①

　　普塞尔格对拿破仑的指控往往是不能自圆其说且不连贯的、碎片化的。他在 1799 年 9 月 22 日写给督政府的一份报告上又说拿破仑"离开军队时还欠着军队 1000 多万法郎，其中只有 400 万在收支平衡表上"②。可是既然欠账如此之多，账上的钱又只有不到一半，那总司令大人是如何从空荡荡的军队金库里捞走 200 万法郎的呢？历史学家梯也尔在 1845 年公开了普塞尔格交给自己的一封信。普塞尔格正是在 1845 年的 7 月 1 日去世的，他在信中为自己辩护："我从未写过波拿巴将军从埃及拿走了 200 万法郎，我既没这么说，也不可能这么想。这是不可能的。在他离开埃及时，法国军队在埃及没有任何资金可供支配，所有应付余额都被拖欠成了逾期欠款，他只拿了几件珠宝作为自己应得的军饷。这包括了一串精美的珍珠项链和一颗装在水晶盒里的钻石。"③

　　那么，是不是可以说所谓的普塞尔格报告是英国人炮制出来的敌对宣传材料呢？看上去似乎是这样，毕竟英国人抹黑法国、法军和拿破仑本人的动机最为充分，但是这又与史实不符。当拿破仑离开埃及回到法国从事政治运作的时候，拿破仑家族曾经要求报告作者否认前述内容，但遭到了拒绝。于是，普塞尔格遭受了长达 9 年的耻辱，但是后来皇帝还是将普塞尔格任命为财政部高级官员。这表明皇帝认为普塞尔格的过错其实不那么严重。

---

① Emmanuel de Las Cases. *Le Mémorial de Sainte-Hélène*[M]. Paris: Points, 2016, pp.144–145.

② *Copies of Original Letters from the French Army Part the Third: Letters to the French Government Intercepted by the British Fleet in the Mediterranean*[M]. London: Published Here by Authority, 1800, p.108.

③ *Jean Baptiste Poussielgue. Lettre de M. Poussielgue, ancien administrateur-général des finances de l'Egypte accompagnée de pièces justificatives, à M. Thiers*[M]. Paris: Gustave Pissin, 1845, p.8.

四、亏本买卖

　　几乎所有的历史学家都认为拿破仑从埃及回法国的时候口袋里除了几件珠宝外别无长物。布列纳也在无论什么场合都坚持证实这种说法。据他的回忆："在阿雅克肖，费施先生用法国的钱给波拿巴将军买了价值17 000法郎的土耳其亮片（晚礼服）。这个折扣甚至被认为（还是）有点贵。费施先生很正确地给出了一个理由，那就是，在外国（指在土耳其），人们不知道该如何处理这些货币（指汇兑损失）。这17 000法郎就是拿破仑从埃及带回来的全部家当。我之所以提到这个事实，是因为拿破仑在前往埃及之后写的信中遭到了不公正的诽谤，这些信件被英国人截获并发表。我必须补充一点，他不想动用军队的基金来满足他的特殊需要，因为军队的基金从来都不够一半的开支。他通过詹姆斯先生的中间人，几次从热那亚和他在克拉里家族拥有的基金中提取了15 000法郎、25 000法郎和33 000法郎。我可以证明，我从未见过他在埃及赚到比他的薪水更多的钱。他从埃及出来时比他去的时候变穷了，这是无可争辩的事实。"①

　　因此，拿破仑没有从埃及得到任何好处。另一方面，法国各方面的局势都在恶化，督政府面临着军事挫折和令人担忧的财政局面和经济形势。在个人层面上，约瑟芬的婚姻财务状况越来越糟糕，是回家的时候了。

---

① Louis Antoine de Bourrienne. *Mémoires de Bourrienne, Tome III*[M]. Paris: Ladvocat, 1829, pp.12–13.

第六章　从第一执政到皇帝

一、结束革命需要什么

在拿破仑远征的时候，欧洲各地的王公贵族们已经纠合起来组织了反法同盟，法国国内的保王党也发动了对共和国的恐怖活动，成功躲过英国皇家海军巡逻封锁舰队回到法国的拿破仑立刻变成了"人民的救星"。经过了 1789 年以来的各种轮番交替的恐怖，大家希望能够找到某种办法来"结束革命"，或者至少以某种形式让社会稳定下来。正是在这种社会氛围中，拿破仑看到了机会。他一抵达巴黎，立即开始准备由埃马纽埃尔·西耶斯策划并于 1799 年 11 月 9 日（雾月 18 日）举行的政变。

为了"说服"一些人，"安慰"另一些人，收买知情者的同意或至少是沉默，拿破仑现在需要花费大量的钱，可是拿破仑从埃及没有赚到什么钱，约瑟芬的债务也在不断增加。计划中将要为革命画下休止符的军队眼下还被督政府欠着薪，所以对于敬爱的统帅的资金需求也是心有余而力不足。拿破仑只能转而寻求他的私人盟友的帮助，他首先向自己的家人寻求帮助。

拿破仑在外征战的时候，他的兄弟们借助拿破仑的影响力，大大增加了自己的财产数额。这些财产的获得和增殖获得了政府部长们的恩惠和照顾，涉及许多不太正常的投机活动和比较正常的商业贸易行为，但是这些投机活动如果按照同时期英国的那些海盗贸易的道德标准来看，可以说是近乎廉洁的操作。这一时期，拿破仑家族至少花费了 100 万法郎去购买房产，其中比较著名的是约瑟夫购买的莫特方丹。在政变的策划者和密切参与者团体里，有些人财力雄厚，有些人可以秘密调动部下的资金。旧贵族、律师让·雅克·雷吉斯·德·康巴塞雷斯就是私人财力丰厚的代表；警政部长约瑟夫·富歇则是利用职务便利秘密调动部下资金的代表。除此之外，拿破仑在意大利战役期间搭建起来的金融关系网再次发挥了作用。他的老朋友"供应商科洛"在热那亚有一个银行家弟弟，曾经在埃及战役期间借钱给拿破仑，这次，他同样投资了拿破仑。金融家加布里埃尔·朱利安·乌弗拉尔因和他的私人关系也向拿破仑提供贷款。

接下来的故事众所周知。雾月政变成功，雾月 20 日，执政官正式就职。1799 年 12 月 13 日，新政府的《共和 8 年霜月 22 日宪法》(*Constitution du 22 frimaire an VIII*，即《共和历 8 年宪法》) 出炉，依据宪法，法国新政府为执政府。宪法名义上规定法国政府由三位执政官共同执政，但却特别设立了"第一执政"这个职位，以保障拿破仑能够获得绝大部分的权力。这份宪法也是法国在 1789 年革命后制定的第一部没有载明权力宣言内容的宪法。12 月 15 日，执政府官方表明，由于大革命已经实现其初衷，所以现在结束了。12 月 25 日，新宪法颁布。1800 年 2 月 7 日，新宪法由公民投票批准通过。

在雾月 20 日当天，法国国库总共只剩下了 167 000 法郎[①]。正常情况下，法国财政部每天需要至少 100 万法郎，以应付基本开支，许多时候，法国政府的每日开支可以轻松突破 200 万法郎，所以第一执政官就职之后首先面对的就是财政缺口，至于拿破仑是如何在优秀的财政大臣和商人团队协助下设法让税收制度重新运转起来的，留待我们后文讨论法国国家财政的时候再予详细论述。在本书的这个部分，我们先关注拿破仑自己从就任第一执政官的成功中获得了什么。

---

① 　Baron Peyrusse. *Mémorial et archives 1809—1815*[M]. Carcassonne: Labau, 1869, pp. 84.

二、执政的工资和实际收入

根据《共和历 8 年宪法》和相关的公务员工资规定，作为第一执政，拿破仑的年薪是 50 万法郎，比他的两位副手高得多，副手的年薪只有 15 万法郎，但是这样的年薪仍然不够约瑟芬挥霍。当时，拿破仑的家庭负债已经累积到接近 200 万法郎，这些债务大概可以分为：购买国家公产造成的债务 1 195 000 法郎，服装、羊角面包、内衣、仆人和裁缝的费用 60 万法郎，购置马尔梅松城堡的费用 225 000 法郎等[①]。在成为第一执政之后，拿破仑在杜伊勒里宫、马尔梅松等地居住的时候，也在不断对宫殿进行改建和装修，这是为了与他国家元首的地位相符而不得不进行的仪式性支出。因此，在国家支付的工资之外，拿破仑还要从各部委的基金、海外的债券、土地和房屋私产的收益里寻求额外的金钱。

表 6-1　第一执政官先生的额外收入

（单位：法郎）

年　度	1802及以前	1803	1804	合　计
杜伊勒里宫附近房屋的租金	28 883	28 809	26 450	84 133
外交部	300 000	600 000	600 000	1 500 000
内政部	300 000	600 000	750 000	1 650 000
秘密资金	3 769 165	–	–	3 769 165
葡萄牙款项	2 962 962	4 938 271	3 000 000	10 901 233
汉堡和不来梅款项	1 322 661	3 067 549	–	4 390 210
部长办公室的特别基金	8 355 820	905 307	112 000	9 373 127
里沃利街的土地收益	–	202 788	142 853	345 641
总　计	1 703 9491	10 342 724	4 631 303	32 013 518

资料来源：Baron Peyrusse. Mémorial et archives 1809—1815[M]. Carcassonne: Labau, 1869, pp. 84–87.

---

① 　Baron Peyrusse. *Mémorial et archives 1809—1815*[M]. Carcassonne: Labau, 1869, pp. 84–87.

从这份资金分析表中可以发现拿破仑真正的权力来源，这 3200 万法郎是法国从共和国走向帝国的启动资金。资金的主要捐助者是富歇、塔列朗、吕西安、葡萄牙在《巴达霍斯条约》和《马德里条约》里按约定付给法国的赔款的一部分，汉堡议会为了为两名在法国军队中担任军官的爱尔兰人被引渡到英国一事向法国道歉的赔款等。

三、成为皇帝

在执政的头几个星期里，拿破仑采取了一系列措施来巩固新的制度，弥合大革命造成的社会撕裂和创伤。他废除了在移民和前贵族留在法国的父母中扣押人质的法律，取消了对某些类别的教士的驱逐，还与旺代保王党分子签订停战协定等。

拿破仑在 1800 年的头几个月里继续建立新的机构并予以规范。他开始限制巴黎报纸的数量，成立了法兰西银行，秘密组织一支由他直接指挥的 6 万人的后备军，颁布关于法国行政组织（特别是设立省长）以及关于法院组织的新法律。这些建立秩序的举动和他对国内分歧的弥合取得了明显的效果。旺代地区的保王党分子和他们的领袖基本上屈服了，保王党领袖之一乔治·卡杜达尔 2 月 14 日的投降和归顺是个标志性的事件。为了批准新的宪法，法国于 1800 年 2 月 7 日举行了全民公决。同月 18 日，公决结果公布，宪法获得 3 011 107 张赞成票，反对票仅 1562 张[①]。

拿破仑和他的政治盟友们在法国内政方面取得了各种进步，但是在国境线之外，法军仍然不得不与欧洲各国作战。1800 年 5 月 6 日，拿破仑离开巴黎，与军队汇合并接过指挥权，开启了第二次意大利战役。他从圣伯

---

① Jeff Horn. *Building the New Regime: Founding the Bonapartist State in the Department of the Aube*[J]. French Historical Studies, Vol. 25, No.2, 2002, pp.225–263.

纳德山口穿过阿尔卑斯山，然后进入意大利北部，不到两周后，即 6 月 2 日，他进入米兰。6 月 14 日，马伦戈战役的胜利结束了法国第二次对意大利的战争。不久，法军进入都灵和热那亚。

1800 年 7 月 2 日，拿破仑回到巴黎，继续他半途搁置的内政建设工作，其最重要的成果是成立于 8 月 12 日的民法典制定委员会。拿破仑时期的《民法典》至今仍是现代社会许多法律的逻辑起点和立法精神来源。此外，他还展开了紧张的外交活动。10 月 1 日，法国和西班牙签订了由一系列小的议定书和条约组成的《圣伊尔德丰索条约》（ *Treaty of San Ildefonso* ）。10 月 3 日，法国与美国在约瑟夫的莫特方丹城堡签订了《莫特方丹条约》（ *Treaty of Mortefontaine* ）。11 月 5 日，拿破仑开始和教皇庇护七世的特使探讨关于宗教和政治事务关系的条约，其成果就是稍后签署的《1801 年教务专约》（ *Régime Concordataire Français* ）。

1800 年末的拿破仑逐渐变得不仅有信心，也有钱去确保法国的荣耀，事情似乎也确实在越变越好。让·维克多·莫罗于 12 月 3 日在霍恩林登击溃了奥地利干涉军。一个中立国联盟（事实上是针对英国的反干涉联盟）也终于在 12 月 16 日成立了。这个联盟将俄国、瑞典、丹麦和普鲁士联合在一起，但这些好消息带来的好心情和良好气氛都被拿破仑本月 24 日在圣尼卡斯街遭受的袭击破坏了。此次事件真正的主谋是保王党人，但最初遭到拿破仑打击的却是残存的雅各宾派。拿破仑利用此事推进了对各种罪行的速判速决，但这种快速打击行动并没有传染到拿破仑的外交上。在国际问题上，他仍然致力于和平和结束革命。1801 年 2 月 9 日，法国与奥地利在吕内维尔签订了和平协议；27 日，他致函沙皇保罗一世，劝保罗一世出兵土耳其并向印度扩张，承诺会和俄国在印度一起反对英国，提前促成了法国在 3 月 6 日与俄国举行谈判。同月 18 日，拿破仑与那不勒斯王国的和平谈判结束。21 日，他与西班牙签订了《阿兰胡埃斯条约》（ *Treaty of Aranjuez* ）。只有英国继续开展针对法国的敌对行动，向埃及派遣军队并打击残留在那里的法军。不过，就连对英国的和平似乎也不是完全没有希望。

英国首相小威廉·皮特的辞职看上去标志着英国外交政策有可能发生变化，拿破仑认为自己有足够的力量，可以把莱茵河左岸地区和意大利帕尔马公国并入法国。

　　在法国国内，拿破仑 1801 年的主要成就是继续进行行政重建。3 月 28 日，《刑法典》起草委员会成立。7 月 23 日，法国国务会议开始讨论《民法典》的具体内容。7 月 31 日，国家宪兵开始组建。8 月，商法和农村法典的起草委员会成立。9 月，财政督察、海关总署署长、海关关长等陆续被设立并选人到任。9 月 27 日，国库和财政部进行了改革。1801 年夏季和秋季，法国迎来了新的外交成果。6 月底，法国埃及远征军在开罗投降，残余抵抗在 7 月 31 日也停止了。9 月 29 日，法国与葡萄牙签署和约。10 月 8 日，对俄和约也签字完成。由于法国在埃及和中东地区的收缩，英国开始与法国真正展开含有部分诚意的和平谈判。英法在开罗、亚眠的谈判所塑造的和平是 1792 年 4 月 20 日以来法国第一次得到正式的和平，但是数百年来英国外交的精髓就是不让欧洲大陆有一个压倒性的统一强权，法国追求欧洲大陆统一性的外交政策又无论如何不可能使英国满意，所以 1802 年的《亚眠条约》注定是脆弱的。1802 年 9 月 11 日，关于皮埃蒙特问题的会议在法国举行。当月 30 日，拿破仑对瑞士各州联邦制和邦联制支持者之间的冲突进行调停，并于 10 月 17 日任命米歇尔·内伊为法国驻瑞士军队的指挥官，以便在必要时通过武力恢复平静。10 月 20 日，夏尔·莫里斯·德·塔列朗·佩里戈尔发出照会，威胁英国如果不撤出马耳他，将再次发动战争。

　　当我们把目光转回法国国内，拿破仑的成功似乎不可阻挡，他继续在迈向君主制的道路上狂飙。1802 年 5 月 6 日，评议会提议给予第一执政波拿巴将军国家承认的承诺。8 日，一名元老院议员提议任命他为终身执政官，但元老院只是宣布在他的第一个 10 年任期结束后，再允许他连任 10 年。5 月 9 日，拿破仑声称一场民众投票将确认这一决定，第二天，他宣布了一项举行全民公决的命令，但是被投票的问题变成了"拿破仑是否应该终身担任执政官"①。执政府的中央机构在形式上将立法权和行政权相互分离，立法权分属参政院（起草法条）、保民院（讨论草案）、立法院（表决草案）、元老院（捍卫宪法），其中参政院和元老院的人员实际都由第一执政操控，把立法权分解也有利于削弱其制约力，那么，投票显然是能够通过的。元老院被迫在8月2日宣布了这一结果，然后在8月4日对宪法进行了必要的修改。在随后的几个月里，第一执政开始获得近乎皇室的荣誉，同时，执政府加强了对剧院和报纸的控制。教会和司法机构发现自己的形式权力和实际特权在修宪改革中丧失殆尽。

1803年和1804年，拿破仑都在为称帝进行各种准备。他在1803年1月4日奖赏了忠于自己的元老院议员，任命了一批终身参议员。从该年3月28日起，新发行的货币上都打上了第一执政的侧面头像，这种头像的图案设计使人立刻就能想起古罗马帝国的皇帝。由大革命中残存下来的温和共和派人士（政治思想家）组成的"道德和政治科学院"遭到取消。元老院也在本年底失去了任命国家元首的权力。1803年4月7日（芽月17日），法国实行币制改革，铸造金、银两种材质的法郎，史称"芽月法郎"，规定1法郎含金0.2903225克或含银4.5克，金、银的比价为1∶15.5，由法兰西银行发行②。同年，拿破仑进一步寻求开展改革和行政重组，他下令规范医学实践、创建药学学校、公证人组织，规范工厂和车间运营的法律、禁止工人联盟、建立品牌保护的法律也获得通过。1803年9月，在法国及其占领地，政府开展了修复道路和桥梁的工程，兴修运河，排干沼泽。拿破仑对教会和神职人员的拉拢也不遗余力。他的政策基本是从实际的角度出发。拿破仑使得教会的特权变得不可动摇，加强高级神职人员的利益，宣布神学院学生可免于被征兵。同时，他也采取一些惠而不费的象征性措施。

---

① 潘凤娟：《澄定堂寄存国家图书馆拿破仑终身执政文件》[J].《国家图书馆馆讯》2020年第3期，第14–26页。

② *Évelyne Cohen. Création du franc Germinal 7-24 germinal an XI (7-14 avril 1803)*[Z]. Commemorations Collection 2003, Archives Nationales.

例如，只有宗教圣人和历史人物的名字才被接受为民事登记中得到认可的名字。

　　起初，拿破仑 1803 年的外交政策与前一年如出一辙。瑞士收到了第一执政为他们定制的新宪法，并与法国缔结了同盟条约。3 月 24 日，雷根斯堡议会根据《吕内维尔和约》彻底改变了德意志地区的政治平衡。1803 年 2 月和 3 月，法国与英国在马耳他问题上的关系持续紧张，决裂发生在这年 5 月。5 月 11 日，法国拒绝了英国的最后通牒，《亚眠条约》也于次日终止。17 日，英国政府下令对法国船只实行禁运，扣押了 1200 多艘船只和价值 2 亿法郎的货物。22 日，在法国领土上的英国人被捕。23 日，法国对英国宣战。5 月 27 日，拿破仑派军入侵汉诺威。7 月 4 日，法军投降，但法国和英国之间的冲突一触即发，这也是促使第一执政将路易斯安那州卖给美利坚合众国的重要原因之一。法国海军事实上不能再与英国海军进行对海上交通线的争夺。孤悬海外的路易斯安那殖民地随时有不保之虞，将路易斯安那卖给美国可以收回一点成本，同时也弥补一些对英国战争费用的损失。

　　与此同时，与英国开战的准备工作也进展顺利。1803 年 6 月，拿破仑组织了一支庞大的军队，并于 10 月 1 日成立了一个向导和翻译连；7 月，他提出了一个入侵计划，并于秋天收到了一份早期申请。第一执政亲自为登陆艇的船员们撰写了一份指令。11 月 3 日和 12 月 30 日，他两次前往布洛涅视察。英国方面也没有袖手旁观，1803 年 8 月 21 日，乔治·卡杜达尔和其他一些朱安党人（Chouan，可意译为"沉默者"或"猫头鹰"）在诺曼底的比维尔悬崖组织了一次秘密登陆。

　　对于拿破仑来说，1804 年初的主要事件是一场在英国帮助下组织的阴谋，目的是暗杀他。这一切开始于 1 月 16 日，包括让·夏尔·皮舍格吕在内的一些保王党特工秘密登陆法国本土，并与卡杜达尔和让·维克多·莫罗将军取得联系。第一执政官很快得知了这一阴谋，并立即在 2 月 15 日逮捕了莫罗，其他密谋者很快也被关进了监狱。皮舍格吕于 2 月 27 日被捕，卡杜达尔于 3 月 9 日被捕，对他们的审判于 5 月 25 日开始。皮舍格吕因为已于 4 月 6 日被勒死在牢房中而免于审判。法国政府宣布他是自杀，但人们怀疑是拿破仑授意进行了谋杀。6 月 10 日，卡杜达尔被判处死刑，25 日执行。莫罗被判处两年有期徒刑，不久被改判流放。①

与此同时，卡杜达尔在审讯中的供词被曲解，导致已经逃离法国的昂热公爵在外国领土上被绑架，一个军事委员会迅速对他进行了判决，并于 3 月 21 日，即《民法典》颁布之日，在万森执行了死刑。这次处决被指责为拿破仑所犯下的罪行之一。该事件促使弗朗索瓦·勒内·德·夏多布里昂叛离拿破仑，这也断绝了路易十八与拿破仑达成一致的希望。②

卡杜达尔阴谋的主要后果是使拿破仑踏上真正变成皇帝的道路。既然无法与旧的王者达成妥协，那么不如由他自己来当皇帝。1804 年 3 月 27 日，元老院通过富歇要求他明确其权力的世袭性质。4 月 23 日，评议会代表建议宣布拿破仑为法国的世袭皇帝。该提案于 5 月 3 日在评议会获得高票通过，仅有拉扎尔·卡诺投了反对票。③他的儿子就是提出了"卡诺循环"的工程学界的宗师级人物萨迪·卡诺。5 月 18 日，元老院也高票通过该议案，只有 3 票反对。8 月 2 日，全民公决以 3 572 329 票赞成、2579 票反对的结果通过了这个事实上已经先斩后奏的决定④。拿破仑的哥哥约瑟夫和弟弟路易都被封为亲王。18 位帝国元帅也已经接到任命。早在 7 月 14 日，在荣军院举行的仪式上，皇帝就已经坐在宝座上，在法兰西帝国雄鹰标记、大臣、元帅和皇室要人的簇拥下，向荣誉军团发出了第一枚十字勋章。

除了由教皇庇护七世亲自为他加冕成为"新查理曼大帝"外，他已经

① Sir Walter Scott. *The Life of Napoleon Bonaparte, Emperor of the French, Vol. 2*[M]. New York: J. & J. Harper, 1827, pp. 49–50.

② Andrew Roberts. *Napoleon: A Life*[M]. London: Penguin Global, 2014, p.419.

③ Jean Tulard. *Dictionnaire Napoleon*[M]. Paris: Fayard, 1999, p.190.

④ Irene Collins. *Napoleon: First Consul and Emperor of the French*[M]. London: THA, 1986, p.8.

没有什么可做的了。他于 9 月 15 日向教皇发出的邀请被接受，拿破仑于 11 月 25 日在枫丹白露接见了他。拿破仑和约瑟芬于 11 月 29 日在红衣主教费施（Joseph Fesch，即前文提及的费施舅舅）的主持下匆忙举行了必要的宗教婚礼，加冕仪式于 1804 年 12 月 2 日在巴黎圣母院举行。著名画家雅克·路易·大卫接到了 4 幅加冕礼画作的订单，他将这一盛大但隐含僭越意味的场景永恒地记录了下来。

四、皇室特别费

成为皇帝之后，拿破仑从皇室特别费中获得了官方认可的高额合法收入。这个皇室专用款项本来是在法国大革命后设立的，目的是照顾当时已经成为虚君的路易十六。革命后的路易十六只是法国人的国王，而不是法国的国王。作为一名实际上没什么事可做而只具备象征意义的政府公务人员，路易十六就不能再对国家的财产和财政拥有控制权。他的收入用于支付其履行职务所需的费用，收入水平也由职务所需来确定。因此，1790 年 6 月 9 日，制宪会议在宣读了一份王室咨文后，授予他 2500 万法郎的年薪。拿破仑登上皇位之后，非常自然地接过了由国家保证拨给路易十六的收入、产业。共和历 12 年花月 28 日（即 1804 年 5 月 18 日）的法国宪法第 5 条以及相关规定确保了法国皇帝每年能够获得 2500 万法郎，享有宫殿、建筑、森林、为前王室保留的地产的使用权及其收益。作为意大利国王，拿破仑还在该国领取另外 600 万法郎的皇室特别费。

但这种规定也留下许多悬而未决的问题有待回答：君主能够拥有自己的私人财产吗？通过征服获得的财产命运到底如何？因此，有必要制定一部真正的王朝法。1810 年 1 月 30 日，拿破仑让元老院通过了一项新的有宪法性质的决议，规定了皇室私产的三种不同领域，即：皇室领域、私人领域、除此之外的特例领域。在这个排序中，越靠后的领域其实私人性越小，公共性则越大。所谓的特殊领域慢慢变成了法兰西帝国对王朝战争征服地的一种管理模式，它不是由君主独自支配的不动产。在其他两个领域中，情况复杂一些，需要单独讨论。

自大革命以来，波旁王室的财产遭到了损失，其中有一些在革命的破坏中早已不复存在。与之相反，新的法兰西帝国的扩张使得帝国在法国的传统自然疆界线以外增加了新的皇室领地。这种情况在比利时、荷兰和意大利非常明显。当革命结束，拿破仑还进行了收购，试图在凡尔赛、枫丹白露或者朗布依埃重建之前曾经属于路易十六的领地。因为有必要把这些发展中的新情况都用法律的形式固定下来，元老院的决议和所附的清单列出了所有已经移交给皇帝的宫殿、房屋、土地、树林、公园、地租权益和工厂。决议还确认，构成皇室财产的资产现在显然是不可分割和不受时效限制的，皇帝在任何情况下都不能处置这些资产。此外，这些资产也不能抵押，任何交换都只能通过与元老院协商并由元老院出具新的宪法性决议来进行。

五、私人财产的建立

从上文中可以看到，在法兰西帝国宣告成立的时候，还没有确认皇室对私有财产（特别是不动产）的自由取得、处置权，尤其是相关规定明显倾向于否认皇室和皇帝本人类似普通民众那样的民事权利。此外，拿破仑认为，从皇室特别费中为了修缮、续建或购置皇室财产的目的而提取资金，这是他个人的权利。他还认为，由他买下的那些东西，其价值应该由国家代偿给他，也就是说，他认为自己可以根据《民法典》的规定，通过捐赠、继承、购买等方式建立他自己的财产，不论是用皇室特别费购买一座房屋还是用他自己的小金库去买这所房子，其结果都应该是一样的，应当把他也看成是适用《民法典》的民事主体。

为了避免在动产方面也发生类似的争议，预计的处理办法是只有价值超过了3000万法郎的动产才能归皇帝所有。单价超过30万法郎的钻石或者昂贵的宝石、已经去世超过百年的画家所画的作品、所有的古代文物都不属于所谓的私人领域，甚至连皇室的家具及其附属权利都不属于私人领域之物。在实际的财产实践中，拿破仑的私产包括了什么呢？它包括了杜伊勒里宫的国库、意大利给他的作为意大利国王的特别费（不仅有现金，也有应收账款）、由埃斯特夫掌管的储备资产组合、分类账总目中的15 000法郎租金等。①

　　所有这些东西就构成了君主的个人财产，但拿破仑的资产要膨胀到什么地步，什么时候才是个头呢？拿破仑积累这些私产的目的又是什么呢？难道是为了防备将来某一天事有不谐？我们当然知道后来拿破仑确实失败了，但在1810年那个时间点，皇帝正处于他的力量巅峰，要理解上述法律的规定和实际的财产操作，可能要考虑皇帝与约瑟芬离婚带来的冲击。

　　拿破仑坚信，国家政权的稳定与巩固需要一个能顺利继承王位的继承人，与约瑟芬五年的婚姻中没有诞生出子嗣，成为他离婚的重要原因之一。在当时的社会观念中，拥有使民众感到满意的嗣子是一位君主的责任和义务，也是维护帝国权威的一种手段。为了维护自己的统治地位，拿破仑决定结束与约瑟芬的婚姻，寻找能够为自己生育继承人的新婚姻。不论拿破仑对近亲结婚或者对沙皇俄国的公主有什么想法，在实际的历史上，真的与拿破仑开始第二段婚姻的是奥地利的女大公玛丽·路易斯。

　　拿破仑和法国政坛高层当时的想法是通过法律的形式，更好地界定皇室（皇帝本人）与奥地利女大公结婚时各自的大致责任。随着皇位继承人（原则上也就是皇室财产继承人）的到来，家族将不断壮大，是时候制定更精确的规则了。最重要的是，拿破仑从帝国建立之初就设法在他的皇室特别费中节约出数千万法郎，在成为这笔钱的私人意义上的真正主人后，他可以更自由地将其用于他认为优先的领域。这些钱、花费这些钱构建起

---

① *Note dictée au comte Daru, 23 octobre 1810, Napoléon Bonaparte, Correspondance Générale publiée par la Fondation Napoléon*[M]. Paris: Fayard, 2004, No.17070.

来的新力量等在任何时候都有可能变成拿破仑的战略储备，并随后被投入新的战场。拿破仑对财产的态度与他的军事战术理论有相当大的关系。这项关于皇帝和皇室财产的改革是各种财产制度的真正奠基之举。元老院在这件事上的作用非常重要，设法让元老院同意他制定的规则，将会使这些规则在未来更有价值，更加稳固，通过元老院出具的宪法性质的文件，能够解决合法性问题。皇室特别费由此被赋予了神圣的意义，可以与构成帝国的其他机构一样堪比花岗岩般的坚固。由具有神圣性的皇室特别费支持运作的皇室意义非凡，堪比国家的一个部委。通过上述方法把皇室运作成一个国家的行政机构是一种奇妙的想法。当然，这也是对大革命结束之后法国政治结构现状的一种承认。法国结束革命并转变成帝国之后，在政治结构方面形成了倒金字塔结构，全法国的政治军事经济，都倒立在拿破仑的头上。这是一种类似于东方君主的自上而下的结构，而 1809 年法军在奥地利所遭到的重大损失，尤其是让·拉纳元帅的死可能促使拿破仑意识到，皇帝作为国家元首的死亡将使得帝国覆灭。

六、私产的不完全清单

法国国家档案馆保存着作为国家行政机构的拿破仑皇室的活动记录。早在 1803 年 9 月，拿破仑还是第一执政官时，他就已经组织好了各部门的工作，安排高级官员负责各部门的工作。这类工作包括但不限于管理宫殿、其他建筑、家具、图书馆、音乐活动、马厩甚至狩猎队。此后，随着法兰西帝国的扩张，皇室的财产及其公务活动不断发展壮大，有必要建立一个外国地产管理机构来管理新王朝在意大利、荷兰或比利时的财产。在法兰西帝国的巅峰时期，有些外国地区被并入了法国本土，但在皇室属地或皇室财产的名单上，这些地方仍然被注明是"位于外国的领地"[①]。

---

①   Nicole Gotteri. *Maison de l'empereur, Domaine étranger*[M]. Paris: Archives Nationales, 1989, p.11.

表 6-2　拿破仑作为皇帝 1810 年的收入

（单位：法郎）

国内收入		国外收入	
皇室特别费	25 000 000	皮埃蒙特	1 707 085
法兰西科学院工资	1000	佛罗伦萨	1 181 471
森林和庄园的收入	9 070 777	荷兰	927 285
帝国工厂收入	109 456	伯格公国	4 000 000
来自外交部的收入	400 000	−	−
马匹和家具销售收入	10 145	−	−
国家偿还拿破仑给军队 的预付款	4 450 669	−	−
国家偿还拿破仑给巴黎 赤贫者的慈善款	291 666	−	−
国家偿还其他预付款	2 502 309	−	−
玛利·路易斯的嫁妆	500 000	−	−
合　计		50 151 263	

资料来源：Baron Peyrusse. Mémorial et archives 1809—1815[M]. Carcassonne: Labau, 1869, pp. 84–87.

　　按上表统计数推算，即便考虑到拿破仑称帝初期和帝国末期的财政紧张和收入下降（将两年特殊时期的收入折为一年正常年景的收入计算），从1804 年 5 月 18 日到 1814 年 3 月 29 日，拿破仑也应该为他的皇室赚取并管理了总计超过 4.5 亿法郎，这相当于同一时期法国司法部和财政部预算的总和。仅以 1810 年为例（见上表），1810 年地产收入超过 900 万法郎。来自法国以外的收入也不容忽视（该年约为 800 万法郎）。这些收入来自皮埃蒙特、佛罗伦萨、荷兰和伯格大公国。拿破仑在缪拉被任命为那不勒斯国王后成为伯格大公国的君主。公民名单早先的几笔预付款也在这一年偿还了 700 多万法郎。皇帝还经常用自己的钱给帝国其他缺钱的基金或实体贷款。譬如，皇帝在 1809 年的战争中给军队的预付款就在 1810 年得到了偿还。国库偿还的贫民救济款应该就是拿破仑为了应对巴黎 1810 年的危机而给出的善款。由于数额很小，所以很快就得到了偿还。作为奥地利的女大公，玛丽·路易斯的嫁妆倒确实比较寒酸。拿破仑对小额收入的关心也值得一提。在上表中，我们看见了他作为法兰西科学院院士收到的 1000 法郎年薪。同年 7 月 16 日，拿破仑写信给自己的总管达鲁伯爵："我想请您告诉我，为什么今年朗布依埃的农场没有播种？为什么圣克卢的许多土地被荒废而没有收获？收获既是一种进步，也是一种收益。"①

---

① *Lettre au comte Daru du 16 juillet 1810, Napoléon Bonaparte, Correspondance Générale publiée par la Fondation Napoléon*[M]. Paris: Fayard, 2004, No.16669.

第七章　热爱金钱的原因

一、不再胜利

拿破仑赚来了如此多的收入，这是否意味着他已经陷入某种对金钱不计后果的病态狂热？初看上去，情况似乎确实是这样的，但考虑到 1809 年皇帝在对奥地利战争中的重大损失、在与英国的对抗中的消耗、对自己盟友进行拉拢和威慑的金钱开支需要，这些收入又似乎不太足够。

1809 年 4 月 8 日，拿破仑看到奥地利人在英国人的财政支持下，越过了法国的盟国巴伐利亚的边界。4 月 10 日，约翰·冯·哈布斯堡大公进入意大利。皇帝率领他的军队在腾根、阿本斯贝格、埃克米尔、雷根斯堡和戈拉击败了奥地利人。不到一个月，法军的鹰标就出现在舍恩布伦（Schönbrunn，即美泉宫）。5 月 13 日，维也纳投降。几天后，拿破仑首次试图在多瑙河左岸站稳脚跟，当时奥地利大公、泰申公爵卡尔正率领他的军队在此驻扎（阿斯佩恩—埃斯林战役，5 月 20—22 日）。这次战斗失败了，造成了巨大损失，拉纳元帅也因此阵亡。7 月 5 日和 6 日，拿破仑几乎在同一地点，在欧仁·德·博阿尔内亲王和埃蒂安·麦克唐纳率领的意大利军队的支持下，在瓦格拉姆大败奥军，但是法军的损失也极为惨重。法军两战死伤人数加起来有数万之多，以至于前后能编成 3 个野战军。7 月 11 日，法军在兹奈姆再次取得胜利，奥地利皇帝弗朗茨一世决定寻求停战，并于次日签订了停战协定。10 月 14 日，《美泉宫条约》的签订结束了这场惨烈的战役。

然而，这场战役却凸显了德意志民族主义的复兴。1809 年 5 月 23 日在雷根斯堡，10 月 13 日在维也纳，皇帝先后遭到了两次刺杀。维也纳的刺杀执行者是弗里德里希·斯塔普斯，他明确地表示，之所以刺杀皇帝，是想要终结德意志民族的混乱和悲剧[①]。尽管拿破仑极力设法想让他活下来，斯塔普斯还是于 10 月 17 日被处死。

二、除籍问题

传统上，法国是一个天主教国家，但大革命后，其对宗教的虔诚在消退。法国作为一个现代民族国家，而且是一个共和国，对教皇的权威和尊奉正在动摇。在拿破仑与教皇于 1801 年签订的教务专约中，虽然表面是尊奉和加强教皇的地位，但实际上是在设法加强宗教与政府行政的区隔。1809 年 11 月，奥地利的梅特涅亲王向拿破仑提出迎娶玛丽·路易斯。12 月 15 日，拿破仑和约瑟芬公开解除了婚姻关系，次日，法兰西帝国元老院颁布法令解除了二人的婚姻关系。1810 年 1 月 9 日，巴黎官方宣布拿破仑和约瑟芬的婚姻无效。法国官方这种顺从教皇心意的举动并没有改善拿破仑与教皇之间的关系，这种关系在这一年里持续恶化。5 月 17 日，拿破仑颁布法令，将教皇国并入法兰西帝国；1810 年 6 月 10 日，教皇公布了开除拿破仑教籍的敕令；7 月 6 日，教皇被捕并被押往萨沃纳。8 月 26 日，教皇拒绝任命主教，这导致拿破仑自己于 11 月 16 日任命了一个主教委员会来审查皇帝与教皇之间的冲突。约瑟夫·费施自 1811 年 1 月 31 日起担任巴黎大主教，他是该委员会的主席。

---

① August Fournier. *Napoleon I: Eine Biographie*[M]. Leipzig: Ulan Press, 1922, pp.143–147.

三、继续扩张

拿破仑在 1809 年完成了一系列公爵的任命。约瑟夫·富歇成为奥特朗托公爵；雷尼耶成为马萨公爵；尚帕尼成为卡多雷公爵；高丹成为盖塔公爵；克拉克成为费尔特雷公爵；马雷成为巴萨诺公爵。1809 年 12 月 29 日，帝国还吞并了伊利里亚，由奥古斯特·维斯·德·马尔蒙掌权。

1810 年初，拿破仑把时间都花在了如何确定微妙的新婚人选上。他咨询了元老院，元老院提出了几种选择：未来的皇后可以是俄罗斯人、奥地利人、撒克逊人，甚至是法国人。由于沙皇亚历山大拒绝让自己的妹妹嫁给他，第一个方案很快就被放弃了。2 月 7 日，拿破仑和玛丽·路易斯签署了一份临时婚约，维也纳宫廷于同月 16 日批准了这份婚约。3 月 13 日，玛丽·路易斯启程，公证结婚的仪式于 4 月 1 日举行。第二天，红衣主教费施主持的宗教仪式使拿破仑与教皇国之间的争端进一步升级，13 位意大利红衣主教拒绝出席证婚仪式，尽管他们有可能因严重冒犯皇帝而被定罪。

事实上，尽管皇帝努力唤醒他的神职人员们旧有的高卢民族独立性（主教委员会 1810 年 1 月 11 日提出了一系列旨在加强法国教会独立性的问题和指令），教皇庇护七世（Pius VII）的权威还是占了上风。红衣主教费施在 1810 年 9 月屈服了，他拒绝保留独立于教皇国之外的巴黎大主教区，于是，这个教区的存废就取决于已经逃离法国的让·西弗林·莫里。由于拿破仑在 1810 年 2 月 17 日吞并了罗马，并将罗马王的头衔授予了尚未出生的帝国亲王（指路易斯所生的儿子拿破仑·弗朗索瓦·约瑟夫·夏尔·波拿巴），教皇对拿破仑的不满与日俱增。

1810 年，法兰西帝国的其他扩张行动也为拿破仑的坏名声多少起到正名的作用。毕竟大革命后的法国比同时期欧洲的其余封建领主们还是更具备历史先进性。1 月 14 日，威斯特伐利亚王国吞并了汉诺威。3 月 16 日，法国蚕食了荷兰南部，然后在路易·波拿巴退位后的 7 月 9 日将其整个吞下。12 月 13 日，被吞并的命运轮到德意志沿海地区。帝国的版图扩张到了最大限度（130 个省），但俄罗斯沙皇很不高兴，因为他的妹夫在这次扩张中失去了奥尔登堡公国。这次扩张与拿破仑外交政策的其他部分一样，主要是为了加强反对英国的大陆封锁。正是基于同样的原因，拿破仑于 1810 年 1 月 6 日与瑞典结盟，并通过颁布有利于两国自由贸易的法令拉近了与美利坚合众国的关系。8 月 5 日颁布的《特里亚侬敕令》对殖民地商品征收苛捐杂税，也还是出于不从英国进口商品的考虑。

然而，法国针对英国的大陆封锁政策正在走向失败。伊比利亚半岛并没有屈服，西班牙人民仍然深怀敌意，英国人则继续保有葡萄牙。在欧洲的另一端，沙皇屈服于神秘主义及其亲近大贵族的掣肘，于 1810 年 12 月禁止法国商品进入俄罗斯帝国，导致拿破仑于 1811 年初写信给他，宣布结束两国的联盟关系。

四、金钱就是对力量的展示

现在，我们就可以理解拿破仑为自己寻找如此多收入的原因了。1810 年，拿破仑的收入超过了 5000 万法郎。当时他的主要对手英国国王大概拥有 3300 万法郎的收入。[①] 金钱最重要的功能是作为力量的符号，对拿破仑的对手们形成震慑。为了给对手和盟友留下深刻印象，拿破仑则需要一个名副其实的宫廷。与皇帝共事的显要人物、官员、大臣、元老院议员和国务参赞们都穿上了精美的朝服，为自己，也为法国和欧洲，展示了极尽奢华、富可敌国的景象。皇帝的内务府是宫廷的主要机构，它由王室的六大文官组成，每人负责为君主提供特定的服务。大内侍负责宫廷入场、皇帝居室的服务以及皇帝的服装。因此，装束是他的职责范围，而餐饮、餐桌

---

① *Kathleen Mcilvenna. From the civil list to deferred pay: the British government, superannuation and pensions 1810-1909*[D]. Doctoral thesis, 2019, University of London, p.23.

服务以及宫殿的维护和安全则由宫殿大元帅负责。此外还有大侍从官，其职责是确保皇帝的私人、公共和军事出行。负责宗教仪式的大牧师、负责皇家接待和重大活动的大司仪以及负责组织狩猎活动的大狩猎官完成了其余的组织工作。

大公爵的预算是 400 万法郎，首席内务大臣和大元帅的预算则为 300 万法郎。这些资金并不仅仅是供给大臣本人的，所有在这些高级贵族和官僚手下工作的人都分享这笔预算。大贵族和大官僚本人所能拿到的年俸大概在 4 万到 10 万法郎之间浮动。杜洛克的宫廷大元帅府有 170 多个雇员，其中厨房人员 31 人，餐桌服务人员 16 人，侍从 80 人。为拿破仑的皇室服务的工作人员共计约有 2745 人[①]。杜洛克总是很专注，对所有事务都一目了然，为节约经费，他要求在每年 11 月 1 日之前不得点蜡烛[②]。

虽然蜡烛的费用得到了节省，皇帝的宫殿却并不寒酸，这更加体现了宫殿的礼仪工具性。大革命让一些宫殿变得相当破旧，需要拨款翻修。在家具换新方面，拿破仑购买的家具价值 3000 多万法郎。杜伊勒里、圣克卢、枫丹白露等各宫殿都经历了历时数月乃至数年的翻修。建筑师皮埃尔·方丹在日记中指出："拿破仑在杜伊勒里宫居住的十四年中，为个人利益和方便而对其进行的改造远远少于为这座建筑的整体美观和壮丽而进行的改造，因为他把这座建筑视为君主的圣殿。"[③] 事实上，杜伊勒里宫的君主居室只进行了小规模的改建，大部分开支都用在了礼仪室上。整个 1805 年，工人们没日没夜地修复或改造宫殿的某些部分。以前的会议半圆厅变成了剧院，小教堂和戴安娜长廊（52 米长）得到了整修，元帅厅等新房间也得以创建，这一切都为帝国增光添彩。装饰一新后，宫廷在各种仪式、舞会和庆典中尽显华丽。1806 年，斯特凡妮·德·博阿尔内（Stéphanie de Beauharnais，即欧仁亲王的表妹，被拿破仑收养后成为"法兰西公主"）与巴登亲王的婚

① O2–13[Z]. Archives Nationales.

② Charles Otto Zieseniss. *Napoléon et la Cour impériale*[M]. Paris: Jules Tallandier, 1980, p.160.

③ Bernard Chevallier. *Napoléon Les Lieux du Pouvoir*[M]. Versailles: ART LYS, 2004, p.33.

礼庆祝活动就是在杜伊勒里宫举行的。宗教和民间仪式、烟花表演、灯会、音乐会、芭蕾舞或在杜伊勒里宫的戴安娜长廊举行的晚宴都不乏其人。除了这些盛大的场合外，奇装异服舞会和假面舞会接踵而至，即使在困难时期，拿破仑也希望他的宫廷能够尽情享乐，以安抚公众舆论。挥霍无度对经济产生了直接影响，贸易和奢侈品行业受益匪浅。警方的报告也提到了这一点："刺绣工人、马车制造商、水管工、珠宝商和奢侈品工人不知道该听谁的。刺绣行业缺少人手，他们的大部分订单都是在里昂生产的。"[1]

五、金钱也是华丽和慈善的象征

皇室特别费中也包括了皇后的费用，对于约瑟芬的消费，拿破仑不能够控制，也没有试图去控制过。人们可以责怪拿破仑因爱情和政治的需要而可以被蒙蔽了双眼，但从政治的需要出发，帝国的皇后必须成为一个华丽和慈善的典范，以显示其政权的伟大、文明。约瑟芬对自己的奢侈购物欲并不避讳。在 1809 年 1 月 30 日的年度衣橱清点中，她有 49 套大型宫廷礼服、676 件连衣裙、496 条披肩和围巾、1132 双手套和 785 双鞋子。每年 54 万法郎的盥洗费是不够的，她还喜欢珠宝，这也是一笔巨大的开支。实际上，光是她的洗漱用品，一年的预算就接近 100 万法郎，相当于 1806 年警政部的预算。[2] 由于官方支付给皇后的款项无法平衡她的账户，所以约瑟芬准备不惜一切代价地增加自己的收入，其中涉及挪用军费、与金融家联手炒作战争公债等。

在疯狂消费之后，约瑟芬经常忘记向供应商付款，拿破仑总是不得不替她处理债务问题，但是对皇帝来说，花费数万法郎购买时装商勒鲁瓦

① Alphonse Aulard. *Paris Sous le Premier Empire, Tome 1*[M]. London: Forgotten Books, 2018, p.333.

② Frédéric Masson. *Joséphine impératrice et reine*[M]. Paris: Librairie Paul Ollendorf, 1910, pp.61–63.

的时装或勒苏尔的蕾丝却很不合他的口味。拿破仑称帝仅一年多之后，到1805年底，约瑟芬欠巴黎的58家供应商不下65万法郎。面对着实质性破产的情况，她在宫殿和城堡里当着自己的女仆们泪流满面。当皇帝终于知道此事，他派杜洛克亲自去了解情况。见到皇帝之后，大元帅府的这位总管证实了债务的真实性。"她在哭泣，她也嗅到了自己罪行的味道。"拿破仑慨叹："她能欠下100万。"在知道了具体的欠账数额并没有像他设想的那么糟之后，皇帝的怒火并不消退。"让一群骗子抢劫自己，这对可怜的她来说，同样是丑闻……我得把这样、那样的人赶走，我得禁止这样、那样的商人到我家来。"①

拿破仑在心里不止一次向自己保证会去教训妻子，但一见到她，场面总会失控。他往往只是怯怯地责备了几句，最后轻声对她说："来吧，约瑟芬，来吧，我的小宝贝，别哭了，安慰一下自己，债务还清了。"②即使他踌躇满志、得意忘形，但他最终总是要为这位曾经是他的真爱的女人支付超支的预算。集中的债务清理一共有两次：1807年的集中清理欠款行动付出了391 000法郎，1810年初的那次则付出了944 428法郎。这是为了在离婚过后结算账目。在前后7年的皇后任期里，约瑟芬的盥洗费、抚恤金一共花费了拿破仑个人收入和帝国公共预算630万法郎。③

那么，玛丽·路易斯的到来有没有改善这种情况呢？奥地利女大公与拿破仑的4年婚姻又花了310万法郎。也就是说，约瑟芬一年平均开支90万法郎，路易斯则开支77万法郎。看上去似乎后者比前者更加"克勤克俭"，那么这种节俭的程度也只有14%。为了维护君主的声誉，华丽的装饰和高额的年俸都是必不可少的。对于来自哈布斯堡家族的女大公而言，她

---

① Frédéric Masson. *Joséphine impératrice et reine*[M]. Paris: Librairie Paul Ollendorf, 1910, pp.61–63.

② Frédéric Masson. *Joséphine impératrice et reine*[M]. Paris: Librairie Paul Ollendorf, 1910, pp.61–63

③ Frédéric Masson. *Joséphine impératrice et reine*[M]. Paris: Librairie Paul Ollendorf, 1910, pp.61–63

的消费兴趣更偏向名画、玖宝。她门前的时装商人少了，奢侈品商人又多了。

从这个意义上来说，两任皇后的疯狂消费是帝国政治框架的一个有机组成部分。为了彰显帝国的荣耀，这个框架无论如何都必须是宏大的、令人目眩神迷的。

表 7-1　两位皇后的开支

（单位：法郎）

约瑟芬的	共和历11—12年	共和历13年	1806—1808	1809	总　额
盥洗费/个人消费	960 841	600 988	1 217 568	608 430	3 387 827
养老金	–	–	–	–	925 307
清理欠款	–	650 000	391 000	944 428	1 985 428
合　计	960 841	1 250 988	1 608 568	1 552 858	6 298 562
年均值	899 794				
路易斯的	1810—1811	1812	1813	1814	总额
盥洗费/个人消费	881 539	412 156	518 021	–	1 811 716
养老金	220 000	160 000	117 000	–	497 000
其他费用	16 000	17 392	110 324	–	143 716
合　计	1 117 539	746 080	745 344	480 776	3 089 739
年均值	772 434				

资料来源：Bibliothèque municipale de Gray[Z]. Archives MS 14 à MS 20; Camille Rochard. Les livres de comptes des impératrices Joséphine et Marie-Louise[J]. Bulletin de la Société grayloise d'émulation, No.19, 1925, pp. 18–63.

注：原始材料中混用了共和历和公历，由于共和历年度和公历自然年度存在时间错位和重合的情况，此表对共和历不做转换，仅照录。

六、皇帝的节俭与慷慨

前文已经说明了皇室特别费的支出可以被用来举办庆典活动和进行修缮工程。因此，皇室特别费对皇室机构履行国家元首职能的好处远高于对具体的皇帝本人的好处。拿破仑建立了新的皇室，但皇室的奢华并没有改变拿破仑的性格，皇帝在大部分时间里仍然穿得像个军人，满足于饮用兑水的低价餐酒。他的日常饮食也基本上还是被称为 "à la hussarde" 的简餐，这种简餐名称如果直译过来，那就是 "匆忙时候粗暴的饮食"。除了带有对公众表演性质的 "大宴会" 和 "小宴会" 之外，简朴是时代的主流。简餐一般只持续 15 或 20 分钟。在行军作战的时候，皇帝会缩减服侍的人，减少厨子、餐具，也不再提供主菜。这既是为了树立榜样，也是为了减少非正式场合里可能出现的不必要的尴尬。

由于节俭的美德，拿破仑的收入并没有花光。他建立了数额巨大的储备基金。他仍然秉持早年在意大利的时候持有的那种关于决策独立性的观点，也确实在追求个人的自由。当他入侵俄国的战争变得困难并逐渐失败，他也从自己积攒的 1 亿法郎中拿钱出来支撑国家财政，但不要忘了，皇帝陛下在早年刚刚崛起的时候就已经是一个不折不扣的商人了，他拿钱补贴法国国家财政的行为实际上是一种私人对国家的贷款、预支款。那么，他就顺理成章地要求法国国库、财政部像付给普通借款人利息那样，也必须照章办事地付息给自己。拿破仑对国家公共财政、私人财政以及二者之间关系的观点是围绕着一个非常严格的会计系统所衍生出来的，应该属于他私人的东西就应该属于他，即便这种财政行为实际上是为了支持他自己的政策才发生的，也不能例外。虽然拿破仑的钱到头来还是被主要用在了公共领域，但是他仍然要想方设法地给自己留出某些私人空间。

在皇室特别费中，支取更加自由和私密的部分是按月付给拿破仑私人小金库的 15 000 法郎。乍看上去，这似乎不合情理。既然皇帝的个人开销已经由皇室特别费予以保障，那么额外付给他个人的每年 18 万法郎又有什么意义呢？这难道是国家给皇帝的月薪？又或者这是国家给皇帝的零花钱？如果这是皇帝的月薪，那么这份工资似乎不太够，只等同于四个少将的军饷。如果这是某种形式的零花钱，那么用 18 万法郎改善一个人的生活又太多了。幸运的是，皇帝近侍所保管的两本账簿已经出版。从已经出版的这些账目中，我们可以了解拿破仑部分的性格、行为模式、私生活中与钱相关的部分。

表 7-2　皇帝小金库的开支（1804.12.12—1814.4.13 合计）

（单位：法郎）

项　目	金　额
给仆人的酬劳	542 417
救济和奖赏	451 979
付给政治要人的钱	368 869
用于亲人和亲密关系	482 879
军事费用	185 410
赞助艺术和文学	21 940
合　计	2 053 494

资料来源：Jean Savant. Les Fonds Secrets de Napoléon[J]. Toute l'Histoire de Napoléon, 1952, No.1 & No.2.

　　从上表中我们可以看出，皇帝的小金库在 10 年中的总计的支出大致是与他收到的零花钱相符的，甚至还略有超过。分析支出去向，不难发现前四项支出的重要性大致相当。正是这些支出能够让皇帝有功必赏，并向为了他而遭到战争不幸伤害的人提供及时的援助。不论是在巴黎履行作为国家元首的职责，还是在征战路上重操军事统帅的旧业，皇帝总是能够慷慨解囊，而这种慷慨并不是他的无意之举。相反，拿破仑很在意自己在臣民和战士们眼中的形象，他也知道在路过某地时有针对性地分发黄金会有助于巩固自己的好形象。"马其顿的亚历山大大帝走到哪里，就在哪里留下超过普通尺寸的超大马鞍和辔头，这样，后人就会相信，当你把他和他的人民进行比较，就会发现亚历山大大帝是另一种类人。因为他使用的是如此大的另一种马。拿破仑在他的人生道路上播下的种子或许更能唤起人们对他的怀念。他的旅行包就像地上的一个洞，借助从洞里面掉出的许多硬币，我们可以在必要时找到他行程的痕迹。"①

---

① Agathon Jean François Fain. *Mémoires*[M]. Paris: Arléa, 2001, p.192.

许多人受到过皇帝的恩惠。根据已经出版的拿破仑近侍的一些私人账簿，仆人的酬金主要指的是给贴身男仆、长矛手、马车夫、理发师、门房等人的金钱。在自己身边维持衷心拥护和爱戴当然有必要，但是这些馈赠的收益并不容易看得见，也往往不是直接的。1805 年到 1809 年期间最立竿见影的馈赠是他赠给那些军事行动中的功臣们的私人奖赏。从 1810 年开始，皇帝给近臣、重臣的馈赠中开始出现贵重的新年礼物。1819 年 2 月的此项支出是 19 600 法郎；1810 年 12 月的数字为 39 500 法郎；1811 年 11 月的数字为 32 000 法郎；1813 年 1 月的此项支出为 39 200 法郎；1814 年 1 月则为 30 000 法郎。皇帝送礼的对象并不固定，名单可能每年变动。1812 年，皇室子女家庭教师孟德斯鸠夫人收到了价值 12 000 法郎的馈赠。康斯坦、马穆鲁克·鲁斯塔姆、外科医生伊万则在 1813 年 1 月，分别收到了价值 10 000、6000 和 15 000 法郎的馈赠。由此可知，这份贵重赠礼的名单范围其实非常之小，但有资格名列其上的人得到的荣耀和实惠也远超常人，要知道，当时巴黎普通工人的年薪只有 750 法郎而已。[①]

皇帝突然对亲近人士给出贵重馈赠无疑与他的再婚、他合法继承人罗马王（即拿破仑二世）的出生有关。在这一刻之后，喜欢计算社交关系利益的年轻冒险家变成了关心家庭和子嗣的好男人。拿破仑认识到亲近臣仆对自己的作用，就像英国的资本家培育和奖赏忠仆那样，他也开始了类似的奖赏。路易斯的怀孕、罗马王的降生让他高兴，而且他也想要对外界表达这种高兴。一贯节俭的皇帝甚至开始花钱"奢侈"，这些"奢侈"与他的两任皇后的那些真正奢侈是无法相比的，但从兴之所至地乱花钱这个角度来说，这两种奢侈又在本质上是一致的。

举例而言，从比利时旅行归来后，他开始"温柔地"教新婚妻子骑马。马夫雅尔丹在短短几天内就成功地让路易斯成为一名合格的骑手，1810 年 7 月，拿破仑向雅尔丹支付了不少于 24 000 法郎的报酬。另一个经常出现

---

① *Alfred Fierro, La Vie des Parisiens sous Napoléon*[M]. Paris: Napoléon Ier Éditions, 2003, p.211.

在小金库账目中的名字是理发师杜普朗。从 1810 年 1 月起，他每月领取 500 法郎的养老金，即一年 6000 法郎。娴熟的杜普朗知道自己在做什么：除了这笔固定收入，他还从皇室特别费中领取 4000 法郎，从皇后的基金中领取了 6000 法郎，另外还从剧院基金中领取了 14 000 法郎。"尽管杜普朗的薪水高达 4 万法郎，但他却声称自己吃亏了，并且从未停止过索要奖金，有些奖金甚至高达 12 000 法郎。他还知道如何逗皇帝开心，给他讲小故事。他赚了一大笔钱,他的儿子在第二帝国时期也是一位很有影响力的议员。"①

七、皇帝的仁慈和敬老支出

"皇帝的零花钱"还被用来救济贫黎、奖赏基层士兵。从前表中可知，这种奖赏累计起来的总额非常可观，但具体到单笔支出，金额则相对较少。小额的救济见证了皇帝的慈善精神。在 1810 年 9 月的一次巡游、检阅活动中，他给某位士兵 300 法郎，给朗尚渡口的船夫 200 法郎，给一名退伍军人 200 法郎，给在狩猎中从池塘里射杀了一头鹿的农民 200 法郎，给一名贫穷妇女 300 法郎，给另一位总是在狩猎的贫穷妇女 300 法郎；给一位孤儿 600 法郎用来买妆奁；给一位骑马游猎的人 200 法郎，让他能有钱把父亲送进临终关怀医院；最后，给一位被马踢死的马厩管理员的遗孀 200 法郎，以示哀悼和关怀。这些捐赠基本上是在他得到相关消息之后随时、随意现场支付的。在人类文明的各种形态中，总会有某些共通的道德观念、对美好事物珍视和赞赏的情感。中国古代有体恤老人和尊老的传统：汉代给年逾古稀者赐鸠杖；清代的千叟宴和对科举老童生的额外赐官也是尊老道德观的体现。拿破仑同样对法国的老年人敬爱有加。1806 年 9 月 20 日，拿破仑向 102 岁的老人维尔托赠送 2400 法郎。次年 1 月 28 日，他给华沙的一位 117 岁的老人 2000 法郎。1808 年 7 月 30 日，他给亚琛的普朗坦普

---

① Frédéric Masson. *Napoléon Chez Lui*[M]. Paris: Albin Michel, 1929, pp.86–87.

斯 50 枚拿破仑金币（合计 1000 法郎）。这位 114 岁的老人曾经在路易十四军中服役。普朗坦普斯"轻轻地推开搀扶他的两个孙子"，走向皇帝，"用颤抖的声音"对皇帝说："啊，陛下，我真怕还没见到您就死了。"皇帝深受感动。除了赠款之外，拿破仑还和普朗坦普斯详细谈论了自己之前所主导的战役。①

有时，这种救济其实也是拿破仑对自己进行的战争所造成的伤害的某种补偿。这对于减轻法军在法国传统疆界线之外作战时所遇到的敌意有一定的作用。1809 年 4 月，账簿显示，拿破仑向在耶拿失去一只手臂的士兵赠送了 600 法郎，向一名近卫步枪手的遗孀赠送了 200 法郎，向另一名步枪手的母亲赠送了 200 法郎，向拉肖塞村的穷人赠送了 400 法郎，向因戈尔施塔特的巴伐利亚伤员赠送了 7000 法郎，向雷根斯堡一户房屋被烧毁的人家赠送了 6000 法郎。

八、私人的军事费用

在上文的小金库开支表中，我们也看到了更为纯粹的军费支出。与国家拨付的军费不同，这里的 185 000 多法郎的军事支出完全出自皇帝个人，主要的支出项目包括了收买线人、奖励提供信息的对方信使、让己方士兵进行化装侦察的费用、战事不利时购买撤退所需物品的费用。拿破仑把战争看成自己的丰功伟业，所以在战事紧急的时候，他基本等不及走完正常的财政流程就已经动用了自己的资金。因此，上述支出的大部分发生在 1813 年下半年和 1814 年他被击败之前。1814 年，面对当时的混乱局面，他为几个部队预支了军饷：2 月 9 日，他为工兵预支了 20 000 法郎；3 月 16 日，他为近卫军军官预支了 6000 法郎；4 月 13 日，他为一个波兰中队预支了 2000 法郎。和平状态下的大额私人军事支出则异常罕见，仅有一

---

① Constant. *Mémoires de Constant, Tome III*[M]. Paris: Jean de Bonnot, 1967, pp.33–34.

例。1808 年 4 月至 7 月，他在法国西南部靠近西班牙边境的城市巴约讷逗留，在这几个月里，皇帝检阅了许多前往西班牙的部队，并让卫队举行了盛大的招待会，特别招待了葡萄牙士兵、维斯瓦军团、第 14 和 4 边防军团以及第 2 和第 15 轻装军团。为了改善士兵们的伙食，他花费 38 872 法郎购买食物。[①]

九、照顾亲近人士

还是在前文表中，我们能看到大量的付给政要的钱、用于亲人和亲密人士的支出。首先是付给政要的钱，皇帝在付钱时非常注意选择对象，他的这部分预算一般不付给许多已经很有钱的人。相反，皇帝在付钱时仍然坚持根据实际情况，力求弥补不公正的情况，去安慰为了自己而变成寡妇的人，也奖励忠实的人。这部分资金主要支付给了生活清苦的将军们、皇后的侍女、西班牙和萨克森这类附庸国已退休的大臣、前来寻求支持的冒险家等人。皇帝小金库里的资金也被用于照顾拿破仑的家人。这部分资金的主要去向是"法兰西公主"斯特凡妮的婚礼、拿破仑的小弟弟热罗姆、约瑟芬的堂弟亨利·塔舍尔。

---

① Constant. *Mémoires de Constant, Tome III*[M]. Paris: Jean de Bonnot, 1967, pp.67–68.

第八章 皇帝的情事花费

一、账目的随意部分

拿破仑的私人资金并没有被拿来做什么秘密行动，救济金、抚恤金和其他哪怕最细枝末节的支出都被严格记录在案，但这不是说关于他的账目不存在模糊性。相反，账目中有许多地方写明某些钱被直接交给了陛下。这种支出对象、用途等方面的模糊性是在掩盖什么呢？从法国国家档案馆的拿破仑战争相关档案来看，账目的这种模糊性与军事或政治的国家机密无关，真正与之相关的是拿破仑私生活小圈子里的秘密。法国历史学家让·萨旺特试图把这些资金与皇帝的风流韵事（见下表）联系起来，蛛丝马迹出现在这些钱的发放日期与公众所知的拿破仑情感经历的契合上，这可以算是对皇帝不忠于他合法婚姻的某种"清算"。

表 8-1 皇帝小金库的情事开支（1804.12.12–1814.4.13 合计）

（单位：法郎）

支出日期	金　额	最可能的支付对象
1804年12月22日	6000	玛丽·安托瓦内特·阿黛尔·杜沙泰尔
1805年1月10日	19 000	玛丽·安托瓦内特·阿黛尔·杜沙泰尔
1805年7月26日	15 000	卡洛塔·加扎尼夫人 （即夏洛特·罗斯·巴塔尼）
1805年8月15日	17 400	热那亚的美女
1806年3月24日	10 000	路易丝·凯瑟琳·埃莱奥诺尔·德努埃勒·德·拉·普莱涅

支出日期	金　额	最可能的支付对象
1806年6月2日	24 000	热那亚的美女
1806年11月18至21日	23 300	柏林的美女
1807年1月25日至28日	14 000	玛丽·瓦莱夫斯卡
1807年4月16日	20 000	玛丽·瓦莱夫斯卡
1807年10月4日	30 000	德·巴拉尔夫人
1808年12月17日	10 000	马德里的"圣母"
1809年6月6日	12 000	维也纳的邂逅
1809年9月1日	17 367	维也纳的邂逅
1809年10月8至12日	16 000	玛丽·瓦莱夫斯卡
1813年8月12日	20 000	乔治小姐

资料来源：Constant. Mémoires de Constant, Tome III[M]. Paris: Jean de Bonnot, 1967, pp.67–68.

　　从上表中可以明显看出，拿破仑在合法婚姻之外的情事开支主要发生在1804年底到1809年秋季之间，这正是他与约瑟芬婚姻的最后几年。在路易斯到来之后，这种说不清目的的支出只有1次。毋庸置疑的结论是，拿破仑对给他诞下继承人的路易斯的忠诚度更高。如果把皇帝为了情事发生的支出和他的征战历史对照，就会得出第二个更有意思的结论：处在军事行动中的皇帝更容易出轨，情事往往会出现在战争间隙他在某处逗留休息的时候。

　　皇帝的这些情人大致可以分为三类。一类是众所周知的固定的女主人，另一类是战争间隙随机的露水情缘的主角们，还有一类则是因某些原因能在皇帝的账目上被记下名字的人。

二、固定的女主人

　　第一类情人的代表是杜沙泰尔和瓦莱夫斯卡。杜沙泰尔夫人与拿破仑的风流韵事起始时间不详。根据同时代人的证词，杜沙泰尔夫人在1804年拿破仑加冕典礼之前不久，以宫廷女主人的身份为约瑟芬服务。约瑟芬的儿子欧仁亲王被这位年轻女子所诱惑。这位年轻女子唱起了歌颂皇后的歌，但年长13岁的拿破仑本人却眼花缭乱，甚至坠入爱河。皇帝的贴身侍卫康斯坦确认，皇帝和这位女子有染，有好几次在晚上找到了住在宫殿里的杜沙泰尔。"有人看到约瑟芬在杜伊勒里宫的走廊里巡逻，她想给丈夫一个'惊喜'。她的丈夫在夜色中密会情妇，并在天亮之前离开了她，没穿袜子，穿着拖鞋，蹑手蹑脚，以免发出任何噪声。"① 但是，也有另一个版本的记载说杜沙泰尔和拿破仑直到1804年11月才在巴萨诺公爵马雷举办的沙龙里见面②。这个密会地点的优点是不会让人对谁是杜沙泰尔最小的儿子的父亲这个问题产生怀疑。无论如何，约瑟芬皇后在1804年秋末才意识到她丈夫与她的关系。此后，拿破仑为她在香榭丽舍大街附近靠近蒙田街的地方租了房子，二人在缪拉的家里也见过面。在拿破仑的宫廷里，于是形成了杜洛克、缪拉（和他的妻子卡罗琳·波拿巴一起）支持杜沙泰尔，而雷穆萨伯爵及其妻克莱尔·伊丽莎白·德·维尔根尼斯支持约瑟芬的局面。滑铁卢战役失败，皇帝启程前往圣赫勒拿岛之前，杜沙泰尔是极少数前往马尔梅松城堡会见皇帝的人之一。

　　玛丽·瓦莱夫斯卡出生于波兰基尔诺齐亚的一个富裕贵族家庭，父亲马切伊·文钦斯基伯爵是戈斯廷的领主，母亲伊娃·扎波罗斯卡也出身富裕家庭。幼年时期，瓦莱夫斯卡接受了上流社会的教育，著名作曲家、钢琴家肖邦的父亲老尼古拉·肖邦是她的老师。瓦莱夫斯卡的父亲后来在争取波兰独立的战争中丧命，伯爵领地被普鲁士吞并。18岁的瓦莱夫斯卡由其母做主嫁给了68岁的科隆纳瓦莱夫斯基伯爵阿塔那修斯。1806年秋，拿破仑一世占领波兰，波兰人等待着他作为波兰自由的卫士，认为他将解放波兰，瓦莱夫斯基一家也将他视为解放者，并定居在华沙，以便更好地

---

① Patrice Gueniffey. *Bonaparte*[M]. Paris: Gallimard, 2013, p.571.

② Joseph Turquan. *L'impératrice Joséphine d'après les témoignages des contemporains*[M]. Paris: Tallandier, 1896, p.48–66.

融入周围支持法国的氛围之中。瓦莱夫斯卡陷入狂热的激动之中，与华沙的贵族女士们一起组织医院、救护车、急救站，她也被引入上流社会，但她对世俗的贵族生活不感兴趣。

1807 年 1 月 1 日，据说是在皇帝前往华沙的路上，瓦莱夫斯卡在皇帝访问布洛尼或贾布沃纳期间第一次见到了拿破仑，这次偶遇发生的确切位置引起了历史学家的争论。弗雷德里克·马森于 1897 年出版了经过摘编的瓦莱夫斯卡日记。书中记载她是在布洛尼遇到了拿破仑。[1]然而，玛丽安·布兰迪斯认为，拿破仑当时没有预料到会到达布洛尼，所以这次相遇实际上更有可能发生在贾布沃纳[2]。法国外交部长塔列朗组织了一场舞会，以庆祝华沙狂欢节的开幕，这将是自接待斯坦尼斯·奥古斯都以来，这座满目疮痍的首都所经历的最盛大的接待活动。官方报纸《华沙公报》刊登了一段简短的报道："皇帝陛下出席了在外交部长贝内文托亲王家中举行的舞会，在舞会上，他邀请了内务大臣的妻子瓦莱夫斯卡共舞一曲。"[3]第二天中午，一辆马车停在了瓦列夫斯基酒店门前。宫廷大元帅杜罗克从车上下来，手里捧着一束巨大的鲜花和一封用厚羊皮纸写成的信，信上还盖着皇帝的绿色印章。

"除了你，我一无所见；除了你，我一无所慕；除了你，我一无所求……。"[4]瓦莱夫斯卡让杜洛克回信说她对此没有什么回应，于是更多表达激烈感情的信件接踵而至。杜洛克的来来往往引起了人们的注意，许多人前来给她提建议。波兰的许多贵族都说她是被命运选中来拯救波兰的。杜洛克建议瓦莱夫斯卡努力在拿破仑的核心圈子中占据一席之地。文钦斯基家族是皇帝的模范效忠者之一，这个家族的首领向她表示了祝福。瓦莱夫斯卡后来在 1897 年出版的一本回忆录里回忆了当时她的想法。"牺牲已

① Frederic Masson. *Marie Walewska*[M]. Paris: Guillaume, 1897.

② Marian Brandys. *The troubles with Lady Walewska*[M]. Warsaw: Iskry, 1971.

③ Christine Sutherland. *Marie Walewska le Grand Amour de Napoléon*[M]. Paris: Perrin,1981, p.80.

④ Christine Sutherland. *Marie Walewska le Grand Amour de Napoléon*[M]. Paris: Perrin,1981, p.83.

经完成，现在一切都是为了收获果实。实现这一单一等价物（即说服拿破仑支持波兰独立运动），这可以原谅我卑鄙的立场，这就是我的想法。它统治了我的意志，不让我陷入不良意识和悲伤的重压之下。"①

她最终（经丈夫同意）成为拿破仑的情妇。这对夫妇在偏远的芬肯施泰因城堡度过的春季的田园生活（1807 年 4 月至 6 月）是拿破仑一生中一段独特而又完全出乎意料的时光。对瓦莱夫斯卡来说，决定在芬肯施泰因与皇帝结合是一个极具勇气的举动，所冒的风险也是巨大的。这对恋人彼此深爱着对方，从那时起，皇帝就开始安排自己的生活，把时间都花在了爱情上，这是自他追求约瑟芬之后再也没有做过的事情。

私下里，瓦莱夫斯卡以其温柔的波兰性格，将话题拉回到她的固定想法上，即波兰的复兴。拿破仑耐心地与她争论，却没有给出什么确定性的承诺。他的论点始终如一：如果波兰人表现出凝聚力、成熟度并在军事上支持他与俄罗斯帝国的斗争，他将按功行赏。瓦莱夫斯卡的固执看上去最终得到了回报——1807 年，拿破仑建立了华沙公国，但事实上，这是为了不惹沙皇不高兴而做出的妥协。并且，伴随着皇帝的失败，波兰公国很快就灭亡了。这对波兰人的期望是个巨大的打击，因为波兰有成千上万的士兵为皇帝献出了生命。

1809 年，瓦莱夫斯卡跟随拿破仑前往维也纳，她住在拿破仑住所美泉宫附近的一所房子里。在维也纳逗留期间，她怀孕并返回波兰瓦莱维采。1810 年 5 月 4 日，她生下了一生中的第二个儿子亚历山大·弗洛瑞安·约瑟夫·科隆纳·瓦莱夫斯基。尽管大家都传闻亚历山大是皇帝的亲生儿子，但阿塔那修斯伯爵正式承认亚历山大是他的儿子，并赐予他科隆纳·瓦莱夫斯基伯爵的名字。亚历山大后来成为拿破仑三世时期法国政坛的重要人物，他是一位有影响力的外交官和内阁部长。他一生坚称他的父亲是老科

---

① Frederic Masson. *Marie Walewska*[M]. Paris: Guillaume, 1897.

隆纳·瓦莱夫斯基伯爵而不是拿破仑。[1] 然而，这并不妨碍拿破仑为亚历山大的未来做出打算。

当时，拿破仑正和第二任皇后路易斯在比利时旅行，他知道消息后，从布鲁塞尔寄来蕾丝和 20 000 法郎给亚历山大。1812 年 5 月 5 日在圣克卢，拿破仑在瓦莱夫斯卡面前签署了一份长长的法律文件，保证年轻的亚历山大的未来，给他的捐赠基金包括那不勒斯周围的 60 个农场，年收入为 169 516 法郎 60 生丁，专属权利证和帝国伯爵头衔所授予的纹章是瓦莱夫斯基纹章和文钦斯基纹章的混合体。为避免老伯爵的债务吞没亚历山大的财产，瓦莱夫斯卡于 1812 年 7 月 16 日被宣布与老伯爵分居，根据《拿破仑法典》，二人于 8 月 24 日离婚[2]。

1811 年到 1812 年期间，瓦莱夫斯卡有时住在塞纳河畔布洛涅蒙莫朗西街 7 号的一栋房屋中，该房屋至今仍以她的名字命名。1813 年，她住在拉乌赛街。1816 年，拿破仑的远亲菲利普·安托万·多纳诺伯爵与瓦莱夫斯卡结婚。1817 年再次怀孕期间，她被查出有因妊娠加重的急性毒血症。该年夏，她向自己的仆人口述了自己的回忆录。在书中，她与皇帝的恋情被描述为"为波兰民族国家做出的牺牲"[3]。年底，瓦莱夫斯卡因病去世。2013 年，分子生物学家利用基因技术检验了拿破仑、他的弟弟热罗姆、科隆纳·瓦莱夫斯基家族后裔的 Y 染色体，确认了亚历山大确系拿破仑的生物学意义上的后代[4]。

相比之下，路易丝·凯瑟琳·埃莱奥诺尔·德努埃勒·德·拉·普莱涅远没有杜沙泰尔或瓦莱夫斯卡幸运。她是弗朗索瓦丝·夏洛特·埃莱奥诺尔·库普里和多米尼克·德努埃勒的女儿。她的父亲是巴黎的中上等资

---

① Christine Sutherland. *Marie Walewska le Grand Amour de Napoléon*[M]. Paris: Perrin,1981, p.190.

② Christine Sutherland. *Marie Walewska le Grand Amour de Napoléon*[M]. Paris: Perrin,1981, p.215.

③ Christine Sutherland. *Marie Walewska le Grand Amour de Napoléon*[M]. Paris: Perrin,1981, p.299.

④ Gérard Lucotte, Jacques Macé, Peter Hrechdakian. *Reconstruction of the Lineage Y Chromosome Haplotype of Napoléon the First*[J]. International Journal of Sciences, Vol. 2 No. 9, 2013, pp.127–139.

产阶级，曾担任多个王室职务，但在大革命期间失去了这些职务。青年时期，普莱涅考入著名贵族教育家坎潘夫人的寄宿学校，在那里她认识了拿破仑的妹妹们，她这时候和卡罗琳·波拿巴的关系较好。普莱涅 1805 年初的第一次婚姻并不成功，丈夫因故入狱后，普莱涅向卡罗琳求助，卡罗琳让她当了给自己读书的侍从，很快，普莱涅成了缪拉的情人。在缪拉的推荐下，她马上又成了皇帝本人的情人。1806 年 4 月底，普莱涅离婚。七个半月之后，她生下了儿子夏尔·莱昂。1806 年 12 月 30 日，拿破仑在波兰的普乌图斯克得知了这个消息。1807 年，当普莱涅出现在枫丹白露宫的时候，皇帝拒绝见她，也不准普莱涅的儿子姓波拿巴。①

三、露水情缘

1808 年 12 月，在马德里逗留期间，拿破仑在剧院发现了一个"非常漂亮的人，不过十五六岁，一头黑发，一双火眼金睛，清新脱俗"。当天晚上，康斯坦将她介绍到了皇帝的寝宫，但这位美丽的女子香气过浓，拿破仑非常困扰（他讨厌浓烈的气味），想立即把她打发走。康斯坦称皇帝托他送给该女子一份价值不菲的礼物，这位可怜的年轻女子很快就得到了安慰。1808 年 12 月 17 日的小金库支出账目上写着："给陛下送 10 000 法郎过去。"

在征伐奥地利期间，皇帝在美泉宫里也有一些"冒险的邂逅"，所谓"维也纳的邂逅"所指的就是这些。对于拿破仑而言，在寻找爱慕者方面并不困难，也无须漫长等待。有的时候，这种冒险也会造成误会。1809 年9 月 1 日那次支出就属于此类。当晚，在维也纳附近被皇帝看到并"邀请"到城堡的"一位迷人的年轻人"仍然未经人事，皇帝在谈话过程中得知她属于维也纳一个非常尊贵的家庭，她来见他只是出于向他表达爱慕之情的

---

① Colonel Henri Ramé. *Denuelle de la Plaigne, Eeléonore, (1787-1868) Maîtresse de Nnapoléon, Mère du Comte Léon*[J]. Revue du Souvenir Napoléonien, No.357, Issue 2, 1988, pp.28–29.

朴素愿望。皇帝被她的诚意打动，给了她一笔可观的嫁妆。[1]

四、姓名在列的普通人

1813 年的那笔 2 万法郎情况要更加特殊一些。"乔治小姐"是个名演员，她的真名是玛格丽特·魏默尔[2]。她也是在皇帝的账簿里唯一被列入真实名字的人。事实上，无论女演员们有没有丈夫，无论她们是在剧院还是在宫廷，她们都是女孩。她们寻求金钱，用金钱来获得快乐，皇帝付钱给她们，事情就是这样简单，其中没有感性的成分。感性只存在于妩媚开始的地方。他直奔主题，天真烂漫，不浪费时间在甜言蜜语上。有人说他粗暴，因为他匆忙。他就在那里，他的所作所为就像他在吃饭时一样。如果他让自己的感官得到了满足，那是因为在感官上，皇帝需要一段关系。这种满足感官的用途已经被预见到了，或者皇帝遇到这种感官满足的机会已经自然而然地出现了。这绝不是他自己寻找的，也不是他自己想的、梦到的、主动养成的享乐习惯，更不是他自己人为制造的需求。

总体而言，皇帝在位的这十年间，并不为钱发愁。与之相反，其收入是欧洲最高的。这些收入被用来进行炫耀、提供援助、支持国家的公共财政。除了照顾自己的近亲属或情人们之外，皇帝很少挥霍，他个人的品格没有被金钱腐蚀，他保持了谦逊的气质。

---

① Jean Savant. *Les Fonds Secrets de Napoléon*[J]. Toute l'Histoire de Napoléon, 1952, No.1 & No.2.

② Constant. *Mémoires de Constant, Tome IV*[M]. Paris: Jean de Bonnot, 1967, p.35.

第九章　退位的困厄

一、枫丹白露的新条约

《枫丹白露条约》是拿破仑与奥地利、俄罗斯和普鲁士代表于 1814 年 4 月 11 日在法国枫丹白露签订的协议。该条约于 4 月 11 日由双方全权代表在巴黎签署，并于 4 月 13 日经拿破仑批准。通过这项条约，盟军结束了拿破仑作为法国皇帝的统治，并将他流放到地中海里的厄尔巴岛。

在第六次反法同盟战争（1812—1814）中，奥地利、普鲁士、俄罗斯、瑞典、英国和德国的一些国家组成的联盟于 1813 年将拿破仑赶出了德意志地区。1814 年，英国、西班牙、葡萄牙越过比利牛斯山脉入侵法国本土；俄罗斯、奥地利及其盟国越过莱茵河入侵法国本土。巴黎战役后，上述各国与法国政府就拿破仑退位问题进行了谈判。

1814 年 3 月 31 日下午 3 时，沙皇亚历山大一世代表反法同盟在巴黎发布了声明。反法同盟在占领巴黎后，准备接受法国主动抛弃拿破仑的声明。反法同盟认为，不仅需要钳制拿破仑的野心，和平的条件必须包含更有力的保证。那么，当法国重新建立起一个没有拿破仑的更明智的政府之后，法国本身就能自愿地对外提供安宁的保证，和平的条件就会变得更加有利。因此，反法同盟各国君主们不再与拿破仑或他的任何家族成员交往。反法同盟各国依旧尊重法国领土和主权的完整性，因为它存在于其合法国王的统治之下，所谓的合法国王指的是来自波旁王朝的王位继承人。为了欧洲的幸福（和欧洲大陆上的势力均衡），法国必须强大。反法同盟难以撼动法国大革命的宪法遗产，他们只好承认并将保证法兰西民族自己可能制定的宪法。他们请元老院任命一个临时政府，以满足行政管理的需要，并制定一部适合法国人民的宪法。[①]

4月1日，作为善意的姿态，亚历山大一世表示宣布将立即释放自两年前法国入侵俄罗斯以来一直被俄罗斯关押的15万名法国战俘。法国元老院同意了反法同盟的条款，通过了废黜拿破仑的决议。4月5日，元老院通过了不再效忠拿破仑的法令。4月3日，正在枫丹白露宫的拿破仑得到消息，法国的议院已经废黜了他。由于联军公开表示，他们的争斗对象是拿破仑而非法国人民。拿破仑虚张声势，让位给儿子（即拿破仑二世），由路易斯皇后摄政。三位法方全权代表向反法同盟各国君主递交了附带条件的退位诏书[②]。

> 同盟国宣布拿破仑皇帝是重建欧洲和平的唯一障碍，拿破仑皇帝忠于自己的誓言，宣布为了国家的利益（这与他儿子的权利、皇后的摄政和帝国法律的维护密不可分），他准备从王位上退下来，放弃法国，甚至放弃生命——拿破仑：1814年4月4日，枫丹白露。[③]

在全权代表们前往传递信息的途中，拿破仑听说马尔蒙已将他的军团置于毫无希望的境地，他们的投降是不可避免的。联军君主们没有妥协的意愿，拒绝了拿破仑的提议。俄罗斯沙皇亚历山大一世表示："我承认，由皇后和她的儿子摄政听起来不错，但拿破仑仍然存在——这就是困难所在。他保证在分配给他的退路上保持安静也是徒劳的。您比我更了解他的嗜好

---

① Archibald Alison. *History of Europe from the Commencement of the French Revolution to the Restoration of the Bourbons in 1815*[M]. London: Blackwood, 1860, p.185.

② Archibald Alison. *History of Europe from the Commencement of the French Revolution to the Restoration of the Bourbons in 1815*[M]. London: Blackwood, 1860, pp.187–190.

③ Archibald Alison. *History of Europe from the Commencement of the French Revolution to the Restoration of the Bourbons in 1815*[M]. London: Blackwood, 1860, p.197.

和野心。在某个晴朗的早晨，他会让自己优先于摄政王，或者取代摄政王的位置。然后战争会重新开始，整个欧洲都会陷入战火之中。由于害怕发生这种情况，反法同盟各国将不得不继续保持军队，从而使他们的媾和意图落空。"①

拿破仑的有条件退位被否决，他又没有任何军事选择，只能向不可避免的命运低头。

同盟各国宣布拿破仑皇帝是在欧洲重建全面和平的唯一障碍，拿破仑皇帝忠于自己的誓言，宣布为他自己和他的继承人放弃法国和意大利的王位；为了法国的利益，他愿意做出任何个人牺牲，甚至愿意牺牲生命——拿破仑：枫丹白露，1814 年 4 月 6 日。②

4 月 11 日，各方全权代表在巴黎谈判并签署了正式的条约。2 天后，拿破仑批准了该条约，此即《枫丹白露条约》。条约规定：拿破仑皇帝及其家族放弃对法兰西帝国、意大利王国和其他国家的一切主权和统治权；拿破仑终身保留皇帝称号，拿破仑家族成员保留亲王称号；拿破仑皇帝拥有厄尔巴岛的完全主权和所有权，并付给他 200 万法郎的年金，拿破仑必须马上前往厄尔巴岛③。

二、晦暗不明的前景

在军事不利和政治动荡中，皇帝家族及其收入也难逃厄运。本来，随

---

① Archibald Alison. *History of Europe from the Commencement of the French Revolution to the Restoration of the Bourbons in 1815*[M]. London: Blackwood, 1860, p.199.

② Archibald Alison. *History of Europe from the Commencement of the French Revolution to the Restoration of the Bourbons in 1815*[M]. London: Blackwood, 1860, p.205.

③ Alphonse de Lamartine. *The History of the Restoration of Monarchy in France*[M]. Paris: H. G. Bohn, 1854, pp.201–204.

着皇帝私人领地和财产的建立，拿破仑打算从公共领域中抽走相当数量的资金转为私产，但他的先见之明落空了。《枫丹白露条约》给予了他大量的经济补偿，他本可以安心地展望未来，但形势依然不明朗。拿破仑作为厄尔巴岛的新君主，其命运任由复辟的法国旧君主政体摆布，也依赖于昔日那些敌人、敌国所能表现出来的善意。拿破仑将统治一个位于意大利本土和科西嘉岛之间的资源匮乏的岛屿，他很快就会面临重大的财政问题。尽管如此，他的意志依然坚定，无论是在财政上还是在政治上，他都没有承认失败，但这种衰落对他来说无疑过于残酷、过于迅速。对于反法同盟各国来说，在离欧洲大陆如此之近的地方，存在着一位心怀不甘和不满的皇帝，这显然是十分危险的。

三、零散拼凑起来的新财产

自从拿破仑解决了皇帝是否能够拥有私产并适用《民法典》的问题之后，他就能够自由处置自己的财产了，但在帝国并不面临致命威胁的时候，皇帝也可以作为普通民事法律主体来自由处置私人财产的特权其实并无什么实际用处，等帝国到了存亡关头，拿破仑真的要大规模使用这种特权的时候，这种权利在失去了国家权力保护之后也不再可靠，他能够带到厄尔巴岛的钱财只能是多方设法，从不同的隐秘来源中零散拼凑起来的那些。

在远征俄国之前，拿破仑可能已经不再像以前那么确信自己能够获得胜利，其原因有可能是此前他在面对普鲁士和奥地利的时候已经不再总是胜利。在前往俄国之前，他第一次使用自己处分私产的特权，他把160万法郎委托给了忠诚的邮政总局局长拉瓦莱特，他要求局长把财产放在安全的地方。这个举动可能会让不了解内情的人大吃一惊，在外人看来，皇帝的军事能力如此杰出、皇帝的军队如此雄壮，胜利虽然困难但似乎并无疑问。也许只有拿破仑自己才知道，自己对于能否取得胜利并不那么确定，所以他下意识地采取了谨慎的举动。从巴黎前往莫斯科的旅途漫长而又危险，到一个幅员辽阔的陌生国家去寻求胜利，风险非常大，务实的人是不能忽视这种风险的，一旦战事不利，在德意志地区的民族意识已经觉醒的时候，连锁反应可能造成总溃败和随之而来的政变。后来发生的事情正好契合了这种悲观的预计。因此，拿破仑不会忘记金钱所能起到的作用。金钱本身不能解决任何问题，但政治中决不能缺少金钱。建立秘密储备以防万一的任务并不轻松，忠心耿耿的拉瓦莱特为了保卫国库，承担了巨大的心理压力。

"在皇帝离开巴黎出征俄国前夕，他在傍晚时分把我留了下来。在向我下达了所有详细的行程命令后，他对我说：'去找大元帅，他会给你160万法郎的国库券。你要秘密地把它们兑换成黄金；财政部长会为你提供方法，你要等我的命令，把它们送到我这里来。'""这批黄金很难藏匿。我决定与炮兵仓库的警卫联系，他是个非常巧妙的工人。他用高超的技艺为我制作了箱子，这些箱子的大小与四开本的书十分相似，每个箱子可以装3万法郎，我用它们来充实我的图书馆。从俄国战役归来后，皇帝似乎不再考虑那个，皇帝在莱比锡指挥新的战役，却不想就他的藏金库给我下达任何明确的命令。皇帝只是对我说：'等我回来再看吧。'最后，当皇帝败退回巴黎并且为了帝国的存续在国境线以内继续作战的时候，我坚持要求他把一笔宝藏交给我提前藏匿。在可能威胁巴黎安全的严重事件发生后，我是无法承担这笔宝藏的。皇帝同意了。""皇帝对我说要把宝藏藏在我自己位于乡下的房子里。我徒劳地表示，我的那个所谓的'乡下房子'名叫拉维里耶尔。那其实是个城堡，就位于凡尔赛通往朗布依埃的要道上，它很可能会被敌方劫掠。我所担任的邮政局长的职务也不允许我擅离职守并长期待在巴黎以外。偶然的机会或最轻率的疏忽行为都可能会让敌人夺走这些宝藏。皇帝不听，我只能服从。我找了一个诚实而聪明的人做管家，我让他在一楼书房的木地板下开了一个洞，他在我的监视下干了好几个晚上。我们把54卷法语版《古代史》和《近代史》放在那里，没有什么比这本著作更能引起人们的热切阅读和赞赏了。木地板经过精心修复，没有任何可疑之处……300 名普鲁士人占据了拉维里耶尔城堡。15 人睡在存放财宝的房间里，这些士兵不知道，他们只需用军刀的刀尖掀开两张镶嵌式的木地板，就会发现成堆的黄金。他们在那里待了将近两个月。在那段时间里，我备受煎熬，我每天都等待着获悉敌人已经发现了一切之类的坏消息，但幸运的是他们离开了，我至少能够对此感到内心的平静。"①

1814 年，拉瓦莱特不再与拿破仑有任何联系，可是一想到要无限期地保存这笔财富，拉瓦莱特就变得非常担心。于是，拉瓦莱特将其中的一半交给了欧仁亲王，又把 40 万法郎存入银行家拉菲特以皇帝的名义开立的账户中。

除了这个小插曲，皇帝在法国战役前并没有对他的私人资金采取特别的预防措施。随着敌军的逼近，1814 年 3 月 28 日，剩余的皇室金库被匆忙撤离巴黎，在 1200 名近卫骑兵的护送下，珍贵的货车与皇后同时出发。虽然车队声势浩大，而且当时皇室的资金不超过 2000 万法郎，但这个数字无论如何都还可以算是一笔巨款，所以它理所应当地引起了人们的极大嫉妒。4 月 3 日，元老院宣布皇帝下台后，新政府迅速试图从路易斯避难的奥尔良追回这批珍贵的"货物"。4 月 10 日，临时政府的特使杜东来到路易斯的家中，向她索要全部的皇室财宝。卡法雷利将军和摄政王秘书尚帕尼同意交出钻石，但不同意交出价值数百万法郎的黄金。他们给出的理由是，这些钱是拿破仑在皇室特别费项目上应得的拨款所形成的存款。他们怀疑这是临时政府骗钱的一个肮脏骗局，于是他们取走了价值 600 万法郎的黄金，留下了另外一批价值 1100 万法郎的黄金、价值 300 万法郎的白银和另外一些价值几十万法郎的贵重物品。他们的直觉是正确的。两天后，杜东在国家宪兵队雅宁中校的帮助下，缴获了所有货车，战利品被运往巴

---

① Comte de Lavalette. *Mémoires et souvenirs du comte de Lavalette*[M]. Paris: Mercure de France, 1994, pp. 307–310.

黎，成为新的政治胜利者们妒忌的对象。如果我们相信帕斯基耶的证词的话，为了从拿破仑手中夺回尽可能多的金钱，"保王党人表现出了异乎寻常的极大热情"[①]。站在皇室的立场看来，从临时政府使节手下逃过劫掠的那600万法郎中，只有不到400万被送到了拿破仑所在的枫丹白露，还有200万仍然是路易斯的财产，现在的问题是要把剩下的这些钱送到厄尔巴岛去。

表9-1　厄尔巴岛的残余宝藏

（单位：法郎）

资金来源	金　额
皇帝小金库的残余	489 000
纪尧姆·约瑟夫·佩鲁塞4月12日拿走的	2 580 000
路易斯4月18日和19日从朗布依埃寄出的	911 000
总　计	3 980 000

资料来源：Guy Godlewski. Napoléon à l'île d'Elbe[M]. Paris: Nouveau Monde Éditions, 2003, p.184.

四、财务总管一家

可以从上表中发现，纪尧姆·约瑟夫·佩鲁塞代为转移的资金比例最大，他也是拿破仑在厄尔巴期间的财务总管，因此有必要予以详细介绍。

来自卡尔卡松地区的佩鲁塞家族于1700年在位于卡尔卡松东北10公里处的阿拉贡村成立，家族代表皮埃尔·鲁是该村的村长，他的儿子让于1699年7月2日与来自热尔省米拉蒙拉图尔的资产阶级之女凯瑟琳·佩鲁塞结婚。婚后，这个家族先是姓Roux-Peyrusse，后来又姓Peyrusse。让的孙子，多米尼克·佩鲁塞出生于1734年1月27日，娶了蒙托利厄织布厂厂长的女儿安妮·帕斯卡尔为妻，夫妻俩住在卡尔卡松市中心。作为一名商人，他于1769年成为该市的执政官。到了1804年3月24日，多米尼

---

① Pasquier. Mémoires, Tome II[M]. Paris: Plon, 1893, p.366.

克·佩鲁塞已经是该市纳税最多的一百人之一，这表明了他当时拥有较高的经济和社会地位。他于 1818 年 12 月 27 日在卡尔卡松去世。18 世纪下半叶和 19 世纪初，纺织品的生产和销售是该地区最重要的活动之一，无论是在皇家工厂，还是在安装了织布机的私人住宅中都是如此。来自纺织业的利润使得他们的后代可以投身更高层的政治活动。

二人的长子路易·文森特·佩鲁塞在 1793 年的大规模征兵令颁布后作为志愿者加入了东比利牛斯省的军队。1793 年 3 月 16 日，他成为海军参谋部秘书，负责在阿日为一支船队配备武器。1794 年 3 月 21 日至 7 月 26 日，他担任比利牛斯军团 12 艘炮艇和掷弹兵的队长。随后，他转入海军财务处工作。1794 年 10 月 3 日至 1803 年 10 月 15 日，他在土伦担任军饷总管。在此期间，他帮助过拿破仑，从自己的基金中为他垫付了埃及远征的第一笔费用。1798 年 6 月 18 日，他收到了一封感谢信。也是在这个时候，他把他的弟弟安德烈带到自己身边担任办事员。毫无疑问，他帮助安德烈获得了与埃斯特夫相同的职位，被任命为东方军的军需总管。

然后，文森特将担任三级海军专员，然后在土伦担任二级海军专员至 1804 年 3 月 19 日。1804 年 3 月 19 日至 1815 年 12 月 31 日期间，他转到洛里昂担任二级专员。第二次王政复辟时期撤销了他于 1815 年 6 月 9 日获得的荣誉军团勋章，并让他在马赛港领取半薪直至 1817 年 5 月 12 日。1831 年 10 月 9 日，他在马赛去世。在王政复辟期间，他曾在弟弟安德烈的帮助下要求复职，但没有成功。路易·菲利普即位后，他在写给特鲁盖海军上将的信中阐述了他远离商业的主要原因是其弟纪尧姆·约瑟夫在拿破仑身边的地位太高，作为哥哥，自己不适宜惹上嫌疑。

埃及远征期间，安德烈先是担任埃斯特夫的办事员，后来又担任埃斯特夫的秘书。克莱贝尔上任后，安德烈一直担任其私人秘书，直到将军去世。在此期间，安德烈还作为德赛将军和普塞尔格的秘书参加了《阿里什条约》的谈判，他还担任过一段时间梅努将军的秘书，直到远征结束，他才接替了埃斯特夫的位置，在贝利亚尔将军的指挥下，他仍担任负责谈判从开罗撤军条约的那些将军们的秘书（1801 年 6 月 21 日至 23 日）。在整个远征期间，安德烈都在给母亲写信，向她传递消息并描述埃及这个国家的情况。回到法国后，安德烈加入了埃斯特夫的事业，负责管理执政官们的特别费，随后被任命为路易斯安那远征的军饷总管，但远征并未成行（1802 年 10 月至 1803 年 5 月）。当拿破仑决定征服汉诺威时，安德烈先是被任命为军饷总管的特别代理人，随后又在 1803 年 6 月 7 日被任命为军饷总接收人，在莫蒂尔、德索莱和贝尔纳多特将军手下工作，他与这些将军的相处似乎有些困难。1806 年 3 月 27 日，他回到巴黎。他于 4 月 9 日在普莱桑斯被任命为负责管理驻意大利法军资金的总监，与此同时，他还负责将意大利当地货币的重新铸造成拿破仑金币，这项任务于 1806 年 10 月 2 日结束。

根据 1806 年 9 月 14 日的帝国法令，安德烈成为因德尔卢瓦尔省的财政总管，他占据这一职位直到 1815 年 12 月 31 日。在图尔市，他曾是选举团成员，后任图尔北区市政议员。当时，他是该省纳税最多的六百人之一。之后，他住在福塞斯圣乔治街。在那里，他有自己的办公室，那里后来改名为克洛什维尔街。1808 年 7 月 27 日，他在巴黎第三区与安妮·约瑟芬·保利娜·德拉海·德·科尔梅宁结婚。

在第二次王政复辟时期，安德烈被赶下台，并被取消荣誉军团勋章，直到 1825 年 5 月 23 日才重新获得荣誉军团勋章，但他作为资金接管人的职务并未恢复。在此之后，他致力于收集、编纂自己曾经参与过的活动的文件，他写了一本关于法国远征期间埃及财政的著作，于 1882 年发表在《英国评论》上。他还参与了雷波撰写的法国远征埃及的科学和军事史，并帮助他的哥哥文森特和弟弟纪尧姆寻找工作、驳斥别人对拿破仑一世的指控。在此期间，他住在巴黎，夫妇俩在玛德莱娜广场 13 号有一处住所，在卢瓦尔河畔的吉安附近有一处属于妻子的房产"勒罗托瓦"，他在那里打猎。他于 1854 年 8 月 13 日在奥尔良去世。

纪尧姆·约瑟夫·佩鲁塞是三兄弟中年龄最小的，但却是最著名的。他生于 1776 年 6 月 14 日，他也响应了 1793 年的征兵令，该年 9 月 18 日，他成为山地猎兵，后来在陆军参谋部秘书。1793 年至 1800 年期间，他在东比利牛斯山区工作。1800 年夏季他因病入院，康复出院后，他回到卡尔松老家，在家族企业工作到 1805 年秋。1805 年 10 月 2 日，纪尧姆成了财政部雇员。1808 年 2 月 1 日，他担任财政督察，参加了 1809 年的奥地利战役，随后成为负责在奥地利布劳瑙接待路易斯皇后的法国使馆的财务总管。1810 年 2 月 20 日，他被任命为法国财政部主管，并在俄罗斯、萨克森和法国本土的战役中担任财务总管。1814 年 2 月 26 日，他被任命为荣誉军团骑士卫队副督察。1814 年 3 月 23 日，在圣迪济耶战败之后，他跟随拿破仑前往厄尔巴岛担任财务总管。在百日王朝期间，他于 1815 年 6 月 21 日担任皇室总司库和荣誉军团军官。在第二次王政复辟期间，他首先退休到卡尔卡松，回到父母身边，然后回到利穆西镇莱萨克地区的庄园。1815 年 3 月 27 日，拿破仑复辟后，他获得了拿破仑授予的男爵头衔，但直到路易·菲利普即位后，他才恢复活动。①

---

① Roger Quentin. *Peyrusse Guillaume Joseph (1776-1860) un Trésorier de Napoléon, et sa Famille, Histoire des 2 Empires, Biograhies*[G]. Napoléon Foundation.

第十章　入不敷出

一、看似宽厚的待遇

如前所述，退位后的拿破仑只能从他之前的皇室收入中节约并挽救下几百万法郎，这与他在 1810 年全盛时期的 5000 万法郎收入相比，当然显得寒酸，但对于他作为厄尔巴岛主的新生活而言，如果加上《枫丹白露条约》规定付给他的年金，这仍然是一笔足以让他保持体面和舒适的资金，前提是，这个条约必须得到反法同盟各国、法国复辟政权、拿破仑本人的共同遵守。

二、对厄尔巴的情况进行评估

1814 年 5 月 4 日，拿破仑在厄尔巴岛登陆，他迅速与前文中我们提到的财务总管纪尧姆开始了对厄尔巴岛的评估工作。这是为了尽可能准确地估算新公国的收支情况（厄尔巴岛现在拥有了公国的地位）。拿破仑退位后，被允许携带一支小规模的军队，用于维持公国的礼仪需求和执行对拿破仑个人的安全保卫工作。厄尔巴岛上的居民总人数大概为 12 000 人，理论上拿破仑可以依据《枫丹白露条约》规定拥有的军队人数则为 1592 人，如果拿破仑想要东山再起，这么一点军队完全不够用，但与岛上的居民人口相比，这些人又实在太多了，岛上不到 10 个人中就有一个士兵。这支迷你军队的军饷和其他维持费约为每年 100 万法郎，这远远超过了该岛的财政供养能力。

在正常年景，这个贫瘠的岛屿能够产生的税收总额大概是 10 万法郎。虽然《枫丹白露条约》已经把需要供养的皇室人员缩减到了最简单的扁平化状态，但它每年仍然要花费约 40 万法郎。岛上原本就有铁矿开采业，年收入略低于 30 万法郎，为了尽可能把预算收支账目做平，尽量减少对个人财产的动用，拿破仑在预算中列入了一系列不确定的新收入，以便保证自己私产的安全。这个新预算还严重高估了收入项目的数额，其中包括了岛上铁矿存着的剩余现金 185 386 法郎，出售不再需要的军事物资所得的收入 575 330 法郎。《枫丹白露条约》规定的 200 万法郎皇帝年金还需要分给拿破仑的母亲、兄弟姐妹、养子养女、两位皇后。测算下来，1814 年和 1815 年的赤字很可能会达到 160 万法郎，同时，为了从法国大陆搬去厄尔巴岛，拿破仑已经花费了将近 60 万法郎，照这个亏损速度，他剩下的钱勉强能够支撑到 1816 年底。[①]

《枫丹白露条约》规定拿破仑仍然可以享用皇帝头衔。如果他想维持"帝国"的生活方式并用一支小规模的军队来保障自己的安全，那就必须支付《枫丹白露条约》中规定的款项，但反言之，《枫丹白露条约》的其他缔约方也必须遵守条约，按时足额向拿破仑支付规定中他应该享有的年金，同时保护拿破仑及其家族在法国的私人财产，但复辟的波旁王朝马上就违反了条约义务。波拿巴家族在法国的资产于 1814 年 12 月 18 日被没收，到了第二年年初，拿破仑已经退位 9 个月了，但仍没有收到哪怕一分钱的年金。在旷日持久的维也纳会议上，反法同盟向法国外交部长塔列朗表达了不满[②]。对此，塔列朗仍然使用了拖字诀，只肯给出模糊的承诺。这件事最后不了了之，很快也就被各方遗忘了，拿破仑仍然在岛上等待他的年金。那么，复辟的法国国王路易十八在等什么呢？有些当时的欧洲报纸认为这

---

① Baron Peyrusse. *Mémorial et archives 1809—1815*[M]. Carcassonne: Labau, 1869, pp. 239–247, 264–268.

② Thomas Ussher. *Napoleon's Last Voyages*[M]. Ithaca: Cornell University Library, 2009, p.52.

是某种政治算计，目的是逼迫拿破仑做出无法挽回的举动，从而进一步消除他在法国人民中的影响，而且还能借助别国最终除掉他。也有另外一些立场更倾向于进步主义的人认为，这只是旧王朝对已经失败了的革命者的别有用心的恶意。还有人则不同意上述阴谋论式的论调，他们认为拿破仑被放逐后的法国财政情况也很糟糕，在这种不景气的情况下，根本不可能向曾经的篡位者支付几百万法郎。在巴黎出版的《辩论报》上，刊登过这些互相矛盾的观点。从当时的巴黎人民的角度看来，百姓们认为拿破仑的命运过于悲惨。因为，他们不仅得到了皇帝陷于困厄的消息，还能看到当时整个欧洲舆论都在谈论着要把他进一步放逐到圣赫勒拿岛那个荒无人烟的地方去。

表 10-1　拿破仑在 1814 年和 1815 年的惨淡预算

（单位：法郎）

厄尔巴的收支平衡表	1814	1815	合　计
经常项目收入：			
捐款和杂项收入	108 829	117 751	226 580
矿山、牧场和盐场收入	282 450	350 000	632 450
非经常项目收入：			
出售剩余军事物资	75 330	500 000	575 330
庞斯先生持有的铁矿现金 　　（截至1814年4月11日）	185 386	–	185 386
总收入	651 995	967 751	1 619 746
军事和民事开支：			
从枫丹白露前往厄尔巴：			
个人开支	264 052	–	264 052
军事开支	343 057	–	343 057
在厄尔巴的开支：			
民事开支	79 168	114 530	193 698
军事开支	652 900	1 015 000	1 667 900
皇帝的居所费用	479 987	350 000	829 987

续表

厄尔巴的收支平衡表	1814	1815	合　计
总支出	1 819 164	1 479 530	3 298 694
赤字合计	1 167 169	511 779	1 678 948

资料来源：Baron Peyrusse. Mémorial et archives 1809—1815[M]. Carcassonne: Labau, 1869, pp. 239–247, 264–268.

三、关键先生庞斯

在这份收支表的原始材料里，我们发现了安德烈·庞斯·德埃罗的名字（即"庞斯先生"）。庞斯是一位旅店老板的儿子，早年在船上当过客舱服务员。1790 年，他怀揣革命理想，加入了法国海军。1793 年土伦围城战是他职业生涯的第一个转折点，他在那里遇见了年轻的拿破仑，庞斯邀请拿破仑共进晚餐，二人吃了一顿马赛鱼汤，拿破仑把庞斯指派到了迪戈米耶手下的炮兵之中。[①]

法军占领土伦之后，庞斯因为过分激进的共和派观点、支持罗伯斯庇尔等罪名短暂入狱，出狱后，他参与到拿破仑领导的意大利战役之中，但他是一个狂热的共和派，反对雾月 18 日政变，而且在一份使用暴力反对政变的小册子上签了名（他也是小册子的主要作者之一），这影响了他的政治前途。1809 年，由于他与新任荣誉军团大团长拉塞佩德的友谊，他前往厄尔巴岛管理岛上的铁矿。该岛现在属于荣誉军团。他凭借自己的管理才能、对话意识和对社会进步事业的关注，彻底改造了旧的里奥马里纳铁矿，从而凭借着出色的工作成绩脱颖而出。工人们把他当作父亲那样来爱戴，他在人民中获得的这种声望再一次给自己带来了不幸，并激怒了当时已经成为皇帝的拿破仑。在里奥马里纳的卡斯特尔菲达多大街（Via Castelfidardo，位于当地的矿业博物馆附近），现在仍然可以看到庞斯的乡村别墅。他在费

---

① *Андре Пон де л'Эро. Энциклопедический словарь Брокгауза и Ефрона : в 86 т. (82 т. и 4 доп.)*[Z]. — СПб., 1890—1907.

拉约港还有另一处住所。

拿破仑抵达厄尔巴岛之后，见到了庞斯。起初，他和这位激进共和派的关系很紧张，但后来拿破仑开始欣赏这位管理者的勇气、忠诚和诚实。1815 年 2 月 26 日，趁英法警卫舰队不在时，拿破仑与大约 600 名士兵经费拉约港，逃离厄尔巴岛，并于 3 月 1 日登陆法国本土南岸城市昂蒂布。拿破仑在厄尔巴岛上总共度过了 9 个月又 21 天。除了有较多守旧势力的普罗旺斯之外，法国几乎所有地区的人民都热烈欢迎拿破仑的回归。尽管波旁王室也采取了一些弥补社会分裂的措施，但人民对造成法国国际地位衰落的波旁王室已无好感，所以拿破仑重夺权力没有花费多少时间，他马上开始重建势力。庞斯就在这些跟着拿破仑重新征服法国的人之中。

讽刺的是，在拿破仑最初收服的大军中，很大一部分就是路易派来镇压他的力量。3 月 5 日，第五、第七步兵师投靠拿破仑。曾经投靠波旁王朝的内伊也倒戈相向，在 3 月 14 日带领 6000 名士兵向拿破仑投诚。5 天后，在路易十八逃走后，拿破仑与他的军队进驻巴黎。当时巴黎一家亲拿破仑的报纸 *Le Nain Jaune*（可直译为"黄色的矮人"）在 4 月 25 日的一篇文章中，发现总结不同时间点的新闻报道后，拿破仑登陆后各个报章的标题颇能反映当时局势的变化，尽管文章都是采取自当时的小报，而引用的内容也有些加油添醋，但拿破仑的进攻速度的确相当惊人。"科西嘉的怪物逃离厄尔巴岛→叛国贼和 600 人在戛纳登陆→波拿巴将军占领格勒诺布尔→拿破仑进入里昂→昨天皇帝陛下收到枫丹白露的邀请。他预计于 3 月 30 日抵达杜伊勒里宫。"[①] 在"百日王朝"期间，庞斯担任了罗讷河谷省的省长，这里是保卫法国本土的战略要地。

拿破仑在滑铁卢的失败使得他的"百日王朝"很快再次凋谢，他本人也被流放到英国属地圣赫勒拿岛。庞斯曾经要求陪同皇帝一起流放，但被

---

① Charles Shriner. *Wit, Wisdom and Foibles of the Great: Together with Numerous Anecdotes Illustrative of the Characters of People and Their Rulers*[M]. London: Forgotten Books, 2018, p.462.

拒绝，庞斯不得不逃亡并在欧洲各地流浪。1821年，在拿破仑死后，庞斯得以返回法国。1830年到1848年期间统治法国的七月王朝试图实现国内的大范围和解，于是授予庞斯汝拉省省长职位。他在省长任上不到一年，就因为与当时的陆军总长让·德·迪厄·苏尔特发生矛盾而去职。1848年资产阶级革命后，他被任命为新成立的共和国的国务委员。他晚年仍然坚定支持普选和共和制，投身反对路易·拿破仑·波拿巴（即拿破仑三世）的活动。1853年，庞斯去世。

庞斯为我们留下了他与拿破仑共处一岛的这300多天的回忆录。拿破仑曾经要求庞斯为他书写"统治"厄尔巴的历史记载，因为庞斯著名的共和主义立场，他的著作不会被世人怀疑有明显的感情倾向。庞斯在铁矿、港口的私人宅邸使得他变成了1815年2月拿破仑逃离和复辟事件的重要见证人、所有秘密的中心人物。他作为矿务局局长，与拿破仑的近臣、监视拿破仑的英法舰队负责人、拿破仑的情人和私生子（指瓦莱夫斯卡和她的儿子亚历山大）都有联系。拿破仑在离开厄尔巴岛的时候，庞斯是随行的重要人物之一。拿破仑逃离时的微型军队中包含了没有马匹的波兰枪骑兵、忠心耿耿的老近卫军、科西嘉步兵、宪兵、拿破仑的仆人和一些平民追随者等，共计1142人[1]。

四、厉行节约的皇帝

根据庞斯的回忆录，厄尔巴岛上的人起初以为拿破仑作为退位的皇帝会很有钱，他们还以为拿破仑既然还保留了皇帝头衔，又是厄尔巴公国新的统治者，那么就能够免除该岛上的一切税收[2]。然而，这种美好的幻想只维持了非常短暂的时间。拿破仑急需新的资金，他不仅不可能免税，反而

---

[1]　Jonathan North. *Napoleon on Elba: Diary of an Eyewitness to Exile*[M]. Welwyn Garden City: Ravenhall Books, 2004, pp.188–189.

[2]　*Pons de l'Hérault. Souvenirs et anecdotes de l'île d'Elbe*[M]. Paris: Plon, 1897, p.201.

还要大力拓展收入，失望的厄尔巴居民开始拖欠赋税。佩鲁塞说："24 000 法郎的应纳土地税几乎没有进账，在像卡波利维里那样的某些市镇，甚至需要出动军队才能收到税。不得不承认，甚至早在拿破仑到达厄尔巴岛之前，这里的气候就已经恶化了。岛民对英国人的海上封锁感到厌烦。"[①] 岛民对士兵（主要是参加叛乱的新兵）的破坏行为感到气愤，但他们对法兰西帝国也无好感。叛乱行为甚至发展到几乎蔓延全岛的地步，350 名宪兵仅能勉强恢复平静。在马尔西亚纳，骚乱持续不断，民众甚至焚烧了皇帝的肖像。在这种背景下，要想不冒民众起义的风险而增加税收负担是不可能的。部分民众的消极抵抗乃至敌意，不可能使预算规划和收集变得更容易，而只能造成各种意想不到的困难。

　　拿破仑的财务人员一到厄尔巴岛，就查封了所有金库。大部分金库都是空的，只有矿业公司例外。矿务局局长庞斯设法保留了不到 20 万法郎的一小笔财富。然而，庞斯并不准备将这些钱交给拿破仑，在他看来这些钱仍然是荣誉军团的法人机构财产，该机构在 1814 年 4 月 11 日之前一直将矿山作为军团所接收的捐赠物来处理。尽管拿破仑威胁他（佩鲁塞曾对庞斯说皇帝会派掷弹兵来教训他），但他还是仗着自己"无可争辩的正当权利"而一意孤行[②]。拿破仑曾经好几次发了脾气，但都无济于事。于是，拿破仑在里奥马里纳矿区山中的一次野餐中试图引诱庞斯。庞斯后来回忆说："皇帝一刻也没有停止过用最温柔的仁慈围绕着我。"[③] 他甚至还得到了君主的私人美食——专供皇帝享用的桃红香槟酒。由于庞斯仍然拒绝听从皇帝的指令，这件事拖了几个月，不断毒化着两人之间的关系。庞斯甚至数次提出辞职，但拿破仑并不想让他走，因为他是个能干的人，深受工人们的赏识。耐心终于还是得到了回报。庞斯对路易十八任命他所厌恶的普拉德修道院院长为荣誉军团大团长感到厌恶，所以最终决定捐出这一小笔财

① Baron Peyrusse. *Mémorial et archives 1809—1815*[M]. Carcassonne: Labau, 1869, pp. 255.

② Pons de l'Hérault. *Souvenirs et anecdotes de l'île d'Elbe*[M]. Paris: Plon, 1897, p.93.

③ Pons de l'Hérault. *Souvenirs et anecdotes de l'île d'Elbe*[M]. Paris: Plon, 1897, p.112.

产。然而，这笔钱并没有来得及进入拿破仑的金库。在此期间，拿破仑这只雄鹰已经从这囚笼中飞走了。

出售剩余军事物资是拿破仑筹资的主要办法之一，可供出售的物品主要是那些已经无处可用的攻城用工程物资、旧炮弹、剩余的军用面粉、火药，但这种收入是一次性的，一旦物资卖光，就再也没有了。1814 年和 1815 年卖掉的物资总共价值 50 万法郎。到了 1816 年 6 月（百日王朝期间），再卖这些物资就只能筹到 6 万多法郎了。佩鲁塞表示，岛上的收入和他所掌管的基金并不足以支付未来的预算，但预算又已经降无可降，所以只能保持在之前的水平。拿破仑决定给手下只发半薪，其余的部分则只提供法国国库凭证。[①] 资金不足、削减卫队人数、削减工资的计划对拿破仑产生了很大的不利影响。这些追随皇帝到厄尔巴岛的人都是勇士中的勇士，结果改革过后他们发现，自己的处境和那些还在法国大陆上，但因为路易十八大幅削减军队预算而沦为准士兵的退役士兵如出一辙。所不同的是，拿破仑还要依靠这些忠心耿耿的追随者来保证自己的安全。忠于拿破仑的消息人士、间谍等人都在不断警告他，有人计划绑架、暗杀敬爱的皇帝，甚至想把他驱逐到圣赫勒拿岛去。

要省钱，只能制定一系列的限制措施。拿破仑想在面包房使用陈年面粉，做出面包来给他的迷你军队食用。部队拒绝接受变质的面包，并开始抱怨。随后，这些劣质面粉被从军队食堂中清除，但却再次出现在岛上矿工的食物里，庞斯先生反对这种做法。可是，矿坑所在的市镇的镇长批准了这种做法。分发这种陈面粉做的面包时，为防止发生意外，有一名全科医生和一名外科医生在场。尽管采取了这些预防措施，就在第二次发放陈面面包之后，仍有 100 名矿工身体不适。[②] 拿破仑还采取了其他限制开支的措施。官员们的就餐津贴被取消了，不久他们的住房津贴也被取消了。拿

---

① Baron Peyrusse. *Mémorial et archives 1809—1815*[M]. Labau: Chez Lajoux, 1869, p.262.

② Pons de l'Hérault. *Souvenirs et anecdotes de l'île d'Elbe*[M]. Paris: Plon, 1897, p.97.

破仑在给贝特朗将军的信中谈到了他母亲为了节约开支所采取的措施。拿破仑妹妹宝琳娜的饮食费用也被加以控制，拿破仑还从宝琳娜的金库中扣除了未经最终付款人批准就为她的沙龙订购画布的那部分金额①。

　　这种节俭的原则也被皇帝用于他自己，他开始剔除多余的东西。本来，路易斯皇后雕像要被运到厄尔巴来，但拿破仑在 1814 年 8 月指示贝特朗："写信给红衣主教（指拿破仑的舅舅费施），不要把皇后雕像搬进来，除非它不需要任何费用：我想它已经付过钱了，如果还没有，那就先放着，等进一步通知。"但这还不够，为了避免赤字，连经常性的开支都被削减了。这年 10 月 30 日，拿破仑决定停止向家政人员提供取暖、照明和洗衣服务。他还规定，以后每三个月更换一次亚麻布，这样就不会重复磨损同一件亚麻布制品了②。

　　不过，在尽量减少开支的同时，拿破仑也在努力做出新的建设成绩。他下令在岛上铺设道路，改善公共照明，植树造林，加固防御工事。他也没有忘记慈善机构和公共教育（特别是仿照巴黎综合理工学院建立了一所士官学校）。从选择在岛屿首府种植哪棵桑树，到组织一个 2000 人的农场，他事无巨细，无微不至。这位昔日的"万王之王"在组建了世界上最强大的军队之后，只能在岛上的农场中尽可能多地饲养鸡、火鸡和鸭子。他自己的大部分资金都用于这项工作以及翻修他的住宅。他在 1814 年 12 月 22 日为此拨款 15 万法郎③。穆里尼家族在费拉约港和圣马蒂诺乡下的简陋庄园为他提供了"合适的"住所，但仅此而已。拮据的经济状况限制了他的想象力。更糟糕的是，如果他无法再支付和维持士兵的工资，许多士兵就有可能离开。佩鲁塞在 1815 年 6 月 3 日编制的账目显示，实际的收支发生额比前文中预期的那份预算还要糟糕得多（见下表）。

---

① 贝特朗的遗稿和相关档案曾被多次拍卖，这部分内容见于 1983 年 6 月 8 日由法国 Drouot 公司拍卖的贝特朗档案物品第 48 号和第 62 号。

② 见于 1983 年 6 月 8 日由法国 Drouot 公司拍卖的贝特朗档案物品第 85 号和第 89 号。

③ 见于 1983 年 6 月 8 日由法国 Drouot 公司拍卖的贝特朗档案物品第 100 号。

表 10-2　拿破仑在厄尔巴的实际收支（1814.4.11–1815.3.20）

（单位：法郎）

厄尔巴的实际花费	金　额
经常项目支出：	
捐赠和杂项收入	126 198
矿场和盐场收入	419 995
非常项目支出：	
销售本地产品和剩余物资所得	60 116
庞斯先生的矿山现金	0
总收入	606 309
军事和民事开支：	
从枫丹白露前往厄尔巴：	
个人开支	264 052
军事开支	343 057
在岛上的开支：	
民事开支	145 732
军事开支	1 103 252
皇帝居所开支	750 627
逃离的开支：	
从费拉约到巴黎	245 592
总开支	2 852 312
其中由拿破仑支付的部分	2 246 003

资料来源：Baron Peyrusse. Mémorial et archives 1809—1815[M]. Carcassonne: Labau, 1869, pp.144–155.

五、有关逃离的金钱安排

长久以来，金钱第一次从拿破仑的力量之源变成了他计划的制约因素。在厄尔巴岛上，拿破仑用他皇帝金库的残渣制造了财政尚可维持的假象，但这又能维持多久呢？每花掉一盒黄金，他的力量就削弱一分，是重新夺回皇位，再次影响欧洲大陆上事态发展的时候了。大约在 1814 年底，拿破仑决心离开。1815 年 2 月，这种密谋的准备工作加速了，拿破仑向他的财务官佩鲁塞询问了还有多少钱、10 万法郎具体是多少、一箱子书有多重等等问题，拿破仑还让佩鲁塞去拿几个箱子。"在里面放上金子、图书馆里的一些书，我的贴身男仆马尔尚会把这些书给您。"①

六、忠实的仆人

路易斯·约瑟夫·纳西斯·马尔尚生于巴黎的一个来自法兰西岛和瓦兹省的中产阶级家庭。1811 年，他作为一名男仆进入皇室服务，他的聪明才智和奉献精神很快受到赞赏。在拿破仑退位前往厄尔巴后，他仍然忠于拿破仑。他有时担任护士的角色，也照看主人的盥洗室、衣服和食物。同时，他也是为皇帝读书的人、抄写员和秘书。在贴身男仆的精心安排下，拿破仑的钱装满了印有帝国盾徽的书箱，伴随着他最后一次返回法国。

后来，马尔尚还将见证百日王朝的短暂辉煌，并再度作为忠实的仆人跟随拿破仑去往圣赫勒拿岛。拿破仑赞赏他的忠心，也依赖他朋友般的服务和陪伴。拿破仑在遗嘱中授予他伯爵头衔。皇帝去世后，马尔尚回到法国本土。1823 年，他与米歇尔·西尔维斯特·布雷耶将军的女儿结婚。这次结婚仪式引发了怀念帝国荣光的人们的聚集。1840 年，他参加了"拿破仑骨灰回归法国"的活动。他那时还写了关于百日王朝、圣赫勒拿囚禁岁月的回忆录。1869 年，拿破仑三世认可了他曾获得过的伯爵头衔。1876 年，马尔尚以 85 岁高龄去世。

---

① Baron Peyrusse. *Mémorial et archives 1809—1815*[M]. Carcassonne: Labau, 1869, p.271.

第十一章　二次退位

一、昙花一现的"百日王朝"

"百日王朝"或第七次反法同盟战争，存续期是拿破仑 1815 年 3 月 20 日抵达巴黎之后到同年 7 月 8 日路易十八二次复辟之间的时段，该时段共计 110 天。在此期间，拿破仑模仿 1790 年 7 月 14 日为纪念巴士底狱陷落一周年日举办的联盟节，组织了盛大的国家团结庆典，想以此调动大众继续革命的激情。他竭尽所能地恢复 1792 年的精神，当时整个国家都在《马赛曲》的召唤下投入了反抗入侵的反动势力联军的斗争之中。革命派认为拿破仑是挽救革命事业的唯一希望，但这种期待是不切实际的。因为我们仍然记得拿破仑称帝的前提就是他试图用新的帝国来结束法国大革命及其带来的恐怖统治。从拿破仑再次登位后所采取的政策看，他确实从激进的立场上后退了。他的新宪法偏向自由主义，而非激进主义。为了安抚反对派和政治评论家，拿破仑废除了书报审查制度。为了应对英国人对法国奴隶贸易的道德攻击，拿破仑不得不宣布奴隶贸易非法。但是，上述缓和的姿态不被接受，欧洲反法各国的维也纳会议仍在继续，随后的战争也终将扑灭革命的火焰和拿破仑的希望。滑铁卢战役失败后，拿破仑不再指望能得到宽大处理。把拿破仑关押在原理欧洲大陆某处的计划开始实施。这个计划最后所选择的囚禁地是号称"在生与死的两个世界之间被魔鬼追捕的岛屿"的圣赫勒拿。拿破仑已经有了上次被流放的经验，因此在"百日王朝"期间，拿破仑的个人资金活动基本上都转入了地下。他的作战失败了，但是他的战斗却为他保住大量钱财争取到了机会和时间。在这个过程中，他学会了某种"英式吝啬"。在后来的囚徒岁月中，拿破仑也运用这种英式吝啬去对付看管他的英国人。

二、国王的"遗赠"

在皇帝陛下重回他忠诚的巴黎之前一天，即 1815 年 3 月 19 日，路易十八匆忙逃走。路易十八带走了约 1200 万法郎和绝大部分的王室珠宝，单单这些珠宝的估价就超过 1400 万法郎。这批珠宝中包括了从拿破仑的宝剑上取下的"摄政王钻石"，该钻石 1698 年原产于印度克里希纳河流域科勒尔村附近的钻石矿，到了 19 世纪初，其估价已经增加到了 600 万法郎。3 月 20 日，拿破仑回到巴黎并复位。他立刻让人编制了新王朝的皇室财产的清单，清单的名义金额高达 1.28 亿法郎，但是这个数据不具备任何实际意义，国库那时候只有价值约 250 万法郎的黄金和白银。清单上其他的东西都是拿破仑对国库的求偿而已，国库是付不出来的。

这份求偿清单虽然没有实际意义，但仍然很严谨地记载了各种债权债务关系。清单上甚至连 1810 年 9 月 19 日拿破仑用自己的钱为约瑟芬支付 500 法郎洗衣费的条目都记载得清清楚楚。这种过分的严谨向我们展现了复位后的拿破仑有多么贫穷。"百日王朝"的皇帝所重建的皇室"财产"主要是各种的票证、债权确认书。在短时间内，这些东西很难兑换成实际的贵金属货币。拿破仑最后一次出征的时候，他的弟弟约瑟夫借给他价值 100 万法郎的钻石，另外，还有几百万现金是通过出售伐木应收款的汇票获得的。从某种意义上说，这是皇帝个人最后的战争。高丹动用了皇室特别费，从财政部巴黎总出纳处取走价值 300 万法郎的金银，靠木材税募得 67.5 万法郎，他还向法兰西银行贷款 126 万法郎，并售卖价值 38 万法郎的南部运河股份，最后加上 1816 年公债等政府资产的出售额、盐矿等产业的税收收入，高丹一共筹得 17 434 352 法郎。[①]

三、二次退位

滑铁卢战役失败了。起先，拿破仑并不认为这是什么决定性的失败，战争刚结束，他就于 1815 年 6 月 19 日写信给约瑟夫说要赶紧再调集 30 万士兵，再次保卫法国。他要调用拉车的马匹去拖大炮，征集十万新兵，用那些从保王分子和心怀不满的国民自卫军手中拿过来的枪支武装他们。拿破仑还要唤起多菲内、里昂、勃艮第等地区的民众，号召大家团结起来打垮敌人。"但人民必须协助我，不要使我为难。写信告诉我，这个倒霉透顶的事件对议院产生了什么影响。我相信议员们会认识到，在这最后关头，他们的职责是团结在我的周围，拯救法国。"[②] 但是，波旁王朝和百日王朝的斗争已经进一步撕裂了在大革命和拿破仑战争中筋疲力尽的法国，拿破仑已经不可能再继续领导这样一个法国与整个欧洲敌对。

滑铁卢战役失败后的第三天早上，拿破仑抵达了爱丽舍宫，但是，在皇帝抵达之前，皇宫的工作人员已经得知了战败的消息，反而是英国人交给英国内阁的战争胜利汇报更迟一点。他一回到宫殿就联系了邮政局局长拉瓦莱特、财务官佩鲁塞等人。在拉瓦莱特面前，拿破仑表现得非常烦躁，他仰天长叹，走来走去，但是等他洗了个热水澡（这是他消除疲劳常用的办法）之后，他已经冷静下来。这时候，拿破仑开始做两手准备。

第一种准备是尽快、尽量搜集一些钱财，以备不时之需。佩鲁塞回忆了 1815 年 6 月 21 日爱丽舍宫发生的事情。"凌晨 3 点钟，德尚宫的护卫来通知我们所能遇到的所有的不幸。他奉贝特朗大元帅先生之命，前来确认国王陛下是否已返回巴黎。皇帝的归路被一大群逃亡者冲散，还迷了路。

---

① Henri Plon. *Correspondance de Napoléon Ier Vol. 28*[M]. Paris: Publiée par ordre de l'Empereur Napoléon III, 1858, p.162.

② *Jean Claude Damamme, La Bataille de Waterloo*[M]. Paris: Perrin, 1999, p.296.

随员们都逃到了沙勒罗瓦，他们被洗劫一空。国库和皇帝陛下的车队遭到了同样的命运。车队的损失（比随员们）更严重，因为皇帝在一件衣服里藏了约瑟夫给他的钻石……陛下是（21日）早上抵达的。我被召唤到了爱丽舍宫。""皇帝正在沐浴，他急切地问我是否已经把资产变现成黄金。当我给出了肯定的回答之后，他让我向他汇报当天的情况。"拿破仑问："有什么新情况吗？"我回复："陛下您的到来是最要紧的事，我们无暇顾及其他……我已经失去了您给我的一切。"① 可以看出，皇帝的这种安排是在暗示他自己对继续战争已经丧失了信心。

第二种准备是同大臣们讨论国防计划。比较有胆略的人提议宣布两院休会，巴黎戒严。别的人却表示异议，认为这么一来就会引起内战。会议拖得很长，拿破仑在这个过程中只有一次打起过精神，宣称并非大势已去，还说能够拯救法国的是他，而不是议会。既然如此，他本应到议员中去，用他那威严的声音振奋他们，或者马上解散议会。蒙托隆说康巴塞雷斯、卡诺和马雷当时建议皇帝这么办，但多数大臣极力加以劝阻，说皇帝饱经劳累，不宜置身于群情汹涌的议会风暴之中。后来，拿破仑在圣赫勒拿岛告诉古尔戈，要是他认为有可能成功，他会不顾疲劳到议会去尽力而为，可是他当时并不认为有成功的可能（所以他最终没有去议会）②。

这时候，众议院正在采取强有力的行动。听到伤兵们传出来的惨败消息，议会深为痛心，因此，毫不迟疑地赞成其成员反对拿破仑的提案。议会无限期开会，并宣告任何试图解散议会的想法和行动都是叛国。拉斐特在上下两院中各挑五人行使大臣权责，此举实际上是议会政变。这样大胆的公然对抗令人想起26年前（指法国大革命的标志性事件"网球场宣誓"），使这位皇帝为之目瞪口呆。吕西安叫他准备搞一次政变，但拿破仑终于认

① Baron Peyrusse. *Mémorial et archives 1809—1815*[M]. Carcassonne: Labau, 1869, p.312.
② Gaspard Gourgaud. *Sainte-Helene: Journal Inedit de 1815—1818 Tome 2*[M]. Paris: LACF Editions, 2013, p.321.

识到，搞政变的日子已成过去①。拿破仑从大革命中窃取来的军队指挥权、共和的爱国精神、财富等等无形和有形的东西都被挥霍殆尽。忠诚于他的军队已经葬身西班牙、俄罗斯、德意志和比利时。拿破仑父亲那一辈所流行的卢梭的军事独裁学说经过他自己这一辈的实践，已经在法国遭到厌弃。从混乱但激动人心的 1793 年到现在，也不过就是一代人的时间。联盟党人、工人和巴黎的贫民仍然支持他们的皇帝，但拿破仑表现出迟疑和愁绪。议员们已经掌握了政权，巴黎有国民自卫军在保卫着，议员们历数法国为了拿破仑的功业而付出的牺牲，决定不再忠于他而是忠于法兰西祖国。

到了第二天，格鲁希已经摆脱普鲁士后卫军，拿破仑滑铁卢败军的残部则正在拉昂集结。议会看到了立即逼迫拿破仑退位的必要性。议会通知了爱丽舍宫关于皇帝应该主动退位或是等着被废黜的决定。午后不久，拿破仑依照大臣们的意见，采取了最后一步，用一份口述退位文件了结了自己的一生功业。吕西安和卡尔诺央求他好一阵子，请他在宣布退位时同时声明皇位只能由他儿子拿破仑二世继承②。但请不要忘记，拿破仑二世是他和奥地利女大公路易斯婚姻的结果，而奥地利是法国最主要的敌人之一。更糟糕的是，在这个时间段，拿破仑二世还被滞留在奥地利境内。于是，相比于让拿破仑二世即位，波旁王朝再次回归反而至少能让法国不成为维也纳的囚徒。

拿破仑退位后，富歇为首的新临时政府上台，遥尊拿破仑二世为名义上的统治者。在滑铁卢溃败的法国北方军残部（左翼和预备队）由苏尔特元帅指挥，而格鲁希则继续指挥在瓦夫尔作战的右翼。然而，6 月 25 日，苏尔特被临时政府解除了指挥权，并由格鲁希接替，格鲁希又被置于达武

---

① Helen Maria Williams. *A Narrative of the Events Which Have Taken Place in France From the Landing of Napoleon Bonaparte on the First of March, 1815, Till the Restoration of Louis XVIII*[M]. London: Forgotten Books, 2017, pp.189–191.

② Charles Montholon. *History of the Captivity of Napoleon at St Helena, Vol. 1*[M]. London: John Murray, p.7.

元帅的指挥之下，就在同一天，富歇暗示拿破仑必须尽早离开巴黎。拿破仑于是回到约瑟芬故居马尔梅松城堡。普鲁士人想要抓住拿破仑，不论死活，这迫使拿破仑逃亡位于法国西部海岸线的罗什福尔。拿破仑原打算从那里逃亡美国，但是拿破仑希望反法联军能够像上次那样对他宽大处置，所以他的逃跑意志并不坚决。英国皇家海军亨利·霍瑟姆率领舰队执行了封锁，以阻止其逃跑。7月7日，反法同盟联军进入巴黎。第二天，路易十八复辟。塞纳河省省长夏布洛尔伯爵在向路易十八致欢迎辞的时候第一次使用了"百日"这个说法。由于既无法留在法国，又不能逃离法国，拿破仑不得不于1815年7月15日清晨向英国皇家海军三等舰柏勒罗丰号的弗雷德里克·刘易斯·梅特兰船长投降，并被送往英国①。

四、撤退中的财务安排

根据复辟的波旁王朝对之前的皇室特别费进行的清算，拿破仑在1815年6月21日曾经给过佩鲁塞一张价值300万法郎的黄金的收据、几张伐木款的应收款汇票。佩鲁塞1816年4月30日在一封信件中曾明确指出，此事的发生时间可以精确到1815年6月21日傍晚6点到晚上8点之间②。那么，结合拿破仑在同一天所做的两手准备，我们可以说他其实早就对继续保住皇位和继续坚持作战不抱任何希望，对退位事宜的决定也比历史学家通常认为得要早。

在这时候的皇室特别费清单上，只有很小一部分是贵金属现金，绝大部分是各种有价票证。因此，拿破仑急需在新政权夺取一切之前兑换现

---

① 此人后来于1837年任东印度及中国舰队司令，1838年7月12日，他率舰携眷来华，要求广东水师提督关天培代递公文，因未用对上级表示恭敬的"禀"字被拒。他于该年10月5日率舰离华，并于次年11月30日去世。在清代文献中，他的名字被译作"马他伦"，详见：郭廷以：《近代中国史纲》[M]. 香港：香港中文大学出版社，1986年版，第47页。

② Pierre Branda. *La liquidation du trésor de l'empereur en 1815*[J]. Revue du Souvenir Napoléonien, No. 449, pp.22–31.

金，为此，拿破仑紧急出售了 1816 年到期的伐木款汇票，这些汇票价值为 710831.56 法郎。这笔钱预计用于偿还他的哥哥约瑟夫以钻石的形式借给他（但已丢失）的 100 万法郎。银行家夏尔·哈瓦斯奉命与他的伦敦同行巴兰顿商讨转让汇票的问题。1815 年 6 月 22 日，约瑟夫的商业代理人向巴兰顿建议，以预扣 12% 利息的方式向他转让这些远期汇票。滑铁卢战役失败后，已经有商业银行想购买法国的年金险金融产品但交易失败的例子。因此，以高折扣率促成此事刻不容缓，就在 6 月 22 日当天，投资法国金融产品的英国投资者已经被要求在拿破仑离开前提前向拿破仑还钱①。

　　1815 年 6 月 25 日，拿破仑在约瑟芬故居马尔梅松城堡与临时政府首脑富歇会面。在此期间，拿破仑给银行家拉菲特约 80 万法郎现金。拿破仑在谈话中还提到，邮政总局局长拉瓦莱特以及欧仁亲王稍后会给他另外 120 万法郎。据推测，前一笔 80 万法郎可能是拿破仑自己"藏品"的剩余部分，而后一笔钱则是他上一次被流放到厄尔巴岛期间放在二人处的款项的剩余部分。6 月 26 日，价值 300 万法郎的金币和银币被从杜伊勒里宫地窖搬走，据说这些钱也被送到了拉菲特处。新的法国临时政府虽然财政紧张，但对此表示了默许。这可能是因为富歇早年曾经赞助过拿破仑，而且在拿破仑手下当过警政总长。

　　拉菲特回忆了自己这次紧急会面的情形：

　　　　大概晚上 8 点半的时候，我应皇宫大元帅的邀请前往马尔梅松，就像我一个月之前去爱丽舍宫那样。外面依然是皇室的奢华，但里面的一切都显示出麻烦、悲伤和绝望……一分钟后，书房的两扇门打开了，皇帝平静而安详，英俊的面容上没有丝毫变化，他微笑着向我问好。

---

① Pierre Branda. *La liquidation du trésor de l'empereur en 1815*[J]. Revue du Souvenir Napoléonien, No. 449, pp.22–31.

"拉菲特先生，你好吗？"

突然，他神色平静而又不带丝毫感情地补充说："你能帮忙找艘船去美国吗？"

听了这话，我浑身一阵发凉。我久久无法回答他。耶拿、奥斯特里茨和马伦戈的征服者，所有君主都曾与之共处的人，几乎整个世界的主宰，看到这样一个巨人倒在地上，试图乘船逃跑，逃往美国！

"是的，陛下，我一定会帮您找到（船）的，哪怕付出生命的代价！"

他走到他的秘书身旁，拿出一大捆钞票，对我说："这里有 80 万法郎，今晚我会用马车给你送（另外）300 万（法郎）的黄金。拉瓦莱特先生和欧仁亲王会给你 120 万。我还会把我的奖章放在你的马车上，这是我仅有的东西了。你替我保管好它。"

我走到他的办公桌前，在他的扶手椅上坐下，拿出几张纸，正准备写字，他拉住我的胳膊说："你要写什么？"

"给您写个回执。"

"我不需要它。"

这么大一笔钱委托给我，（皇帝）却不要任何名义上的承诺！这是他剩余的财产，他流亡时的面包！我从未收到过如此光荣的见证，（我所遇到的所有事情）也从未如此感动过我。①

现代关于拿破仑遗嘱的史学研究表明，银行家拉菲特很快就从大受震撼和感动的情绪中恢复过来。拿破仑的这笔"存款"是圣赫勒拿岛俘虏们的遗愿难以实现的核心问题。不过，现在谈论这些还为时尚早。目前，拿破仑的皇室特别费中的大部分金银财宝都交由首都最有声望的银行家保管，

---

① Laffitte. *Mémoires Publiés par Paul Duchon*[M]. Paris: Firmin-Didot, 1932, pp.74–75.

至于其他债券和财物，710 831.56 法郎的伐木款汇票已在伦敦银行贴现，用于偿还约瑟夫送给拿破仑（充当军费）的那些（已丢失）钻石。此外，在马尔梅松，拿破仑委托荷兰的霍尔滕丝王后用一张 20 万法郎的凭证换取了一条钻石项链。这条项链后来被拿破仑作为礼物送给了一同前往圣赫勒拿岛的忠诚男仆马尔尚。此外，拿破仑还下令出售登记在他名下的年金，并于 1815 年 6 月 28 日提取了 180 333 法郎。公证人以拿破仑·波拿巴的名字起草了这份文件，据佩鲁塞称，这让皇帝大吃一惊，因为拿破仑非常希望保留自己的帝王头衔（他曾多次在圣赫勒拿岛与英国人就此事发生冲突）。尽管如此，拿破仑还是"保持了沉默"，并以拿破仑的签名在法律文书上签了字[①]。这笔钱占了拿破仑离开马尔梅松时所带走流动资产的相当部分。他从马尔梅松带走的现金总计约 32 万法郎，皇帝还收回了一揽子有价证券，主要包括米迪运河、奥尔良运河和卢因运河的股份、东部盐场产权，以及票面价值总计约 1100 万法郎的几笔木材销售委托所得的票券。然而，上述所有权的转让还必须得到如今掌权的波旁王室认可才能落实。

然而，正如人们所预料的那样，波旁王朝二次复辟后，财政部的工作人员立即试图从被拿破仑夺走的贵重物品中尽可能地夺回一切，首当其冲的当然是黄金。但路易十八在与银行家拉菲特会面后，放弃了对 6 月 25 日的拿破仑存款的扣押。银行家告诉他，皇帝从厄尔巴岛回来后，当时对自己的存款也采取了同样的做法。关于伦敦巴兰顿公司贴现过的汇票，皇家法院于 1817 年 2 月 6 日做出裁决，宣布交易无效，并命令巴兰顿公司退还木材款。法官们裁定，拿破仑 1815 年 6 月 21 日授权从皇室特别费中划拨这些汇票的信件以及与之相关的会计文件都是伪造的，实际上所有交易都是在退位后才发生的。法官们认为，从 6 月 22 日起，拿破仑就不再是皇帝

① Pierre Branda. *La liquidation du trésor de l'empereur en 1815*[J]. Revue du Souvenir Napoléonien, No. 449, pp.22–31.

了，因此，也就不再有权处置皇室特别费及其资产①。但这种关于法律有效性的裁定隐含着重大的问题。它意味着复辟后的王室法庭非但没有宣布拿破仑在"百日王朝"期间的整个统治是非法的，反而将退位考虑在内，赋予了"百日王朝"事实上的合法性。至于盐场和运河的所有权股份，法庭认为拿破仑无权就它们的产权处置进行谈判，在最终被上缴国库之前，上述产权仍应留在这些公司的董事手中。然而，拿破仑早在 6 月 21 日之前就收回了这些股份。比照法庭对"百日王朝"的实质性认可，否认拿破仑对上述股份的处置就显得矛盾起来。不过，这恰恰说明，无论是否经过所谓的"合法审判"，二次复辟的波旁王朝都不会再给拿破仑及其家族留下任何东西。当然，对于总额高达 8 680 594.44 法郎的木材相关有价证券，情况也是如此，它们还没来得及被卖出②。

　　事情发展到这一步，只有银行家拉菲特手里的那些资金仍然是"属于拿破仑的财产"了。欧仁亲王应该付给拉菲特的那 80 万法郎从未实际到账。因此，在被放逐到圣赫勒拿之前，拿破仑名下的财产大概略多于 400 万法郎。

---

① Pierre Branda. *La liquidation du trésor de l'empereur en 1815*[J]. Revue du Souvenir Napoléonien, No. 449, pp.22–31.

② Pierre Branda. *La liquidation du trésor de l'empereur en 1815*[J]. Revue du Souvenir Napoléonien, No. 449, pp.22–31.

第十二章　皇帝失败和被俘的代价

一、领土的丧失

　　拿破仑战败和被俘不仅给他自己也给整个法国带来了巨大的灾难和损失。对于拿破仑在圣赫勒拿抑郁的囚徒生活、沉迷咖啡和红酒、胃溃疡和细菌感染造成的胃癌等等不幸事件，我们已经有所了解。相比之下，法国作为一个现代性的民族国家所遭到的损失更大。反法同盟各国与法国签署的1815年《巴黎条约》对法兰西民族而言是个不折不扣的灾难。

　　1815年的《巴黎条约》是用法语起草的。法语是当时国际外交界的通用语言，但具体到《巴黎条约》本身，这很难说没有刻意的因素。法国与第七次反法同盟的四个主要国家（即奥地利、英国、普鲁士和俄罗斯）之间签订了四项单独的条约。所有四项条约均于同一天（1815年11月20日）签署，基本格式相同，但具体条款不同。这个条约对待法国的态度比1814年的旧条约更为严酷。塔列朗在1814年的条约中发挥了作用，为法国争取了相对体面的待遇。一年后的形势则完全不同，反法同盟各国对于"百日王朝"期间法国人民所表现出的对拿破仑的支持、爱国热情极为警惕，因此，在条约具体的条款规定上，反法同盟各国不再像之前那样有所保留。法国失去了在1790年到1792年之间由大革命的军队取得的新领土，法国被限制在所谓的"1790年传统疆界线"之内；允许法国保留沃奈桑伯爵领地、蒙贝利亚尔县、米卢斯，但减去法国在北部边界和瑞士地区的多处领土；被减去的领土包括了包括朗道和萨尔卢瓦飞地（Saarlouis exclave，自

1697 年以来一直属于法国），以及日内瓦湖沿岸的六个法属市镇（割让给日内瓦共和国，使其与瑞士其他地区相连）①。

二、对赔款的安排

在经济方面，法国被勒令支付 7 亿法郎的赔款，分 5 年支付。除此之外，法国还要为驻扎在法国东部边境地区的 15 万各国占领军支付费用，占领期限最长为 5 年。军事占领一方面是为了防止法国再次发生大革命式的不稳定局势；另一方面则是保证赔款义务的履行。起初，普鲁士对法国的要求是割让东部边境的领土，但是列强之间竞争性的平衡使得这种要求得不到支持。后来，普鲁士要求处死拿破仑的要求再一次被英国拒绝了。俄国、奥地利、普鲁士与法国签署了平行条约。这实际上形成了最初版本的"各大国一致"。"三皇同盟"固然重要，1815 年到 1900 年期间涵盖了《巴黎条约》签署国、非签署国王室、各自由市镇的"欧洲协调"则是保护各国王室既得利益的实际执行机制。此外，《巴黎条约》还重申了英国当年对法国的奴隶贸易的批评，并表明缔约各方应该不失时机地找到最有效的措施，彻底废除奴隶贸易这种可恶、受到宗教和自然法谴责的不道德的商业②。

理论上，根据《巴黎条约》第 4 条，法国对欧洲各国的这 7 亿法郎赔偿将于 1815 年 12 月 1 日起，在 5 年时间里，按天等额支付。也就是说，每天法国要支付 383 251 法郎。这个每日赔付额应该由法国政府计入其国库开支额度，每天付给持有"可转让的赔款债券"的人。实际上，这 7 亿法郎被分为 15 份，即每份 4666.66 万法郎，每 4 个月付款一次。对第一笔赔款的支付于 1816 年 3 月 31 日开始，第二笔则应于 7 月支付，以此类推。

① Michael Graham Fry, Erik Goldstein, Richard Langhorne. *Guide to International Relations and Diplomacy*[M]. Bloomsbury: Bloomsbury Publishing, 2002, p.118.

② Great Britain Parliament. *The Parliamentary Debates from the Year 1803 to the Present Time, Vol. 32*[M]. London: T.C. Hansard, 1816, p.200.

这样，法国就能在 15 次支付后，赎回这些债券。这是为了赔款的方便性和可流通性所做的金融安排。为了支付其间应付给各国债权人的利息，法国政府不得不在其《公债大册》中登记设立了一个总资本额 1.4 亿法郎、年息 700 万法郎的基金。4666.66 万的赔款债券在各战胜国内部还可以被分为更小额的付息票券在欧洲的金融市场上交易。各国对法国赔款的分配额度见下表。

表 12-1　法国赔款的国别额度分配情况表

（单位：法郎）

国　别		金　额	合　计
奥地利		100 000 000	
俄罗斯	–	100 000 000	400 000 000
英　国		100 000 000	
普鲁士		100 000 000	
德意志诸邦国、荷兰、撒丁王国	享有赔款总额为1亿法郎，按派兵总人数，均分后按各自派兵比例计算国别总额		
	派出驻军数	金　额	合　计
巴伐利亚	60 000	25 517 798	
荷　兰	50 000	21 264 832	
符腾堡	20 000	8 505 932	
巴　登	16 000	6 804 746	
萨克森	16 000	6 804 746	
撒丁王国	15 000	6 379 419	
黑森-卡塞尔	12 000	5 103 559	
汉诺威	10 000	4 252 966	100 000 000
黑森-达姆施塔特	8000	3 408 373	
梅克伦堡-什末林	3200	1 616 127	
拿骚	3000	1 275 889	
不伦瑞克	3000	1 275 889	
汉萨诸自由市镇	3000	1 275 889	
萨克森-哥达	2200	935 632	
萨克森-魏玛	1600	680 474	
安哈尔特	1600	680 474	

续表

国　别	－	金　额	合　计
奥尔登堡	1600	680 474	
施瓦茨堡	1300	552 885	
利　珀	1300	552 885	
罗伊斯	900	382 766	
梅克伦堡–施特雷利茨	800	340 837	
萨克森–科堡	800	340 837	
瓦尔代克	800	340 837	100 000 000
法兰克福	750	318 972	
萨克森–迈宁根	600	255 177	
萨克森–希尔德堡豪森	400	170 118	
霍亨索伦–西格马林根	386	164 164	
霍亨索伦–黑欣根	194	82 507	
列支敦士登	100	42 529	
其他各中小国家：			
西班牙		5 000 000	
葡萄牙	－	2 000 000	12 500 000
丹　麦		2 500 000	
瑞　士		3 000 000	
建设军事工事费用：			
荷　兰		60 000 000	
普鲁士（除萨尔路易之外）		20 000 000	
巴伐利亚		15 000 000	
西班牙	－	7 500 000	137 500 000
撒丁王国		10 000 000	
美因茨		5 000 000	
上莱茵河德意志邦联的系列工事		20 000 000	
对英国和普鲁士滑铁卢战胜和占领巴黎特殊贡献的赞赏：			
滑铁卢战胜奖金	－	25 000 000	50 000 000
占领巴黎奖金		25 000 000	
合　计			700 000 000

资料来源：Staff. State Papers[J]. The European Magazine, and London Review, Vol. 69, No. 1, 1918, p.160.

三、预防性占领法国本土

处置法国的军事方案是反法同盟各国共同临时占领法国边境地区。军事防线走向为：加来海峡省、阿登省北部、默兹省、摩泽尔省、下莱茵省和上莱茵省与法国内陆地区。同时，除非出于特殊原因并经双方同意，联军和法国军队都不会占领以下领土和地区：

索姆河地区，特指该河以北的所有地区，从哈姆到河流入海口；

在埃纳省，特指圣康坦区、韦尔万区和拉昂区；

在马恩河地区，特指兰斯、圣梅内乌尔德和维特里；

在上马恩省，特指圣迪济耶和茹安维尔；

在默尔特，特指图尔、迪厄兹、萨尔堡和布拉蒙；

在孚日山脉，特指圣迪耶、布吕耶尔和勒米尔蒙；

上索恩省吕尔区；

杜省圣伊波利特。

除此之外，在联军占领线内，有 26 个要塞是法军可以进驻的，但不被允许在这些要塞中有任何炮兵和工兵物资装备[1]。

法国必须满足留驻该国境内的 15 万联军所有需求，包括：住宿、燃料、照明、给养、草料、马匹草料、每日不超过 20 万份口粮、5 万份马匹饲料、驻军工资、设备、服装。在 5 年占领期内，法军每年需向联军支付 5000 万法郎。在第一年，因为时间不满一年，应付额为 3000 万法郎。各种开支、赔款、负担合计后，法国每年的额外负担达到了 1.96 亿法郎[2]。

---

①   Staff. State Papers, The European Magazine, and London Review, Vol. 69, No. 1, 1918, p.161.

②   Staff. *State Papers*[J]. The European Magazine, and London Review, Vol. 69, No. 1, 1918, p.161.

四、对前政权所欠债务的处置

战后的另外一个复杂问题是法国国外实体对法国的债权、法国国内实体对法国政府的债权问题如何处置。在《巴黎条约》中，这属于对私人债权的处理。按条约规定，法国当局应：①根据私人与法国行政当局签订的合同和其他安排，清算因个人和合伙企业向法国政府提供物品而产生的所有索赔；②付清那些已经不再是法国臣民的军人、雇员的被拖欠工资；③支付因对法国医院提供物资产生的花费；④支付由军事、民事部门造成的贷款；⑤归还和补偿法国邮政局的资金损失；⑥归还被达武元帅扣押的汉堡银行资金（该问题的商谈和解决由汉堡市议员组成的小团体与路易十八进行单独会谈来管理）；⑦向本特海姆和施泰因富特的伯爵们支付超过四千万法郎的索赔额。所有这些债权均须在《巴黎条约》批准后一年内提交，过期不提交则无效，由缔约方共同指定清算委员会[①]。

上述索赔和债权清理工作所需的资金将被登记在《公债大册》上，由于所涉金额巨大，各缔约方无法在签约时详细了解具体的数额和赔偿方法。因此，作为付款的保证，法国政府应在《公债大册》中再登记一笔每年可以产生 350 万法郎利息的生息资本。这笔利息归管理债权处置事宜的各方联合委员会，每半年提取一次。[②]

英国外交部门自英法百年战争（1337—1453）以来的政策核心要点就是防范和阻止欧洲大陆上出现一个统一的强权，因此英国主动充当反法同盟的总后台毫不奇怪。现在，是时候单独找法国人算一算英国的损失了。《巴黎条约》及其附件规定，应该清算英国臣民对法国政府的债权。具体规定如下。

①自 1791 年 1 月 1 日起，遭法国政府扣押或没收的英国人在法财产均

---

① Staff. *State Papers*[J]. The European Magazine, and London Review, Vol. 69, No. 1, 1918, p.161.

② Staff. *State Papers*[J]. The European Magazine, and London Review, Vol. 69, No. 1, 1918, p.161.

应得到赔偿，造成的永久损失金额将记入《公债大册》，并从 1816 年 3 月 22 日起计息；然而，自 1797 年以来自愿接受三分之一股息的持有人除外，接受由法国政府提供的前终身年金的人也除外。

②此外，还对因查封、没收或出售而损失的不动产给予补偿；并制定了以尽可能公平的方式确定其价值的具体规定。各类财产的拖欠款将单独记账，拖欠款按年息 4% 计算。因上述原因而损失的可移动财产，也将根据其价值以挂账的形式进行赔偿，年利率为 3%，但是根据战争法和禁止令扣押的船只、货物和其他动产不在赔偿之列。其中，欧洲各地英国臣民的申报时间为条约签署后 3 个月内，西半球英属殖民地的申报时间为条约签署后 6 个月内，东印度群岛英属殖民地的申报时间为条约签署后 12 个月内。

③债权将由一个混合清算委员会审查和决定：如果他们的票数相等，将从一个混合仲裁委员会中抽签选出一名仲裁人。作为支付该公约所批准的债权的保证，1816 年 1 月 1 日之前，将在《公债大册》上以另一个由英国和法国军官组成的混合委员会的名义，登记一笔可产生 350 万法郎年息的资本金，该委员会将收取这些利息，但是除了将其存入公共基金，为债权人积累利息外，不得以其他方式处置这些利息。一旦完成登记，英国将按照 1814 年旧条约的约定恢复法属殖民地，包括马提尼克岛和瓜德罗普岛，这两个岛屿已被英国军队暂时再次占领。

除此之外，瑞士根据《巴黎条约》获得了中立地位，1793 年以来，法军从欧洲各地掠夺的大量艺术品也将按要求被归还原籍国，但是由于有些艺术品的原籍国已经不复存在，艺术品的归还未能完美实现[1]。

五、新政府的债务重组

路易十八复辟的前夜，即 1815 年 7 月 7 日，拉布耶里男爵在《波拿

---

[1] Staff. *State Papers*[J]. The European Magazine, and London Review, Vol. 69, No. 1, 1918, pp.161-162.

巴家族的宝藏》中说拿破仑留下的前皇室财产登记簿显示了约 1.19 亿法郎的结余，但这并没有什么意义。因为，组成这个结余的很大一部分是法国国库从拿破仑那里借款形成的国库对皇帝的欠账，计 9500 万法郎。另外，还有近 2000 万法郎面值的债券和票据。此外，还有一些零碎的债权和债务，折算下来大概价值 300 多万法郎，皇帝的特别费账目中残存的现金仅有 258 395.99 法郎，但是拿破仑在"百日王朝"期间失败的作战行动已经造成了更大的损失，国库一贫如洗，所有这些国库欠拿破仑的债务已经根本不可能得到清偿。路易十八在第二天，即 7 月 8 日再次上台，他首先要做的就是债务重组。

路易十八采取的第一个措施是利用国库从金融市场贷款 1 亿法郎。由于前文已经提及的那个 7 亿法郎赔款的首期款支付日日益临近，这些钱中的一大部分将很快消失。要利用国库的信用继续从金融市场上借到钱，就必须降低其债务负担。于是，拿破仑的皇室特别费和财产清单现在被复辟的波旁王室继承了。国王接手了拿破仑在旧帝国名义下的债权和债务，这并不难办到，只需要做一个简单的文书变更就行。国库欠拿破仑的债现在已经变成了欠路易十八的债。尽管这些债权是王室还未实现的财产，但必须为了公共利益而放弃。于是，1818 年 8 月 5 日，路易十八签署王室法令，勾销了国库对王室财产清单和特别费的债务，但这个法令未在《政府公报》上公之于众。从后文中拿破仑撰写的遗嘱内容看，也正是由于此事并未见诸公报，拿破仑至死也不知道他的债权已被转移并撤销。

第十三章 流放拿破仑的高昂代价

一、被隐匿的金币

前文中已经提及，拿破仑在银行家拉菲特那里留下了 400 万法郎左右的存款，然后从马尔梅松带走了 32 万法郎的现金，希望逃到美国去，但他很快就无路可走，而只能向法国最凶恶的敌人，即英国投降。1815 年 8 月 5 日，英国人告诉拿破仑，他将首先被送往英国，再被放逐到圣赫勒拿岛去。英国人要求在他登船前进行搜查，英国人计划没收可能存在的武器和钱财，拿破仑对此表示抗议，但并无什么效果。英国皇家海军只是对他表示搜查会以应有的谨慎态度进行，但搜查仍不可避免。"海关官员当着海军的面，什么都不看，只是掀开了几个箱子的盖子，伸手沿着箱子四边摸了摸，没有扰动箱子里的任何东西。"[①] 因此，搜查确实如英国人承诺的那样，是非常有节制的、象征性的。英国人随后"礼貌地"向法国俘虏们索要他们身上携带的钱财，拿破仑和他的同伴们顺从地掏出了 5500 枚拿破仑金币（合 11 万法郎）。"宽宏大量"的英国人并没有全部拿走，他们只拿走了其中的 4000 枚，而把剩下的钱还给了法国人，以便拿破仑和他的仆人们有钱支付远航期间的各种费用。拿破仑早就猜到会有这么一天，于是，拿破仑把大部分的金币藏在了他的 8 个同伴的腰带里。"有些腰带上的钱太多了，

---

① Paul Ganière. *Napoléon à Sainte-Hélène, le Dernier Voyage de l'Empereur de la Malmaison à Longwood*[M]. Paris: Amiot Dumont, 1957, p.120.

以至于临时主人的腰都磨破了皮。"① 通过这个小花招，有 25 万法郎的财富在英国人的眼前就这么溜走了。

这笔隐瞒下来的钱财的绝对数量并不多，与拿破仑在圣赫勒拿岛上的开支相比，这也只占总开支的一小部分。当然，被废黜的皇帝在圣赫勒拿岛上的大部分开支由英国人承担。根据《巴黎条约》，拿破仑和他的随员们的食宿费用由英国政府承担，皇帝要自行支付自己的私人开销、仆人的工资、随行军官的工资。

二、过高的开支

拿破仑花费了 14 万至 18 万法郎，这是一笔不小的开支。从法国带来的款项（25 万法郎）似乎不足以支付他在圣赫勒拿居住几年的费用。更何况，拿破仑一直想留住一笔可以灵活机动使用的钱。在任何情况下，他都不想动这笔钱。在英国人看来，拿破仑在南大西洋这个小岛上每年近 50 万法郎的囚禁费用被认为过高，这在一定程度上是事实。相比之下，拿破仑在厄尔巴岛上的皇宫仅需花费 40 万法郎，而他在厄尔巴岛的随从要比在圣赫勒拿多得多。圣赫勒拿岛问题专家雅克·马凯指出："朗伍德（拿破仑在圣赫勒拿岛的宅邸）的葡萄酒消耗量给英国人留下了深刻印象，每月大约有 1400 瓶。"② 的确，由于该岛与世隔绝，大家又无事可做，喝酒成了拿破仑的仆人们最喜欢的消遣之一。奇普里亚尼甚至经营着一家酒馆，爱尔兰人奥米拉和波普顿是这里的常客。在食物方面，每天都有一整车的食物送到这个小殖民地。更重要的是，假如我们相信拿破仑的同伴们关于生活质量的抱怨，那么，食品供应的数量如果还能说是"看起来够多"，它们的质

---

① Paul Ganière. *Napoléon à Sainte-Hélène, le Dernier Voyage de l'Empereur de la Malmaison à Longwood*[M]. Paris: Amiot Dumont, 1957, p.123.

② Jacques Macé. *Dictionnaire Historique de Sainte-Hélène*[M]. Paris: Tallandier, 2004, pp.109–110.

量却并不高 ①。他们的抱怨无疑是有根据的，但所有这些问题在很大程度上与圣赫勒拿岛的地理位置有关，该岛上使用的大多数产品都是从南非进口的，从南方开普敦到圣赫勒拿岛的直线距离约 2400 公里，补给船的班次也不多，这经常导致缺货。最重要的是，由于地理位置偏远，岛上的商品价格是欧洲的 3 到 4 倍。

换句话说，对于英国人来说，在南大西洋中部维持他们曾经的敌人（以及围绕在他身边的五十多名法国、英国和中国仆人）的费用可能比英国的整个监狱还要高得多。根据 1817 年拿破仑在朗伍德居所的账目和皇家海军科克伯恩海军上将的费用估算，仅朗伍德的维护费用每年就需要将近 64.5 万法郎。由于担心他们的俘虏可能会再次逃跑，英国人在岛上保留了一个步兵团，并在岛外长期驻扎了几艘军舰。这些部队远离基地数千英里，每年产生的额外费用约为 7.2 万英镑，即 172.8 万法郎。英国政府为它将拿破仑流放到世界上的这一地区的决定付出了高昂代价（约 230 万法郎）。②

三、拿破仑身边的中国人

在如此偏僻的大西洋孤岛上，拿破仑为什么能够碰到中国人呢？这要从英国东印度公司开展的华工"猪仔"贸易说起。从英国人 1659 年建立圣赫勒拿殖民地以来直到 1834 年，该岛由东印度公司派出行政官管辖。大英帝国政府并未直接向该殖民地派任总督，但为了简便起见，时人也习惯将东印度公司派出的行政官称为总督。该岛第一任由英国政府派驻的真正总督是 1836 年上任的乔治·米德尔莫尔。

1810 年，英国东印度公司从中国广州黄埔运送了几百名苦力到圣赫勒拿岛当建筑工人。几年后，当拿破仑被囚在圣赫勒拿岛上时，曾宴请路过

---

① Jacques Macé. *Dictionnaire Historique de Sainte-Hélène*[M]. Paris: Tallandier, 2004, pp.109–110.

② Great Britain Parliament. *The Parliamentary Debates from the Year 1803 to the Present Time, Vol. 34*[M]. London: T.C. Hansard, 1816, p.364.

那里的英国海军军官巴塞尔·贺尔舰长。当时拿破仑指着窗外花园中的中国花匠对贺尔说："你看，这些人很善良。他们有才能、智慧和自尊心，决不会长期像这样受英国人或其他任何西方人奴役。"岛上的时任英国总督亚历山大·比特森（Alexander Beatson，任期1808年至1813年）曾谈及这些广东人。"他们大部分受雇于农业，如将土地用栅围起来、平整土地、烧荒、赶车、种植、收获马铃薯以及其他工作，有些人已成为十分在行的庄稼汉。""公司付给他们一天1先令，定量供给他们食物。以这种方式，他们可以服兵役，如拖炮车，运送弹药。简言之，对他们的雇用与对印度炮兵的雇用相类似。"①

拿破仑到达岛上时，见到不少广州人在这里工作和生活，最多的时候达到646名，其中23人在囚禁拿破仑的朗伍德宅邸工作。在岛上，这些中国人被要求不得保留中国姓名，而以编号相称，至今岛上还有这些广东人的后裔。

1816年2月8日，英国派威廉·皮特·阿美士德和咸利·依礼士率使团访问中国。阿美士德一行抵达天津大沽口外，因为不愿对嘉庆帝行跪拜礼，声称正副使臣身体欠佳，拒不入宫，最终被朝廷赶出国门。回国途中，他们经过圣赫勒拿岛，见到了拿破仑。拿破仑批评了阿美士德的无礼，认为不能把一国使节等同于该国的君王并据此要求与到访国的君主平起平坐。阿美士德认为可以通过战争打开清朝的大门，拿破仑表示这种想法是愚蠢的。②

1935年9月27日，上海《字林西报》刊登了那尔士撰写的《拿破仑与中国人》一文，说到在看守拿破仑的英国军官吕严士的信件中，曾经提及来自广州的华工在岛上为拿破仑干活的事。1820年4月4日函云："昨夜，有一段围墙倒了。全体仆人，马厩的工人，与中国人，自今晨六时起，

---

① 赵立人：《拿破仑临终不忘广州人》[N].《羊城晚报》2012年1月7日，B10版。
② 赵立人：《拿破仑临终不忘广州人》[N].《羊城晚报》2012年1月7日，B10版。

都努力工作，而由拿破仑将军与白侯爵亲自监督之。"又一函云："拿破仑将军昨日在屋内监工至下午二时，卒把围墙修好。那四个受雇于园内做工的中国人怨恨拿破仑将军，因为将军对在屋内做工的中国人——即修理倒墙者——各赐酒一瓶而不赐给园丁之故，是以他们悻悻然不肯服从将军命他们所做之事。将军大怒，即将他们逐去。"在后一信之末，编者加以注脚云："中国人要是有现钱给予，什么事都肯干。"拿破仑临死之前，在床上叹气说："我那些不幸的中国人啊！不当忘记他们；给他们十余或廿余个金币，而且为我向他们诀别！"那尔士最后说，拿破仑花园中有一大帮中国工人替他做工。自拿破仑死后，1821 年 5 月间办理结束事宜，10 个广州人还欠下白侯爵之管事人 800 余元。《字林西报》有些文章的演绎成分较大，带有某种"小说家言"的特点，但无论如何，拿破仑身边确实有中国人提供服务。在拿破仑遗嘱的附件二的第 1 条最后半句中，也确实提到了中国人。

四、囚徒生活

接替马克·威尔克斯的新总督哈德森·洛爵士于 1816 年 4 月 14 日抵达了圣赫勒拿。洛爵士是个英国陆军军人，未来他将以"皇帝的狱卒"之名而广为人知。1793 年，还是个普通士兵的哈德森·洛被从直布罗陀派往土伦，干涉法国革命，但是他们的顶头上司查尔斯·奥哈拉将军投降太快。洛因此被转派到科西嘉岛，去协助已经投靠英国的科西嘉独立运动领导人保利。洛驻扎科西嘉岛期间的驻地正是拿破仑的老家阿雅克肖。他参加了反对拿破仑的多次战役，后来在 1814 年 4 月被选中向伦敦传达拿破仑第一次退位的消息。此后，他被晋升为少将并受封爵士，还得到了俄罗斯、普鲁士颁发的勋章。在 1814 年到 1815 年期间，他担任了荷兰陆军军需官。在正要参加比利时战役的时候，他被临时任命为驻热那亚英军指挥官。当他还在赴任路上的时候（此时他位于法国南部），对他的任命再次改变了。

1815 年 8 月 1 日，他被任命为拿破仑的监护人，这也就是说，他将陪同拿破仑一起前往圣赫勒拿。对此，英国战争和殖民地大臣亨利·巴瑟斯特勋爵写信给惠灵顿："我不相信我们能在军队中找到一个比他级别更适合的人，愿意接受如此多的限制、责任和被社会排斥的情况。"①

洛总督与拿破仑的关系并不好，部分的原因是总督必须服从巴瑟斯特勋爵的严格指示。巴瑟斯特勋爵的要求之一是减少拿破仑的过度消费。洛作为一个陆军军人又缺乏作为政治家的那种圆滑，这加剧了他和拿破仑的冲突。后来，许多原本站在英国人一边的人开始同情和掩护拿破仑。

1816 年 4 月 15 日，巴瑟斯特勋爵写信给拿破仑："我希望您已经大大地减少了波拿巴家族的随从人数。"②勋爵大人在信中不称拿破仑的随员为皇家人员，而称之为家族随从，这隐含了降低其待遇的意思。减少拿破仑的随员意味着减少靠着追随拿破仑吃饭的人数，这也间接意味着降低这一小群俘虏的总开支。实际上，巴瑟斯特勋爵迫切希望把朗伍德的预算减半。他只想给拿破仑 8000 英镑，约合 20 万法郎③。那么，被废黜的皇帝就面临艰难的抉择——要么减少他的随员人数，要么由他自己支付一大笔食品费用。根据《巴黎条约》，这部分费用本来应由英国人承担，现在英国人反悔了。为此，拿破仑不得不与欧洲的银行家们通信，在信中透露了他的资产去向。英国人会检查拿破仑的信件，也就得知了拿破仑还有一笔不为人知的财富。因为拿破仑曾经经手过巨额的财富，英国人以为现在这笔不为人知的钱也理应是笔巨款。作为现代人，我们知道这笔钱其实没有英国人幻想得那么多。于是，拿破仑和他的英国"狱卒"之间就此问题必将爆发

---

① Arthur Richard Wellesley. *Supplementary Despatches and Memoranda of Field Marshal Arthur, Duke of Wellington, K.G, Vol. 11*[M]. Occupation of France by the Allied Armies; Surrender of Napoleon; and Restoration of the Bourbons, 1815–1817, London: J. Murray, 1864, p.56.

② Hugh Chisholm. *Encyclopædia Britannica, Vol. 17 (11th ed.)*[M]. Cambridge: Cambridge University Press, 1911, pp. 72–73.

③ Great Britain Parliament. *The Parliamentary Debates from the Year 1803 to the Present Time, Vol. 34*[M]. London: T.C. Hansard, 1816, p.364.

冲突。

1816 年 8 月 18 日，拿破仑和洛总督最后一次见面（在圣赫勒拿岛上二者总共只见过 6 次面），双方各执己见。拿破仑威胁说，如果总督真的威胁要切断对他这一群法国人的补给，他就会"去坐在第 53 团勇敢的军官们的餐桌旁边，因为（我）确信他们不会拒绝像我这样一个老兵分享他们的晚餐"①。当然，这只是空洞的威胁。最终，双方各退一步。拿破仑真正的目的是争取支配私人资金的部分自由。拿破仑同意自掏腰包支付超支部分的预算，但条件是他可以不经英国当局拆信检查，自由地向欧洲银行家们下达书面命令。洛总督则同意把朗伍德的预算增加到 12 000 英镑，即 30 万法郎，这是个相对合理的解决方案②。

然而，法国囚徒们对维持自己的生活方式寸步不让。为了显示自己的坏脾气，法国人不遗余力地对总督进行各种挑衅。前文已经提及圣赫勒拿岛物资补给困难、物价高昂的情况。岛上缺乏玻璃瓶，但法国人故意有计划地打碎空酒瓶，再把碎片摆在显眼的位置，这又一次惹怒了洛总督，他要求蒙托隆注意葡萄酒，如无必要，不能破坏，但这些要求都被法国囚徒们置若罔闻。

通过对英国人进行诸如此类的试探，拿破仑立即明白了他可以从英国人那里靠什么手段为自己争取到什么让步。拿破仑开始巩固和利用他作为英国受害者的地位，这种受害者形象的塑造是非常高明的。英国人确实在用胜利者的姿态居高临下地对待拿破仑。因此，这种塑造并不完全是捏造，它更像是一种请君入瓮的操作。

在美国的拿破仑支持者策划营救拿破仑的消息传来，英军于是在 1816 年 10 月实施了更加严格的规定。洛总督下令在日落时分而不是晚上 9 点就

---

① Marchand. *Mémoires Publiés par Jean Bourguignon et Henry Lachouque Tome 2*[M]. Paris: Plon, 1955, pp. 172–173.

② Marchand. *Mémoires Publiés par Jean Bourguignon et Henry Lachouque Tome 2*[M]. Paris: Plon, 1955, pp. 172–173.

在拿破仑住所朗伍德的花园周围驻守哨兵。他指派一名英国军官每天去观察拿破仑。洛总督还制定了一套小规则，其中包括将拿破仑限制在朗伍德，并要求英国人不得以旧法兰西帝国的头衔称呼拿破仑，而只能以将军的身份称呼拿破仑①。为了让欧洲的舆论场都知道他的"艰难处境"，拿破仑下令打碎了一些银器，然后将碎银作为他向英国人支付的超支费用。在圣赫勒拿殖民地的首府詹姆斯敦的市政广场上，属于拿破仑的 230 千克银器被拿出来叫卖，全体居民都有目共睹，许多经停该岛屿的英国贩奴船、军舰也得知了这一消息。这样一来，消息真的很快就传遍了欧洲。"皇帝陛下怎么样了？""他日子过得够好的，就像靠着卖银器过日子的人那样。"②这一事件在欧洲大陆引起了强烈反对，洛总督对此大为光火，他只想着解决拿破仑的供应问题，何况在他看来，对拿破仑的供应已经足够。结果，他完全没想到拿破仑借此获得了一次小小的政治胜利。

英国政府不得不让步，允许圣赫勒拿的囚犯写信给他在欧洲的银行家，而不受丝毫审查。由于担心拿破仑逃跑，洛总督封锁了这个消息，他从未将这一消息告知岛上的法国人。为了扳回一局，洛总督又下令减少了对朗伍德寓所的柴火供应，拿破仑故伎重演，焚烧部分家具用于取暖。这个消息再次引发了欧洲公众对拿破仑的强烈同情，木柴供应很快又恢复正常。③

在这种尴尬的情况下，英国人被迫寻找一种既能让法国俘虏们从欧洲资产里提款，但又不损害洛总督对监禁可靠性的追求。变通的办法是让拿破仑的随员们参与进来。拉斯·卡斯首先提议，把他存在伦敦银行的存款"借给"拿破仑。拿破仑 1817 年支付给洛总督的部分囚禁费用（93 600 法郎）就是从这笔钱中来的。随后，贝特朗大元帅接力用他自己的账户替拿

---

① Desmond Gregory. Napoleon's Jailer: Lt. *General Sir Hudson Lowe: A Life*[M]. Plainsboro: Associated University Presses, 1996, pp.17–18.

② Desmond Gregory. Napoleon's Jailer: Lt. *General Sir Hudson Lowe: A Life*[M]. Plainsboro: Associated University Presses, 1996, pp.17–18.

③ Desmond Gregory. Napoleon's Jailer: Lt. *General Sir Hudson Lowe: A Life*[M]. Plainsboro: Associated University Presses, 1996, pp.17–18.

破仑付款。付款完成后，他再用拿破仑在伦敦银行开设的账户里的钱偿还了"皇帝对我的欠款"①。这些技术性的办法让岛上的法国俘虏们都保持了表面上的风光和一定的生活水平。拿破仑仍不接受书信检查，洛总督则针锋相对地不批准岛上的法国人寄出任何未经检查的秘密信件。尽管如此，总督大人还是不得不密切注意法国俘虏们造成的资金流向。总督在贝特朗本人签发的所有汇票上都副署了自己的名字，但这又造成了贝特朗对总督的不满，贝特朗认为这是对他的无端侮辱。在洛总督和法国俘虏的关系日益恶化的同时，部分法国人离开了圣赫勒拿，部分人死去了，岛上的这个英国殖民地里的微型法国殖民地逐渐萎缩，由于人口变少了，资金问题的严重性和它在国际观瞻方面的重要性反而下降了。英国人开始对法国俘虏们建立的独立财务系统装聋作哑，这使得法国人能够顺利地向英国人支付费用。古尔戈甚至利用了驻岛英军军官回国的机会，向欧洲发送了信件。拿破仑也利用相同的办法给欧仁亲王写了一封信："我的孩子，我请求你从1817 年 10 月起，在伦敦的安德鲁斯和帕克先生那里为我开立每月 12 000 法郎的贷款。请让这位银行家写明，贝特朗伯爵将每月从他那里支取这笔款项，并请他予以兑现。我现在缺少生活必需品。"②

其实，卖银器的收入、拉斯卡斯的贷款、在欧洲变相提取的资金、贝特朗的"借款"加起来，一共已经达到了 63.6 万法郎，这足够支付囚禁期间要由拿破仑自己支付的那部分费用。这与拿破仑在信中的表述存在冲突，为此，拉斯卡斯在回到欧洲大陆之后，对波拿巴家族仍然在世的成员们解释了拿破仑的个人财务现状。"皇帝需要你们的牺牲。他缺乏必需品……皇帝的财产很少，少得可怜。为了增加收入，他不得不每个月都打碎银器。当我离开那个岛的时候，我很高兴能向他提供我在英国的 10 万法郎，而

---

① *Lettre de Las Cases au cardinal Fesch, 12 mars 1818*[G]. catalogue de vente Osenat, 10 décembre 2005.

② Marchand. *Mémoires Publiés par Jean Bourguignon et Henry Lachouque Tome 2*[M]. Paris: Plon, 1955, pp. 172–173.

且让皇帝看到了我在英国的资金。"[1]拉斯卡斯其实是在用这种简洁的方式来提醒波拿巴家族，他还没有得到为皇帝提供预付款的偿还。拿破仑的母亲莱蒂齐亚听完后取了 6 万法郎，她还和子女们商讨，确保其余的款项也将付清。后来，拉斯卡斯收到了热罗姆付来的 15 000 法郎、身在美国的约瑟夫付来的 5000 美元。欧仁亲王也向拿破仑的忠诚内侍全额偿还了他自 1814 年以来为拿破仑保管的那 80 万法郎。拉斯卡斯的垫付款得到了欧仁亲王的清偿后，他就不再需要拿破仑家族东拼西凑的钱了。1818 年底，拉斯卡斯向波拿巴家族归还了他收到的所有零碎款项[2]。贝特朗通过银行家拉菲特为拿破仑垫付的款项也被还清了。前皇室成员们后来几乎就靠着拿破仑在欧洲留下的钱生活。依据贝特朗尽心尽力保留下来的账目，从 1815 年 8 月到 1820 年 9 月，他一共花费了 731 881 法郎，另外，有 72 000 法郎由他付给了拿破仑结交的商人巴尔科姆[3]。

　　根据银行家拉菲特及其家族的记录，在 1815 年到 1821 年期间，以拿破仑的名义进行的提款共计 105.15 万法郎，欧仁亲王对陪着拿破仑去流放的同伴们所做的偿还共计 650 768 法郎，再加上英国人在拿破仑登船时扣押的钱、拿破仑在圣赫勒拿岛卖银器得到的钱，被废黜的皇帝在整个囚禁期内，从私囊中支出了 180 万法郎[4]。而我们知道，其中只有 80 万法郎用在了朗伍德，多花的这 100 万法郎到底用于何种用途？谁又从中获益？依据目前的研究进展，这还没有定论。目前，只有与马尔尚有关的两条线索。马尔尚在自己的回忆录里提到过，在自己还在圣赫勒拿岛上的时候，拉斯

---

[1] *Lettre de Las Cases au cardinal Fesch, 12 mars 1818*[G]. catalogue de vente Osenat, 10 décembre 2005.

[2] *Lettre de Laffitte du 22 février 1822 adressée au journal Le Constitutionnel*[G]. Paris: Imprimerie Nationale, 1830.

[3] *Lettre de Laffitte du 22 février 1822 adressée au journal Le Constitutionnel*[G]. Paris: Imprimerie Nationale, 1830.

[4] *Lettre de Laffitte du 22 février 1822 adressée au journal Le Constitutionnel*[G]. Paris: Imprimerie Nationale, 1830.

卡斯为他垫付了40万法郎。马尔尚返回欧洲大陆之后，欧仁亲王又给了马尔尚37万法郎①，但是关于这两笔钱的去向仍不得而知。除此之外，还有十几万法郎的差额。有没有某种可能是贝特朗奉了拿破仑的命令，故意"遗忘"了某些开支不做记录？当然，到目前为止，所有这些疑问都还仅限于猜测的地步。欧洲艺术品和手稿拍卖市场上流通着大量真真假假的拿破仑时期的文件，就连拿破仑自己的手书也经常出现在拍卖会上，这进一步加剧了流言和谬误的数量，使得寻找可靠事实的工作难度进一步加大。对此，我们只能期待将来的某一天，能有确凿无疑的证据为我们解释这种重大的会计上的不一致。

表 13-1　1817 年与拿破仑被囚相关的开支

（单位：法郎）

类别和项目	金　额
第一类：拿破仑在朗伍德自费支出	
个人开支	19 524
官员薪俸	59 538
仆人工资	27 665
住房费用	30 567
非经常项目开支	7 200
	小计：143 894
第二类：科克伯恩对英方费用的估计	
拿破仑和随员的饮食和"家庭"开支	292 500
葡萄酒消费	86 125
其他消费	50 625
维修工人工资	23 475
马厩开支	31 250
英国仆人开支	16 875

① Marchand. *Mémoires Publiés par Jean Bourguignon et Henry Lachouque Tome 2*[M]. Paris: Plon, 1955, pp. 172–173.

续表

类别和项目	金　额
	小计：500 850
第三类：因关押拿破仑造成的额外军事费用	
驻军费用	419 280
海事费用	1 309 488
	小计：1 728 768
	合计：2 373 512

资料来源：Great Britain Parliament. *The Parliamentary Debates from the Year 1803 to the Present Time, Vol. 34*[M]. London: T.C. Hansard, 1816, p.364.

表 13-2　拿破仑被囚期间去向不明的差额

（单位：法郎）

分类和项目	金　额
提取类：	
在前往圣赫勒拿时被英国人查扣	90 400
出售银器	25 577
欧仁亲王付款	650 768
拉菲特付款	10 515 00
	小计：1 818 245
拿破仑家族支出类：	
1815年8月至次年12月	105 360
1817年	143 894
1818年	175 817
1819年	180 810
1820年1月至9月	126 000
	小计：731 881
杂项支出：	
给巴尔科姆	72 000
	不明原因的差额合计：1 014 364

资料来源：Pierre Branda. *Le prix de la Gloire*[M]. Paris: Fayard, 2007, p.84.

第十四章　拿破仑遗嘱

一、对身后事的安排

　　拿破仑的遗嘱现存于法国国家档案馆。1821 年 4 月中旬，拿破仑感到体力日渐衰弱，着手撰写遗嘱，他将自己与蒙托隆伯爵锁在一个房间里，口述了自己的遗愿。15 日，他按照法国法律的要求，在没有公证人的情况下重新复写了这些文件，以便确保该文件完全出自他的亲笔。书写遗嘱时，拿破仑表现出异乎寻常的勤奋和毅力。拿破仑年轻时以书写不严谨而闻名，他那时的手书经常漏掉字母并且写得乱七八糟。现在，拿破仑反而认真起来。对于一个长期受到各种疾病折磨而身体衰弱的人来说，这是非常困难的。拿破仑写满了五大页纸。他首先按照 19 世纪的惯例宣布自己自出生起就归属于天主教。接下来是文件中被引用次数最多的一句话："我希望我的遗骸能够安息在塞纳河畔，安葬在我深爱的法国人民中间。"[1] 随后，他赞扬了他的第二任皇后路易斯，并请求路易斯在他死后照顾二人的儿子（即罗马王）。现年 10 岁的罗马王自从住在他祖父奥地利皇帝的宫廷后，就成为奥地利的帝国公爵，他是遗嘱中备受关注的对象，拿破仑对他表达了特殊的感情，拿破仑带到圣赫勒拿岛的少量个人财产以及留在巴黎的财产都遗赠给了他。在政治上，虽然拿破仑无法指定罗马王为已不复存在的帝国的继承人，但他建议他的儿子永远不要忘记他在一出生的时候就是一位

---

[1] *Le Testament de Napoléon*[Z]. AE–I–13–21, Archives Nationales.

法国皇子，并且应该采用皇帝一生坚持的自由主义座右铭"一切为了法国人民"①。

二、对政治失败和生活失意的归责

在遗嘱的下一部分，拿破仑谈了英国的寡头政治并指责圣赫勒拿的时任英国总督哈德森·洛试图谋杀他，并导致他过早死亡。拿破仑的意思是，被囚禁在世界尽头的一座小火山岛上、失去了家人和亲人、住在风雨摧残的房子里，这些都对他的健康造成了极大的损害，但遗嘱的这一部分无意中助长了他被小剂量砒霜持续投毒毒死的荒唐流言。他给荷兰男爵夫人伊丽莎白·瓦萨尔·福克斯的遗赠是带有古董浮雕的珍贵鼻烟盒。荷兰男爵夫人是英国著名的自由派政治和文学沙龙主持人，曾经给流放中的拿破仑送来了许多礼品。拿破仑在解决法国遗留的某些"未竟之事"时也毫不留情，他点出了四个"叛徒"的名字，认为他们对最终的失败负有责任，被点名的人是马尔蒙、奥热罗、塔列朗和拉斐特。拿破仑还诅咒那些他认为可能导致他垮台的其他人物将被遗忘。他承认自己要为当年借遇刺之机镇压雅各宾派而非真正的罪犯保王党人的行为承担责任，但是他不认为这是一种错误。因为这一步骤对于法国人民的安全、利益和荣誉至关重要②。

三、被流放者的遗赠

遗嘱的其余部分包含了一份财产受赠人名单，陪伴拿破仑流亡的那些同伴被放在第一位，其中包括了所有的官员、仆人，名单顺序按获赠金额降序排列。蒙托隆将军是一位优秀的朝臣，和蔼可亲，他得到了最大的一

---

① *Le Testament de Napoléon*[Z]. AE-I-13-21, Archives Nationales.

② *Le Testament de Napoléon*[Z]. AE-I-13-21, Archives Nationales.

份，即 200 百万法郎，以表彰他的"孝顺"。皇宫大元帅贝特朗是绝对忠诚的化身，但不如蒙托隆灵活，而且在朗伍德露面的频率也较低，他只收到了 50 万法郎。近侍马尔尚拿到的比大元帅稍少一些，他得到了 40 万法郎的报酬①。这 3 人被任命为遗嘱执行人。尽管这些人的身份地位并不相称，但他们在 1821 年 8 月返回欧洲后，就承担起了执行遗产管理程序的艰巨任务。

拿破仑不想让他的遗嘱落入英国人手中，于是拿破仑起草了一份未编号的附录，提交给圣赫勒拿的英国总督，作为吸引他注意的诱饵。皇帝在附录中重申了他希望自己的遗体在巴黎安息的愿望，因为他知道这一点会引起讨论，并会让总督感到尴尬。他还简化了自己的礼物清单，将自己所有的私人物品都送给了蒙托隆、贝特朗和马尔尚，这样就没有什么东西留在朗伍德了。拿破仑同日写下的第二份附录则是专门为他在法国的家族准备的，其中明确规定了前述物品的分配，以及逃出法国后一直藏匿的那 30 万法郎的去向，这些钱将分给在朗伍德为他服务的人。这个骗局非常奏效，总督根据错误的情报相信，主要文件已经通过年初被遣送回欧洲的牧师安托万·博纳维塔之手被带到了欧洲②。

拿破仑还建议，装有他的遗嘱的信封只能在欧洲打开，前文已经提及的那两份附录除外③。7 月 25 日，当运回流亡者的船只驶入欧洲水域时，这项工作被完成。在 3 位遗嘱执行人和维尼亚利神父的见证下，所有的信封都被打开了。因为，除了遗嘱本身和前面提到的两份附录外，拿破仑为了不遗漏任何人，还起草了另外五份附录（编号从 3 到 7）及给遗嘱执行人的指示。关于各种物品的声明（清单）完善了遗嘱的内容，这些清单列出了武器、衣服、贵重的盒子、银器、瓷器以及从法国带来的四百多册藏书，这些都是为他儿子准备的。这对贝特朗来说是一个痛苦的时刻，他一直与

---

① *Le Testament de Napoléon*[Z]. AE–I–13–21, Archives Nationales.

② Prévot Chantal. *Le Testament de Napoléon Ier*[G]. Napoleon Foundation.

③ *Le Testament de Napoléon*[Z]. AE–I–13–21, Archives Nationales.

外界保持着一定的距离，仅通过道听途说才知道财务安排。贝特朗对自己受到如此轻视感到非常失望和伤心。蒙托隆口头补充说，确实还有第八份遗嘱，但由于部分内容是由遗嘱撰写人而非拿破仑本人写的，因此不具有法律效力。同样地，马尔尚在 4 月 29 日至 30 日夜间收集到的因为没有纸张而写在扑克牌背面的遗愿，也不能被视为有效[①]。

　　除了单中提到的相对较少的个人财产外，拿破仑还赠予了 76 份个人遗赠，总额达 1000 万法郎，以褒奖那些对他忠贞不二的人，特别是那些在他年轻时以及在 1814 年和 1815 年垮台后的磨难中坚持追随他的人。大多数受遗赠人都得到了 10 万法郎，皇帝给出的集体遗赠花掉了他遗产的最大一部分。他在遗嘱中表明要分配给 1792 年至 1815 年追随他的官兵们、利尼和滑铁卢战役的伤员们以及遭受外国入侵最严重的法国省份共计 2 亿法郎[②]。不过，他也提出了一些与付款可行性有关的细微差别。事实上，拿破仑在这里所分配的遗产是以四个不同财政来源为基础的。遗嘱的每个部分都与一个特定的基金相关联，使其具有或多或少的可靠性。只有一个财源是完全无虞、为遗嘱的某些部分的履行提供了完全确定无疑的保证，那就是在巴黎的大银行家拉菲特家族那里开设的银行账户。该账户上存有 1815 年从杜伊勒利宫地窖中取出的金币。另外 3 个财源则是假定中的，有更多不确定性，它们是一些需要申请（但不一定能获得）的款项。其中，一份预计来源于路易斯皇后；另一份预计来源于欧仁亲王，将从意大利王室特别费的剩余部分中提取；还有一份将从法国国库中剩余的皇室特别费中提取，而这笔款项实际上需要向路易十八去索要。因此，名列主遗嘱和与拉菲特财产有关的第三、第四份附录中的幸运儿更有可能得到属于他们的赠予。相比之下，其他附录中的被指定遗赠人、基于不确定资金的集体遗赠能否得到履行则不确定。这依赖于外人的善意，而这些要付钱的外人并不

---

① Prévot Chantal. *Le Testament de Napoléon Ier*[G]. Napoleon Foundation.

② *Le Testament de Napoléon, AE-I-13-21*[Z]. Archives Nationales.

一定对这样一份拿破仑的"遗产"感到高兴，他们也不一定有能力、有意愿为它的实现作出贡献。

因此，在执行皇帝的遗愿时，路易十八的政府拒绝由法国公证人认可这份文件。法国政府同意对属于拿破仑私人范畴的个人遗赠视而不见，也同意不垄断他此前存在拉菲特那里的基金，但路易十八不可能认同拿破仑在遗嘱中对波旁王室进行的政治指控，也不会拿出接近国家预算三分之一的资金来兑现集体遗赠。因此，作为遗嘱主要执行人的蒙托隆在圣赫勒拿岛的最终主权归属地，即伦敦，存放并登记了部分遗嘱文书。

蒙托隆和贝特朗（马尔尚总是处于幕后）集中精力处理个人的现金遗赠。他们不得不与拉菲特极力争辩，让他放出银行账户中的钱，尽管账户里的钱在拿破仑二次流亡期间已消耗殆尽，从600万减至350万法郎，但银行家仍不愿放弃这笔巨款，理由是拿破仑"遗漏"了签名中的父名，造成了签名的不完整性[1]。银行家还对他要为拿破仑存款支付的利息吹毛求疵，他的不情愿态度还源于拿破仑的儿子这一自然继承人的缺席，这与继承法为自然继承人保留四分之一遗产的规定相矛盾。奥地利法院和路易斯皇后并没有放弃这一权利，拉菲特也不想为此事付两次钱，在长达五年的时间里，诉讼、仲裁和动用舆论的"新闻发布稿"不断出现。直到1826年，奥法双方在蒙托隆提供的抵押担保支持下签署了一份协议。由于拉菲特的账户是唯一可以动用的资金，因此只有遗嘱第三和第四项附录的受遗赠人可以按比例获得他们应得的份额，他们最终获得的金额平均只有遗嘱规定额度的60%[2]。

---

[1]　Prévot Chantal. *Le Testament de Napoléon Ier*[G]. Napoleon Foundation.
[2]　Prévot Chantal. *Le Testament de Napoléon Ier*[G]. Napoleon Foundation.

四、漫长的遗嘱执行

对拿破仑遗嘱的执行和对他这些遗产的分配是个旷日持久的工程。在此期间，各利益相关方也遭遇了许多挫折。蒙托隆犯下侵占和挪用遗产款项的罪行，后来又因为负债而被流放。银行家拉菲特破产。尽管如此，第一阶段的遗产继承工作还是在 19 世纪 30 年代初完成了。在拿破仑遗物的分配、处置方面，情况也是如此。只有那些留给拿破仑母亲和兄弟姐妹的物品可以转交给他们，至于其他物品的移交则遭遇了阻挠。拿破仑留给罗马王的物品是他遗物中最大的一批，但移交事宜一直没有得到奥地利当局的批准，奥地利一直在对罗马王进行"去法国化"和"德意志化"，奥方采取了诸如斥退他身边的法国仆人、给他另行转封奥地利帝国爵位、去掉他名字中的洗礼名拿破仑和姓氏波拿巴等一系列做法。罗马王于 1832 年因肺结核在维也纳英年早逝之后，这批物品被分给了波拿巴家族其他尚在人世的成员。

对拿破仑遗嘱继续进行执行的第二阶段是夏尔·路易·拿破仑·波拿巴（Charles Louis Napoléon Bonaparte，即拿破仑三世）成为法兰西第二共和国总统、第二帝国皇帝时期的事。1848 年，他取得了权力并以总统的名义向英国索要拿破仑的遗嘱。为了改善英法两国关系，也为了表达外交礼仪，维多利亚女王同意了这个要求。似乎冥冥中带有某种命运的捉弄和巧合，这份遗嘱的接收人恰巧是拿破仑的私生子瓦莱夫斯基伯爵。在文件运抵法国之后，法国人民又想起了那些尚未执行完毕的遗赠。其中，那些本来早就应该给予年迈士兵和军官、遭战争破坏省份的遗赠最能引起大众的同情和关切。法国立法议会投票通过了一笔 800 万法郎的特别信贷，其中一半用于执行拿破仑遗嘱中对个人或其后代的遗赠，最高兑现率可达 95%，另一半则用于兑现集体遗赠[①]。因此，遭到拿破仑战争破坏的地方（即遗嘱中提到的 26 个省和 2 个市镇）、数千名参加过大革命和帝国时期战争的老兵共同分享了 400 万法郎。为此，法国庞大的官僚行政机器终于被发动起来，它们仔细研究退伍军人的档案并开始普查，核实他们从前的职位和军衔，从最应该得到遗赠的人之中挑选出最贫苦的人，但不幸的是，所有这些杰出工作的成果在 1871 年被烧毁了。据现代的估计，在拿破仑三世时期，约有 7500 名老兵和前军官（含他们的继承人或遗孀）拿到了每人 100 至500 法郎。遗赠的金额随军衔高低、是否具有老近卫军身份、跟随皇帝在厄尔巴岛蒙难时间的长短而定。退伍军人普查的结果也是向 1792 至 1815 年间为国奋战且在拿破仑三世时期仍然幸存的法国老兵颁发圣赫勒拿勋章的依据。

1860 年，也即拿破仑的遗嘱写成 39 年后，对他这份遗嘱的执行工作宣告结束。对一个名列其中的继承人而言，这是一段异常艰难和绵长的时光，正像拿破仑在圣赫勒拿的流放岁月那样。遗嘱的保存人，即拿破仑三世，把所有现存的文件都移交给了法兰西第二帝国档案馆，但在漫长的时光中，遗嘱的第七份附录原件已经丢失。拿破仑在纸上留下的这些刻意而紧凑的字迹现在也变成了新的历史。在当代，它变成了法兰西民族遗产文件的一个组成部分。

---

① Prévot Chantal. *Le Testament de Napoléon Ier*[G]. Napoleon Foundation.

第三部分

拿破仑崛起过程中的法国公共财政

第十五章 "旧制度"末期的财政困境

一、拿破仑崛起的宏观背景

学术界对"旧制度与大革命"这个论题已经做了比较充分的论述。拿破仑的崛起和战斗史诗既是法国大革命的结果，也最终结束了大革命。作为旧时代的亲历者，他一日不敢或忘旧制度的教训，他自己当上皇帝之后的财务状况也受到前任王室挥霍和滥用贷款的严重影响。在民间层面，人民留下了痛苦的回忆，对国家的各种承诺则充满了狐疑。国家被迫转向无黄金储备依托的纸币体系，但指券的滥发破坏了革命党人的名声，土地票则更为短命，人民对此形成了根深蒂固的不信任感，拿破仑的帝国无法再使用同类的手段。"旧制度"下的公共财政问题及其酿成的危机改变了历史的发展方向，君主制所导致的糟糕财政情况葬送了路易十六。革命的国民公会及其后继者督政府还是无法满足国家开支所需，经济危机又在指券滥发的过程中加剧，议会制政府的权力和地位再一次被削弱了。正是在这样的危机中，督政府在法国国内寻求建立五巨头联合执政的寡头体制，对外则试图夺取奥地利统治下富饶的北意大利，以勒索和掠夺来的财富缓解自身的危机。拿破仑就是这个计划的制定者、执行者和最大的参与者。大革命的"革命军"已经变质，拿破仑在埃及不得人心的重要原因之一也还是法军的穷困驱使他们对埃及进行的压榨。这种压榨在丧失埃及人心的同时却并没有带来许多利润。为了结束这个财政上的灾难，督政府做了大胆的改革，督政府付出了政治代价，但不能恢复财政平衡，更不要说驱动经济的繁荣。

总之，"旧制度"和大革命时期的公共财政情况是上一个历史时期留给拿破仑的遗产，也是非常适合野心家的无法重现的机会，还是决定拿破仑最终命运的关键因素。

二、岌岌可危的旧君主制

路易十五统治的后期出现了一些经济挫折。虽然1756年至1763年的七年战争导致王室债务增加，法国几乎失去了所有北美领地，但直到1775年，法国经济才开始真正进入危机状态。过去12年中农产品价格持续下跌，尤其是1777年和1786年的大幅暴跌，再加上1785年至1789年灾难性冬季等气候事件，进一步加剧了这一问题。1788年的王室财政危机起源于一场看起来微不足道的现金短缺。国王要开征新税就必须召开能代表全体国民的"三级会议"，等到这个会议真的召开时，一切都太晚了。知道王室财政真相的御用金融家们大惊失色，他们出于对政府回款能力的担忧，拒绝再提供以前惯用的短期贷款（法国人习惯称之为"现金预付款"）。短期流动性的枯竭了，财政即将破产。国王陛下的财政总监布里埃纳被迫动用了荣军院的基金，他还从政府发行的彩票奖池中抽取资金[①]。本来，这个彩票是为了筹款补偿在冰雹灾害中受灾的人而设立并发行的。形势一天天坏下去，市面上急需一些利好消息来对人民造成正面的心理冲击，以避免灾难因为人们的负面情绪不断自我加强而真的发生。这几个月来，路易十六已经因为召开旨在加税的会议而招致社会各阶层的严重反对。预计中的司法和税收改革无一顺利，通过加税来平衡公共财政的想法落空了。每个人现在都在为保住自己的钱而奋斗，议会反对国王，神职人员对加税满脸不情愿，特权阶级暗中阻挠改革，穿着长袍的教士们逐渐同拿着刀剑的军人们

---

① Eugene Nelson White. *The French Revolution and the Politics of Government Finance, 1770–1815*[J]. Journal of Economic History, Vol. 55, No. 2, 1995, pp.227–255.

纠合起来，商业资产阶级则跑到国王的宠臣们那里去寻求串谋和庇护。

早在召开三级会议还只是被当成一个转移矛盾的靶子的时候，法国政坛上就有人看出形势不妙。布里埃纳给马尔博夫写了一封信，他在信中告诉马尔博夫："我常常对国王陛下说：'不要让别人觉得你很久之后才会召集你的臣民（指召开三级会议），但你又要尽量拖延这次召集（的发生），因为（召集后）你的权威只会丧失，而你的王国也不会从中得到什么好处。'"① 召开各社会阶层都有代表参与的"三级会议"是个具有重大象征意义的事件。自从 1614 年以来，这个会议就没有再召开过。在经济危机和政治动荡的时刻重开这个会议实际上是国王为了恢复臣民的信心而进行的一场赌博。结果，加税的动议得不到支持，安抚人心的想法也一无所获。会议不仅没有改善国家的信用状况，反而暴露了王权虚弱的现实。有些债务不得不还，但又没有现金，于是王室就只能给出一些利息为 5% 的附息债券。社会公众从这个现象中窥探到了破产的命运，大家惊慌失措，巴黎出现恐慌，现任财政总监大人在一片嘘声中丢官罢职。他的前任内克尔被召回。这个日内瓦的银行家被视为金融魔术师、奇迹的创造者，作为奇迹，在等待议会得出结论期间，他进行了大量的借新还旧操作，债务总额快速上升，但他却无法从根本上解决财政资金匮乏的问题。

1781 年起，内克尔编制的《对国王的财政报告》（*Compte Rendu au Roi*）在法国开创了公开政府账目的全新做法。这个报告是旧制度下能够精确描述财政灾难规模和严重程度的最严肃、最准确文件，但是这份报告在公众对经济有所猜疑的时候公布出来确实不是好事。本来大家只是对经济情况有着乐观或悲观的预期，对纠正财政的不平衡也各有各的意见。现在，报告公布了，讨论报告内容的热潮迅速席卷法国。只要国王的臣民们知道如何解读账本，他们就一定会看出法国的公共财政情况将继续难以避免地恶化。内克尔在报告里运用的会计技巧也被人戳穿。1788 年的报表显示，

① Michel Winock. *1789: l'Annee Sans Pareille*[M]. Paris: Hachette, 1998, p.24.

账上还有 500 万里弗尔的结余，但实际上大家都算出了超过 1.5 亿里弗尔的赤字（见下表），史上首次，在广大法国人民的眼皮子底下，国家发生了入不敷出的惨剧。

排除了会计技巧以后的真实账目（见下表）显示，此时法国的岁入为 4.72 亿里弗尔，军费 1.48 亿里弗尔，民事开支 1.19 亿里弗尔（其中包含了王室费用、各种年金、纯粹的民事开支），但是别忘了王室还有巨大的债务负担需要处理，此时，王室的总负债已经累积到了超过 50 亿里弗尔。这些债务所产生的本年应还本金额再加上利息是 3.63 亿里弗尔。超过 1.5 亿里弗尔的政府预算赤字意味着，仅赤字就占总岁入的三分之一，而且，在 3.63 亿里弗尔的本年应还金额中，利息占三分之二而本金只占三分之一[①]。我们完全可以说法国就像今天的美国一样，已经陷入了债务自我膨胀的螺旋，债务成本已经占了法国当时岁入的超过四分之三。因此，法国政府公共财政的机动空间也非常有限，神似今日的美国联邦财政。摆在路易十六面前的选择只剩两个：加税或勾销债务。除非发生什么带来意外横财的事，否则国王所有的臣民、国家的所有阶级都必须以某种方式多交税。

表 15-1　1788 年法国预算表

（单位：万图尔里弗尔）

项　目	金　额
收：	
常项税收（盐税、烟草税、关税）	15 010
一般收入（人头税，什一税，二十分之一税）	15 648
特别收入（酒税）	5194
省　税	2470
杂　项	8920
	小计：47 242

---

① Charles Gomel. *Les Causes Financières de la Révolution Française, Vol. 2* [M]. New York: B. Franklin, 1966, pp.434–438.

续表

项　目	金　额
支：	
陆海军军费	14 869
王室费用	3226
由国王发放的抚恤和年金	2700
民事开支	5907
	小计：26 702
	债务的年度成本（还本付息合计）：36 384
	合计赤字：15 844

资料来源：Charles Gomel. Les Causes Financières de la Révolution Française, Vol. 2[M]. New York: B. Franklin, 1966, pp.434-438.

要重新平衡财政就要进行大刀阔斧的改革，但路易十六和他的大臣们都做不到，历任财政总监（审计长）内克尔、卡隆、布里埃纳都只做了简单的调整和修补，没有任何意义深远的结构性改革。他们所采取的临时措施主要是限制国王及其宫廷的生活方式消费，御用马匹数量从 2215 匹减少到 1195 匹，出售了一些城堡，废除 406 项小额的御用饮食和公共费用支出等[①]。这些办法远远不够，赤字还在不断增加，不停借贷只会使他们陷入更深的债务陷阱。

三、魔术师内克尔的小花招

在大革命前，法国外交政策基本出于国王的专断，自英法百年战争1453 年结束以来，法国的中央集权又发展得比较充分，所以国王的外交构想往往会优先于其他形式的国家政策。在这个前提下，法国的财政政策只需要跟随和适应国王的外交战略需求就可以了。为了应对大国争霸的国际

---

① Charles Gomel. *Les Causes Financières de la Révolution Française, Vol. 2*[M]. New York: B. Franklin, 1966, pp.434-438.

形势，路易十六开始补足法国海军这一弱势项目。1774 年，法国海军军费还只有 1770 万里弗尔。到了 1778 年，这一数字就激增到了 7800 万里弗尔。升级和扩充后的法国舰队成功干涉了美国独立的进程，国王的策略起效了，但是对美国独立战争的援助带来了巨大的额外支出。法国在北美的行动中，海军花掉了 7.99 亿里弗尔，陆军花掉了 7.09 亿里弗尔。此外，还有欠债和善后支出。这些费用合计接近 20 亿里弗尔，约等于法国 5 年的税收 [1]。

　　一面是法国政府和军队在北美洲大肆花钱，另一面则是遭遇火山爆发和气候异常的法国国内农业生产。此外，法国除了战争费用之外的正常项目开支也还不得不照常进行。内克尔不想再进一步激化法国的国内矛盾、加重人民的负担。于是，他一面对王室的支出进行了修补性的简并改革；另一面开始利用高利贷这种看起来不疼不痒的补救措施。据统计，法国干涉美国独立战争的费用中，有 91% 来自贷款和公债。相比之下，在奥地利王位继承战争中，法国干涉开支中只有 28% 来自借款。英法七年战争中，法国战争费用的借贷比例为 65% [2]。可以看出，法国已经逐渐对债务成瘾。

　　同一时期，英国内阁战争公债的融资额占英军开支的比重约在 80% 至 90% 之间浮动，在极少数极端情况下，此数曾经达到过 119% [3]，但是英国的工商业比法国的繁荣，殖民地贡献的财富也比法国多。最重要的是，英国人从荷兰人那里学来的现代金融制度远比法国发达，它运转顺畅，能够丝滑地对当期开支进行跨期调整，只要战争能够赢得足够的赔款和权利，英国的战争机器永远不缺乏动力。而我们在前文中已经说过，法国在 18 世纪大部分时间还依赖古老的财政金融体系、不愿改革等情形。两国金融深化程度的差异使得路易十六非常羡慕英国的现代财政能力，但他却不知道

---

[1]　Marcel Marion. *Histoire Financière de la France Depuis 1715, Tome 1*[M]. Paris: Arthur Rousseau, 1914, p.303.

[2]　François Crouzet. *La Grande Inflation. La Monnaie en France de Louis XVI à Napoléon*[M]. Paris: Fayard, 1993, p.66.

[3]　François Crouzet. *La Grande Inflation. La Monnaie en France de Louis XVI à Napoléon*[M]. Paris: Fayard, 1993, p.66.

这种能力到底源自何处，也想不通自己应该做些什么。他和内克尔在为自己辩护时都声称自己只是效仿了英国的做法，而英国看上去一切如常。

路易十六所不知道的是，在美国独立战争结束的时候（1783 年），英国的财政状况并不比法国好多少。英国欠下的战争债务约为 2.45 亿英镑，折合 60 亿里弗尔，如果不采取控制和降低债务的措施，英国也面临破产的危险。作为对比，在法国爆发革命的前夜，法国政府只欠了 50 多亿里弗尔而已①。更何况，英国本土面积那么狭小，人口也只有 1200 万。作为对比，当时的法国人口已经达到了 2800 万人，适宜耕作的土地也比英国多得多②。看上去似乎应该是英国的财政先崩溃，但是历史不容许假设，在真实的历史中，反而是英国而非法国迅速摆脱了困境。在法国爆发革命的那一年（即 1789 年），英国重新实现了财政平衡。那么到底是英国发生了经济奇迹，还是法国财政技巧过于原始以至于未能制止自身的财政崩溃呢？

要回答这些问题，我们首先必须指出，当时有几种借贷方式。英国在金融市场上推出所谓的"一揽子"永续贷款（永续债），利率一般只有 3%。然后，当英国内阁想要偿还债务时，就以市场价格回购自己发行的有价证券并注销，从而使其退出市场。由于成本有限且可以进行点菜买单式的自由还款，英国人控制了自己的债务。一旦战争结束，他们所要做的就是创造足够的税收来支付微薄的利息，然后开始偿还优先度最高、最急迫的债务，至于其余不那么重要的债务则可以留待以后处理。法国的内克尔则选择了一条不同的道路，他建立了作为常规化金融产品的终身年金制度。乍一看，这似乎更有利。因为终身年金形式的贷款看上去期限较短（为借款人的一生），不会像永续债券那样对国家预算构成"永久负担"，但实际上，其成本要比英国政府获得的贷款高（约为 8% 至 10%），而且必须更快

---

① François Crouzet. *La Grande Inflation. La Monnaie en France de Louis XVI à Napoléon*[M]. Paris: Fayard, 1993, p.66.

② David Andress. *The Oxford Handbook of the French Revolution*[M]. Oxford: Oxford University Press, 2015, pp.6–7.

地偿还。平均下来，法国政府的债务需要国王给出 6% 到 6.5% 的利率，而英国的相应债务利率水平不到 4%。经济学家詹姆斯·莱利计算过，如果法国支付与英国相同的债务利率，那么它所背负的偿付压力可能只有史实中 1788 年应付额的一半，而不会在那一年遭遇危机[①]。英国的现代财政制度和国家财政能力是如此成功，以至于没有任何公债是为了应付经常项目开支而发行的；而要发行任何公债，就必须有对应的税收来源作为还款担保。英国人可能在国际事务上臭名昭著，它的国家债务信用却非常坚挺。同时，债务成本在会计操作上还得到了定期摊销。1717 年、1729 年、1750 年、1757 年，英国将未偿还的债券进行了四次结转。通过借新还旧，英国大部分公债的平均利率一路从 6% 被降到了 3%[②]。国家的财政负担大为减轻，国家信用蒸蒸日上，英国殖民地及其本土人民在无远弗届的现代信用制度下，被可持续性地剥削着。这的确是现代世界的奇观之一。

就法国的终身年金制度而言，在设计之初，它本就是一种比英国公债更昂贵的融资工具。更糟糕的是，这个工具在实际使用中又发生了扭曲。在高利率的吸引下，全欧洲的有钱人都希望买到由日内瓦的银行家们代销的法国年金。年金的支付限于买受人终身。作为一个理性的投资者，买受人当然会想办法尽量降低自己的死亡风险。在 18 世纪，有哪些人享有较长的寿命和较低的意外风险概率呢？实践的结果是，大资本选择了 30 多家以长寿闻名的名门望族的年轻女性代表。这些人大概率是荷兰或日内瓦的某位女士。本来，年金制度名义上的好处是它存续时间短，不对国家财政造成永久负担，但现在制度运行的结果显示法国终身年金的平均实际支付年限高达 63 年[③]。作为对比，英国对永续债进行结转和调整的时间间隔要短得

---

① François Crouzet. *La Grande Inflation. La Monnaie en France de Louis XVI à Napoléon*[M]. Paris: Fayard, 1993, p.71.

② Marcel Marion. *Histoire Financière de la France Depuis 1715, Tome 1*[M]. Paris: Arthur Rousseau, 1914, pp.460–461.

③ François Crouzet. *La Grande Inflation. La Monnaie en France de Louis XVI à Napoléon*[M]. Paris: Fayard, 1993, p.76.

多。这样一来，终身年金制度名义上的那点优势也消失了。当时，欧洲人的平均预期寿命是 30 至 35 岁。于是，存续期长达 63 年的终身年金对法国王室来说就变成了一笔极其糟糕的买卖。认购者越来越多且赚得盆满钵满，法国国库反受其害。从 1776 年到 1788 年，在法国终身年金总额中，由日内瓦和荷兰购买者造成的集中度从 24% 上涨至 41%[①]。路易十六时期的法国是外国资本的乐园。当然，这些"精明"长生者在大革命期间遭遇了突然的破产和衰落，那又是另一个故事了。

作为一个有经济理性的正常人，当我们看到法国为了融资而选择终身年金制度的时候，有人可能会怀疑内克尔的动机。他对债权人为何如此慷慨？内克尔是资深的银行家，他不可能对可以减轻偿债压力的技术性财务操作茫然无知。从内克尔倒买倒卖法国粮食牟利的情况看，他在金融市场的操作能力也毋庸置疑，但当我们回顾路易十四以来的年金问题发展轨迹，这个困惑就能得到合理的解释。自"太阳王"时代以来，法国国王就习惯于通过各种手段缩减购买年金安排的债权人所能获得的收益。有时候，这是通过货币贬值达成的。也有的时候，法国国王会随意改变年金收益的付款时间，甚至拖欠不付，直至造成小规模的实质性破产。为了能买到年金安排，所有把自己的钱委托给法国国王的人都会被收取所谓的"附加费"。这个附加费的费率比英国公债的买卖手续费要高。法国王室正式赖账或变相赖账的陋习意味着自身信用的进一步弱化，法国要融资就必须提供比竞争对手（通常是英国）更诱人的金融资产组合来吸引顾客。在路易十四和路易十五时期，由此造成的高昂借贷成本尚可忍受，这是因为那时候的法国总体债务水平还不高，用售卖年金安排来融资的操作也只是偶尔为之。只是，到了路易十六时期，通过售卖终身年金来融资已经变成了法国政府融资的正常操作模式，高昂的借贷成本于是开始真正成为致命的问题。

---

① François Crouzet. *La Grande Inflation. La Monnaie en France de Louis XVI à Napoléon*[M]. Paris: Fayard, 1993, p.76.

法国政府不但没有真正采取措施阻止债务的不断攀升，反而不断借债。如果说为了插手美国独立战争这种不同寻常的目的来借债还可以原谅，那么当和平再次来临之后法国还要为形成和平时期财政收入的目的而继续借债就太离谱了。法国的旧制度就此跨过了再难回头的临界点。法国政府每一次动用公共债务的工具来支付利息和旧债本金，它的新债就膨胀一次。长此以往，债务会在某一天开始真正的自我膨胀。在 1783 年到 1785 年这段和平时期，卡隆借贷了 6.53 亿里弗尔，平均每年的债务成本超过 4500 万里弗尔。[①] 在债务雪球越滚越大的时候，只要一声炮响就能引发真正的雪崩。

作为对比，英国的小威廉·皮特首相在同一时期采取各种措施增加国家税收。在 1783 年以后的 6 年时间里，英国的公共预算收入总计增长了 35%。英国没有再拖延对债务的付息，就连债务的本金也开始减少了。人民当然会有怨言，但这是值得的。1785 年，英国人的税务负担占其年收入的 23%。同一年，法国的这个数据只有 11%。这个数值的差异表示了英法两国财政动员和汲取能力的强弱。如果分析长期趋势，则这一组数据也能反映出英国建设现代国家财政能力的成就。1715 年，英国人的税务负担为 16%，法国为 12%。与 1785 年的那组数据纵向比较，英国的税收汲取能力随着时间的流逝，在 70 年后增强了 44%，而法国反不如初[②]。

那么"旧制度"的崩溃难道是因为法国国王对人民太仁慈、人民税务负担太轻？从会计学和统计学意义上看似乎确实如此，但是考虑到 1789 年的法国人是如此怨恨国王及其税收制度，对他们而言，税收负担确实是太重了。那么，名义平均税率和实际税收痛感之间为什么差距如此之大呢？

---

① Marcel Marion. *Histoire Financière de la France Depuis 1715, Tome 1*[M]. Paris: Arthur Rousseau, 1914, p.381.

② Peter Mathias, Patrick O'Brien. *Taxation in Britain and France, 1715-1810: A Comparison of the Social and Economic Incidence of Taxes Collected for the Central Governments*[J]. Journal of European Economic History, Vol. 5, Issue 3, 1976, pp.601–690.

四、不患寡而患不均

问题出在法国陈旧的多层级税收制度和极度不均的税收负担分配上。中世纪流传下来的三级会议把法国国民分成了单个等级：第一等级是宗教特权人士，如各主教、教士；第二等级是贵族；第三等级是其余人等。也就是说，到了18世纪末路易十六想要重开会议的那个时间点，第三阶级中，除了农民、工人、手工艺者、无业流浪者外，还挤进了普通地主和当时已经兴起的资产阶级。第三等级的义务是为国家交税、工作和服役。那么，极简的三级会议投票场景就可以被描述为两个征收和享用税收的人和一个纳税人一起投票来决定是否开征新税。在这样一个一向不利于第三等级的民主机制中，路易十六时期的第三等级普通人要交的税多如牛毛，但这些税又不完全是给法国中央财政（或王室）的，国王并不认为自己收到了足够的税，第三等级却已经不堪重负。

在这样的机制下，简化表述后，路易十六时期的第三等级普通成员要交的税主要是以下几种：

1. 给自己的封建领主的年贡；

2. 作为土地收成的一部分，要缴纳给领主的田租；

3. 因使用领主的磨坊、榨油机、面包炉等设施而产生的杂税；

4. 每三十年给领主交一次的、用来表示自己佃农身份的"三十年税"；

5. 租佃土地也可以交易，但卖地人需向领主缴纳地价的10%；

6. 老佃农去世后，下一代如果继承这种租佃关系所需缴纳的继承税；

7. 给法国国王的人头税；

8. 给法国国王的个人所得税；

9. 对个人拥有的动产、不动产、因租佃土地产生的收益的"二十分之一税"；

10. 给教会的什一税；

11. 在不同封建领主领地间迁徙造成的关税；

12. 盐税；

13. 不服兵役时须缴纳的军役税；

14. 在本人居住地方的地方税（如省税等）；

15. 烟草税；

16. 酒税。

以盐税为例，盐是自古至今所有人的必需品，盐税也是长久以来世界各国形成财政收入的普遍选择。要征收盐税，各国的实践一般采取了征收从量税或者从价税两种办法。然而，为简化征管并节约税收成本，各国征收盐税一般都是在盐的生产环节直接加价征收。消费者购买盐的时候所接受的价格中已经包含了税费，这是一种直接税，但法国的情况却不是这样。法国通过征收盐税所形成的财政收入在 1788 年仅为不到 6000 万里弗尔，约占国家岁入的 12%[①]。除神职人员和贵族外，不论是否需要，法国的每个家庭每年必须购买规定数量的盐。在封建义务、自由程度不同的地区，盐税的征收强度也不同。在相对自由的省份，盐税可以是严格征税省份的四分之一。在整个法国内部，有至少 7 种不同的盐税，把盐从低税区域走私到高税地区是一门暴利生意。国王为了进行征税、盐业流通管制和镇压走私，组建了半军事化的税警部队来抓捕盐贩子。法国的盐税是一种介于直接税和间接税之间的混合物。

除了国家中央政府征收的间接税之外，法国境内还存在许多向自由市镇、封建领主、地方教会当局征收的地方税，在省级层面征收的就被称为省税。这在国家内部造成了复杂多样的内部壁垒。一桶葡萄酒从法国西南方的阿基坦大区启程运往巴黎，只到了中北部的默伦，就会被收 25 种不同的过路税、补充税、国内关税，此外还有数十种针对酒类的特别税。这桶

---

① Charles Gomel. *Les Causes Financières de la Révolution Française, Vol. 2* [M]. New York: B. Franklin, 1966, pp.434–438.

酒实在不值得以这样高的成本被贩运到巴黎，还是让它就这么停在距离巴黎仅有 40 公里的默伦吧 ①。"旧制度" 时期的法国在税收方面是一个隶属于王室但实行不同税种、税率的省份、市镇集合体。王室只能在它的直辖领地上把全部的税收据为己有，在别的地方，王室需要与别人分享税收。离巴黎越远，王室收税的能力就越小。因此，离王室最近的法兰西岛地区就遭了殃，该地居民的税务负担是全欧洲最重的。巴黎居民的税赋约是普罗旺斯人的数倍。王室征税强度的强弱与该地后来在大革命期间的政治倾向密切相关。较少给王室交税的法国西部和南部在革命后仍然长期支持保王党。被国王日夜盘剥的巴黎地区是各种抗议和政治活动的中心 ②。

一方面是开支激增，另一方面是财政能力屡弱，再加上税务负担不公，这对公众舆论的影响是毁灭性的。当最富有的第一和第二等级可以免税时，第三等级却被迫和这些人一起投票来同意他们对自己加税。第三等级开始给自己寻找旧制度规则内合理合法的避税手段，第三等级中比较富裕的新兴资本家阶层也确实找到了这样的手段——购买贵族头衔。购买一个贵族头衔代表着一种避免财富损失的手段。假如这个贵族头衔还真的附带某种职务的话，购买者的财富甚至有可能增加。一个在贸易或投机活动中致富的平民家庭至少可以通过这种手段庇护自己的财富，并嘲弄国王派来的收税人。对于这一类人来说，贵族身份成了一种代表聪明才智的专利，一种永久免税的方式。法国约有 4000 个较为正式、严肃的旧贵族位置，但王室18 世纪以来又新创设了许多小贵族的位置以供售卖 ③。因此，申请人在购买时有太多的选择，费用当然不菲，但最终还是购买者得益。王室出售的不仅仅是一个虚荣的头衔，更是以一次性付款为交换条件，放弃向购买者及

① René Stourm. *Les Finances de l'Ancien Régime et de la Révolution*[M]. Paris: Guillaumin & Cie, 1885, p.474.
② Gerri Chanel. *Taxation as a Cause of the French Revolution: Setting the Record Straight*[J]. Studia Historica Gedansia, Tome 6, No.4, 2016, pp.65–81.
③ Ghislain de Diesbach. *Necker ou la Faillite de la Vertu*[M]. Paris: Perrin, 2004, p.112.

其所有男性后裔征税的权利。王室以这种方式抵押了未来。新兴的资产阶级人数众多，逃避税收盘剥的需求非常旺盛，贵族头衔的价格不仅没有因为滥设而下降，反而上升了。贵族头衔作为一种投资竟然有了某种保值乃至增值属性。路易十六以滥售贵族受封证书而著名[①]。

为了眼前的资金需求而牺牲长远利益在同时期的世界其他各国并不鲜见，明清两代的卖官鬻爵、奥斯曼帝国对包税人职位的拍卖就是例子。其结果也大同小异——变相的借贷破坏了国家制度，长期持续性的卖官鬻爵制造了新的制度。富人借助新的制度越来越富，避税成为合理合法的社会规范，而且有成熟的操作手法去达成这个目的，不必再纳税代表着一个人的经济成功和社会地位提升。

财政收入以这种不光彩、不公平的方式形成之后，如何花销？不同去向、不同方式的财政支出会给国家经济和社会生活带来完全不同的影响。路易十六的奥地利王后玛利·安托瓦内特被公认为是一个轻浮和浪费的人，国库空空如也，宫廷光彩夺目。为了款待显赫的客人，宫廷里接二连三地举办了令人眼花缭乱的宴会、舞会、音乐会、招待会、点心和焰火晚会。这些享乐支出从绝对数额和占法国岁入的比例来看不高，但格外刺激人的义愤。王室的享乐消费大概只占总岁入的6%，即约3400万里弗尔，但是战争开支和债务负担已经消耗了岁入的80%以上[②]。维持国内秩序的暴力机器又要消耗一些财政收入，直接回馈给纳税人的财政支出非常少。法国教育和济贫工作所需的人员和开支实际上依赖天主教会的神职人员及其慈善基金。

依赖终身年金、卖出贵族头衔收入的财政运行状况客观上迫使王权屈服于金钱，这些金钱有三分之一是法国国内新兴资产阶级借给国王的，有

---

① Richard Dewever. *On the Changing Size of Nobility Under Ancien Régime 1500-1789*[D]. Paris: Université PSL, 2017, pp.5–12.

② Charles Gomel. *Les Causes Financières de la Révolution Française, Vol. 2*[M]. New York: B. Franklin, 1966, pp.434–438.

另外三分之一是旧贵族们借的，还有最后三分之一是外国人借的。国家的这些债权人从不公平的税收系统中充分获得了收益。在旧制度中已经如鱼得水的资本家、旧贵族、国际金融资本家都不想改变现状，他们形成了阻碍进步的联合体。要开展有实际意义、能重新平衡财政的改革，就要建立一种与收入成正比、适用于所有土地的单一税种，这意味着特权的终结。指望联合体的成员们接受改革就像召集一家公司的最大股东并要求他们取消自己的利润。同时，联合体在特定的条件下，也会通过瘫痪王权的办法来扩大自己的特权，这绝不是改革。由于人们对王朝末期的税收制度已经深恶痛绝，为了瘫痪王权，联合体很容易通过丑化税收来获得民众的支持。王权的瘫痪，对国家政权和特权的争夺催生了真正的议会。在整个 18 世纪，无论是改革派还是保守派，无论是资产阶级还是贵族，都以反资产阶级的名义涌向了议会。路易十六所熟悉的传统政治平衡术、对人心的分化和征服等手段在新的时代已经不再有效。能够避免破产的真正改革没有发生，大家为了避免破产而选择了革命。

第十六章　真正的国民议会

一、所有人反对所有人

革命的前夜是混乱的。启蒙运动中的知识分子和新兴的资产阶级对贵族特权不满；农民、工人、手工业者和小资产阶级对传统贵族领主特权不满；第三等级的所有人对神职特权者不满；乡村低等教士对贵族主教的不满；所有阶层对王室的挥霍无度的不满。国王决定召开三级会议的逻辑也很简单明了：让占法国总人口 95% 的第三等级去和第一、第二等级争斗，国王则作为仁慈而公允的仲裁者从中渔利。国王在内克尔的设计下，想要对三级会议的投票权做一个小小的变动，他试图赋予第三等级成员双倍票权，其他等级则维持单一票权。这样，第三等级就能跟第一、二等级打平，等双方僵持不下时，路易十六再出面，两大阵营各退一步，各自分担一部分赋税。这并不是什么重大的制度创新，在历史上，法国王室经常借助第三等级的力量来平衡前两个等级，特别是向他们要钱的时候。从 16 世纪开始，国王的很多重要法令都是建立在第三等级的陈情书上的，但是时代变了，现在已经是召开真正的议会的时候了。第三等级想要的并不是那个翻倍的加权票，他们想要的是每人一票来表达自己的意愿。

法国著名的法学家、政治理论家西耶斯草拟了一部小册子《第三等级是什么》（*Qu'est-ce que le Tiers-État*），在书中有这么一段话，"第三等级是什么？是一切，是整个国家。第三等级在政治秩序中的地位是什么？什么也不是。第三等级要求什么？要求取得一定的地位。"[1] 当时，参加三级会议的代表共 1139 人，其中神职人员 291 人，贵族 270 人，第三等级 578 人[2]。如果真的按照一人一票、多数服从少数，胜负在会议召开的那一刻其实就已经决定了。

1789 年 5 月 5 日，三级会议在凡尔赛宫开幕。会议首日，路易十六亲自主持，神职人员坐在王座右侧，贵族在左侧，第三等级坐在王座对面。国王首先发言，掌玺大臣接着表示赞同国王，内克尔第三个发言。内克尔关于法国财政现状的演说长达四个多小时。三级会议的代表们并不精通财政运转的规则、会计技巧，过于专业的演说内容使得代表们昏昏欲睡。内克尔在列举了一大批数字之后，还妄图掩饰财政灾难的规模，他只承认 5600 万里弗尔的赤字，而我们之前已经证明了 1788 年的财政赤字为 1.58 亿里弗尔[3]。代表们徒劳地等待他提出持久解决危机的办法，政府对此完全无能为力，内克尔只是提出了一些无法挽回局面的应急措施。

二、第三等级的真正要求

第三等级的代表们并不关心公共财政，他们已经把斗争的目标转为争取一人一票。第三等级代表首先提出，这次会议的所有决议必须由三个等级的人公开讨论决定。这么做是为一人一票而不是一个阶级一票做准备。基于此，第三等级的代表要求现场核验所有人的参会证明，为之后的投票、计票做准备。第一、第二等级的代表表示反对并拖延了议事程序。内克尔按照拉第三等级逼迫其他人让利的既定方针，出来表示支持第三等级的观

---

① Emmanuel Joseph Sieyès. *Qu'est-ce que le Tiers-État*[M]. Paris: Société de l'Histoire de la Révolution Française, 1888, pp.27–93.

② William Doyle. *The Oxford History of the French Revolution*[M]. Oxford: Oxford University Press, 1990, pp.99–101.

③ Charles Gomel. *Les Causes Financières de la Révolution Française, Vol. 2*[M]. New York: B. Franklin, 1966, pp.434–438.

点，但参会代表核验身份的时候需要国王进行公证。第三等级内部这时开始发生分裂，有人支持国王，更多的人则反对国王。同时，第一、第二等级共同反对内克尔。在议事程序的冲突、会议议程的拖延中，西耶斯提议另组真正属于国民的议会，作为国家事务的决议机构。这个建议在第三阶级中获得了广泛赞同。西耶斯接着提出自愿报名制度，由第三等级的人自行为与会者签到、核验身份，其他两个阶级自愿加入。1789 年 6 月 17 日，认证工作完成[①]。然后，第三等级的代表们终于亮出了自己的真实意图，他们坚持认为"国民议会"是为人民服务的机构，可以对国家事务进行决议。如果不让他们决议，他们就拒绝纳税。国民议会宣布，现有的所有税收都是非法设立和征收的，但在这些税收被取代之前，可以继续征收[②]。同时，国家的所有债权人都被置于法兰西民族的荣誉和忠诚之下。换句话说，财政支出没有被否定，但收入受到了谴责，没有比这更糟糕的解决财政危机的办法了。

看到第三等级的动作，不事生产而基本依赖供养的第一阶层神职人员开始随声附和起来，他们纷纷申请加入国民议会。路易十六却并没有镇压独走的国民议会。他先是宣布，自己将于近期亲临三级会议现场，发表演讲，解决当前的会议乱象。然后找了一帮木匠，以维修会场、准备国王演讲为名关闭了国民议公会的召开地卢浮宫万国大厅。6 月 20 日，万国大厅以装修为名全面封锁，代表们被禁止入内，此时外面下着大雨，大家被迫找了个室内网球场避雨。联想到被赶出来的狼狈和淋雨的经历，大家群情激愤，发表了著名的《网球场宣言》。《宣言》中提出的政治要求进一步加码——国民议会要求进行制定宪法的工作。6 月 22 日，网球场的使用权被剥夺，国民议会又在圣路易教堂集会。6 月 23 日，路易十六紧急召开御前会议，会上守旧派大臣一致口诛笔伐，痛斥国民议会的所作所为。会后，

---

① Denis Lemarié. *Chroniques de Versailles*[M]. Paris: Éditions Publibook, 2005, p.71.

② Thomas Carlyle. *The French Revolution: A History*[M]. New York: Thomas Nelson and Sons, 1902, pp.75-77.

路易十六宣布国民议会违法，要求其自行解散。国民议会得知此令，表示拒绝接受。同日，路易十六亲临国民议会现场，发表了一番慷慨激昂的演讲，却得不到回应。国王宣布会议解散后，第三等级的代表们大部分拒绝离场。6月27日，路易十六宣布理解诸位代表的做法，并宣布开始考虑立宪事宜，但同时大量军队开始进驻巴黎①。

1789年7月9日，国民议会宣布改称为国民制宪会议，正式向国王以礼貌但坚定的措辞请愿，要求国王撤除军队。路易十六表示，他会十分谨慎地使用军队，调动军队的目的只是以防万一。7月11日，内克尔提交新的财政改革方案，他在方案中要求王室按照每年制定好的固定预算支出，不能随意超支，同时，他向社会公众公布了一份新的政府债务状况信息，这得罪了路易十六，内克尔于当日被立即解除了职务。路易十六还宣布重组财政部门。7月12日，内克尔被罢官的消息点燃了法国社会对国王的怒火，巴黎民众纷纷集会请愿，要求内克尔官复原职。在请愿集会上，一些真真假假的小道消息开始传播和发酵，主要的传言有三类：第一类说国王免除内克尔职务是因为他同情第三等级，下一步就轮到制宪会议遭殃了；第二类则说国王已经动用在巴黎的军队赶来镇压制宪会议了；第三类最为离谱，说路易十六是个叛国者，秘密联络外国军队来镇压法国人民②。

三、走向革命

最迫切的需求从争取一人一票变成了赶在国内外军队到来之前武装自己，保卫制宪会议。激进分子开始联系巴黎的卫兵、抢夺城内军火库的军火。7月13日，巴黎城内一片混乱，起义军四处攻占各类建筑，城里到处是起义者构筑的街垒。7月14日，由巴黎民众和部分卫兵组成的军队开始

---

① Éric Hazan. *Une Histoire de la Révolution Française*[M]. Paris: La Fabrique, 2012, p.60–61.
② Éric Hazan. *Une Histoire de la Révolution Française*[M]. Paris: La Fabrique, 2012, p.62–64.

攻打巴士底狱。攻打巴士底狱的决定并不是深思熟虑的结果，也没有什么深远的政治象征意义。起义者之所以要攻打这里，是因为他们已经从荣军院抢到了枪，但没有弹药，而巴士底狱有军火库，且在能够监控大部分巴黎城区的一个高地上。最后，这里现在只有 114 个卫兵，优势在我。巴士底狱的监狱长洛奈侯爵在见到革命者的大炮后投降，但仍被革命者打死①。起义军随即回师巴黎市政厅，将拒绝为他们提供武器弹药的商会会长公开审判并立即枪决。此时的路易十六并不知情，在当天的日记本上写下了著名的"本日无事"②。

在革命的高潮中，议会关于税收非法的声明被曲解了。旧税的"临时征收"逐渐消失，几乎所有人都不再缴纳旧税了。法国的情况从"所有人反对所有人"变成了"所有人反对所有的权威"，全国各地发生了针对财政强制力的各种暴力事件，税收登记簿被烧毁，商店被打砸，路障被推翻，职员被侮辱并受到死亡威胁、被赶走，税务官的住宅或产业被暴徒洗劫一空。第一、第二等级人士的特权确实被革命的现实给取消了，但是事态丝毫没有恢复平静的迹象。制宪会议同意紧急对内克尔提供财政贷款，以恢复国家的信用和秩序，但是 8 月 9 日和 27 日的这两次贷款决议并没有什么用。秩序的瓦解和财税系统的破坏使得大革命后一年多时间里，法国政府只能筹集到 2700 万里弗尔③。那么，真正的解决之道在哪里呢？制宪会议诉诸普通人的爱国情怀、对过去的特权阶层收税等办法，但等待着各种革命临时政府的命运都将是财政失败和破产，直到拿破仑出现在权力高层，大革命以来的财政灾难才暂时告一段落，但那是后来的事。现在让我们看看过分相信法国人的爱国情怀会是什么下场吧。

① Philip Dwyer, Peter McPhee. *The French Revolution and Napoleon*[M]. London: Routledge, 2002, p.18.

② Évelyne Lever. *Louis XVI*[M]. Paris: Fayard, 1985, p.285.

③ Marcel Marion. *Histoire Financière de la France Depuis 1715, Tome 2*[M]. Paris: Arthur Rousseau, 1914, p.8.

第十七章　新革命遇到老问题

一、聊胜于无的爱国热忱

　　大革命爆发后很短一段时间后，法国中央财政就开始过分相信和依赖人民的爱国情怀了。1789 年 9 月 7 日，巴黎上流社会的一些贵妇被允许参加议会会议，以便她们向国家捐赠私人珠宝。这既是爱国热情的展现，也是旧贵族们能够重返巴黎的某种机会。除了这些偶发的大额捐赠之外，其他出自平民的捐赠往往虽然感人至深但数额很小，对财政的贡献非常有限。还有一些人不愿捐钱或没有钱财可捐，于是提出可以免费向社会提供自己的劳动。譬如说法官提出免费为大家主持公道，贵族的家庭教师提出自愿教工人们读书写字。事实证明，法国社会各阶层确实怀有爱国热忱，但不多。到 1790 年 3 月初，通过爱国捐款筹集到的现金只有 100 万里弗尔[①]。更糟糕的是，某些过分积极的爱国人士会去大街上自作主张地对佩戴首饰、衣服上有贵金属扣子的人动手。这种"呼吁"大家慷慨解囊的做法引起了新的混乱，而且也没什么用。尽管革命者们痛恨旧的税收制度和各种税目，恢复征税仍在所难免。"爱国捐款"在 1789 年 10 月 6 日正式被固定下来，变成了对年收入超过 400 里弗尔的纳税人的所得税，税率 25%。起初，本着革命的精神，制宪会议在征税问题上选择相信公民们的自觉和道德水平，但是，在这样一个动荡年月，没人会暴露自己的真实收入并自投税收罗网。

---

① Marcel Marion. *Histoire Financière de la France Depuis 1715, Tome 2*[M]. Paris: Arthur Rousseau, 1914, pp.22–25.

负责征税的官员们对这个差事也避之不及。征税官员们害怕收不到税，更害怕因为收不到税而被迫变成唯一的那个纳税的"爱国者"。尽管巴黎的市民们不愿面对新制度下的新税收，议会还是在 1790 年 3 月 27 日通过了强制征税的法令①。

　　各市政当局对此并不热心，爱国捐款以及后续基于自觉的所得税也失败了。从大革命爆发到 1790 年底，法国中央政府每个月大概只能收到不满 200 万里弗尔的税款②。每当革命的新税务官们对人们收集税金，大家的反应往往是指责旧的特权阶级长期没有纳过税，即便收税也应该先让这些特权阶级补税，这样才算公平。这个想法具有道义上的合理性，但在实际操作中并不现实。对旧特权阶级追税需要税务当局进行历史应收税款数据回溯和非常复杂、精细的税额加权分摊计算。在革命的混乱中，许多账簿都已经烧毁或丢失。在新税制实施的时候，许多旧的特权阶级成员已经要么死于革命的恐怖统治，要么逃到国外去了。总之，无论如何征求意见，税收问题始终难以解决，旧的征税机器显然已经无能为力，在国家失去秩序和信用的时候，显然也不能再依靠信贷，制宪会议不计后果的仓促行动带来了财政的实质性崩溃。

二、寻找新的财政解决方案

　　爱国的热忱、对旧特权者的剥夺都被事实证明于事无补，终于有人将目光转向了教会的庞大财产。支持对教会采取行动的人认为，革命的义人理应享受最低的负担，不义的教会献出财产则可以恢复秩序和人的尊严。法国天主教会所拥有的各种财产据估计约合 20 或 30 亿里弗尔（取决于对

---

① Marcel Marion. *Histoire Financière de la France Depuis 1715, Tome 2*[M]. Paris: Arthur Rousseau, 1914, p.38.

② Marcel Marion. *Histoire Financière de la France Depuis 1715, Tome 2*[M]. Paris: Arthur Rousseau, 1914, p.38.

地产价值所使用的不同评估方法），但是这些财产中只有一些贵金属质地的宗教用品的流动性较好。当财政部门急需资金时，大量流动性较差的资产（主要是土地）无法在短时间内变现。于是，有必要采取某种变通措施。"也许有人会说，在法国，可用资本积累起来的自由现金不足以代表所有这些商品的价格，而且，由于大量新商品被投入市场所带来的商品之间的长期相互竞争，其他财产的价格会长期下跌。（解决这个问题的）答案很简单。既然销售这些财产的所得将被用于偿还公共债务，那么实现同样目标的最简捷方法就是立即让国家的债权人自己选择竞标和购买这些财产，并（由财政部门）为他们的债务资本开具收据。"①

换句话说，既然教会地产短时间大量进入市场造成了售卖困难，那么在等待它被成功变现期间，国家有义务对一些债权人提供某种承诺，即承诺在未来某个时候把地产的销售收入付给债权人，但是本应留作偿还旧债的资金已经被挪作他用。1789 年 12 月 9 日和 21 日的法令决定出售价值 4 亿里弗尔的教会和王室财产。法令还规定了发行等额"购买票据"，以便购买前述财产的人能够向国库偿付一定数量的预付款②。于是，"指券"就这么诞生了，它是起源于法国南部的一个古老的法律术语，本意是被指定用作未来付款抵押的固定资产。最初，发行指券只是个临时的权宜之计，它不是货币而只是一种债务凭据，所以也不能向银行存入指券来获取利息，但是事情很快起了变化，制宪会议的成员们很快就发现了金融创新的妙用。通过票据发行来轻而易举地勾销掉 4 亿里弗尔那么多的债务及其所对应的贵金属需求，这太美妙了。税收收入的持续低迷迫使政府发行越来越多的指券，在名义上，这些指券都有对应的国家公产作为对应抵押物。由于指券的发行数量巨大，它很快就变成了可流通债券，并几乎立即又变成了真正的纸币，它在法国各地流通，用于所有的公私日常交易。这是因为，不

---

① Emmanuel de Waresquiel. *Talleyrand, le Prince Immobile*[M]. Paris: Fayard, 2003, p.134.

② Émile Laurent, Jérôme Mavidal. *Archives Parlementaires de 1787 à 1860: Tome IX*[M]. Paris: Librairie Administrative P. Dupont, 1877, pp.398–404.

发行指券，国家财产就无法出售，国家财产不能出售，财政支出就没有来源。伴随着指券滥发的进程，其性质已经悄然发生了变化，指券开始向着纯粹依赖国家信用而存在并维持流通的信用货币转变。

要停止对指券的滥发和依赖几乎是不可能的。要么议会制定新的有效税制，大幅增加税收，逐步把虚空中的指券与贵金属准备金建立联系并最终消灭掉指券这个债务凭据；要么议会就干脆宣布财政破产、革命之前的旧债一律无效。在丧失秩序、权力结构崩塌的情况下，不可能采取第一种办法。更要命的是，要想让纳税人积极纳税，制宪会议就要冒着得罪民众而被赶下台的风险。革命年代的兴奋情绪、对没收来的国有资产的出售等从本质上讲就是迎合让纳税人摆脱困境和剥削的民粹情绪。采取破产的办法同样不可行。第三等级中的资产阶级认为，破产是最残酷、最不公平、最灾难性的税收。如果革命后的新政府仍然不能避免财政破产的命运，那大家起来革命的意义何在？难道真的没有人能够打破王室立下的赖账不还的恶习吗？确保公私债权得到尊重和履行正是法国大革命资产阶级性质的体现。

三、指券在货币竞争中失败

政治和货币状况的双重不稳定给国家经济带来了巨大的不确定性，在金融市场上造成了巨大的恐慌。法国本国资本、外国资本都开始出逃。指券的汇率、实际购买力都在迅速下跌。贵金属现金退出流通，被藏匿起来。指券在法国境内的流通也开始遇到麻烦。在朗格多克地区，任何使用指券进行交易的人开始被视为无赖或乞丐。在阿尔萨斯等靠近边境的地区，交易一般采取双重定价，既使用贵金属现金标价，也附记一个指券价格。这种双重定价的现象后来不仅在民间商业合同中流行，也在经过官方公证的契约上蔓延开来。由于指券在法国境外毫无信用，它在同旧王室钱币的货币流通竞争中失败了。在法国国内，商贩拒收指券的现象越来越普遍。法国政府出售公产后，国库会收到指券。相比指券，国库更希望能收到贵金属现金。于是，尽管国库不得不接受指券，但还是会在实际操作中给指券规定一个折扣。在这里，指券在某种程度上恢复了它作为公产受让人票据的本来面目。法国国库的折扣记录显示，指券在 1790 年的官方折价率为 7%，1791 年的官方折价率为 15%[①]。这一方面表明指券确实在贬值；另一方面却似乎提示我们贬值率还不是太恶性。但请大家不要忘记，国库记录中的官方折扣率只表明了国家抛出和回笼货币时的能力大小、二者之间的价差。这些记录并不能表明货币在法国国内的实际价值，毕竟，可以使用公共力量的国家政权所拥有的资源和力量比私人商贩强得多，同一张指券在二者的手上能买到的东西不可能一样。

在私人经济领域，货币接受度的下降、贬值率的上升带来了经典的困境——劣币驱逐良币。当政府强加给社会一种被认为不可靠的货币时，被认为具有实际价值的货币（黄金或白银）就会消失。因为人们担心它会在某个时候被国家强制收兑，在强制兑换货币的情况下，任何公民在购买商品或纳税时，都可能被迫放弃自己的黄金或白银，取而代之的是一张已经贬值的纸币，把囤积的金银换成这种新货币对任何人都没有好处。因此，真正的货币被藏了起来，等待更好的日子，只有劣质的官方货币才会流通。由于经济活动被迫使用一种没人要的货币，贸易逐渐放缓，市场变得混乱不堪。在农业领域，这种情况尤其突出。因为农业部门的增长率通常会比工业和商业部门低，农民又处在货币流通的末梢，他们是货币贬值的最大受害者。反言之，农民又具有抵抗这种通胀的最有利条件。在任何其他行业，你都必须卖掉你的产品或劳动才能靠交易的利润生活。农民一旦决心对抗通胀，就尽可能什么也不买、什么也不卖。在对抗通胀的条件下，农民只不过是把囤积卖掉农产品得来的贵金属现金改成直接囤积农产品罢了。

---

①   Germain Sicard. *Mélanges Germain Sicard*[M]. Toulouse: Presses de l'Université Toulouse Capitole, 2021, pp.1061–1076.

这些农民是无论如何也不愿意囤积废纸的。不过，这么一来，严重依赖农村供应的城镇就会发生问题。1791年，法国的收成不算好，但也绝对不是个灾年。本来，粮食等必需品的价格不至于发生太大问题，但当城乡物资交换停止之后，城里的通胀加剧，与维持基本生活相关的食物等商品价格飞涨。

　　雪上加霜的是，法国在1792年向波西米亚和匈牙利宣战了，大革命转入了反对外国干涉的新阶段。要作战，就会带来更多的政府财政透支。1791年12月—1793年2月，法国共发行了24亿里弗尔指券。印刷指券的银行火力全开，勉力维持国家的运转。这一时期约98%的战争费用支出都是用新发的指券支付的（具体数字详见下表）。

表 17-1　1791 年 7 月至 1793 年 9 月 1 日的战争开支

（单位：万里弗尔）

项　目	金　额
开支部分：	
战争费用	233 200
海军和殖民地费用	32 000
	合计：265 200
收入部分：	
指　券	243 500
用指券收兑的现金	21 500
国库收到的现金	200
	合计：265 200

　　资料来源：Philippe Minard, Collectif, Guy Antonetti. État, finances et économie pendant la Révolution française[M]. Paris: Comité pour l'histoire économique et financière de la France, 1991, pp.322–324.

四、输出革命及其产物的尝试

　　执政的吉伦特派热衷于输出革命的意识形态和革命带来的创新。其中也必然包括了指券。既然革命的新法国所发行的货币在欧洲其他地方都不被接受，尤其是英镑和法郎的汇率不断恶化，那么为什么不通过武力强制输出指券呢？克拉维耶尔（1792 年起任税务大臣）、布里索和佩蒂翁宣布："因此，我们的第一项财政行动将是向泥古不化的封建王公们开战。"① 此外，军队的胜利将巩固大革命头几年的成果，尤其是国家没收来的公产和以此为质押物的指券，在他们看来，法国可以从全面冲突中获得一切好处。

但在将指券强加给其他国家之前，革命者必须让它在自己的国家成功地获得认可，事与愿违，指券的情况每况愈下。它的官定价值下降了 50%（非官方价格肯定也早就这么低了），通货膨胀率从每月 7% 上升到 7.5%，即年化率 90%。在科雷兹、上维埃纳和克勒兹，面包的价格为每磅 7 至 8 苏，而日工资仅为 9 苏 ②。1792 年秋天，法国爆发了民众要求对食品征税暨冻结食品价格的骚乱。国民公会（9 月起接替立法议会的新权力机构）背水一战。由于国家没有其他支付手段，粮食的崩溃威胁到了战争，如果粮食这种战争最基本物资的供应被摧毁，法国将面临迅速战败的危险。更有甚者，还真有可能因饥饿而爆发一场席卷全国的大起义。形势陷入了僵局——要么停止一切行动，要么加倍努力挽救经济和货币。面对这种情况，法国社会各方的反应将会是非常激烈的。欢迎来到大革命"恐怖统治"的"九三年"。

五、内债其实是一种税

1791 年 6 月 20 日，路易十六就曾经试图逃出巴黎，不过没有成功。

---

① Philippe Minard, Collectif, Guy Antonetti. *État, finances et économie pendant la Révolution française*[M]. Paris: Comité pour l'histoire économique et financière de la France, 1991, pp.347–353.

② Albert Mathiez. *La Vie Chère et le Mouvement Social sous la Terreur, Tome 1*[M]. Paris: Payot, 1973, p.110.

1792 年 8 月 10 日，杜伊勒里宫被攻陷，国王被停职。9 月 22 日，法国被宣布为共和国。在普选的基础上成立的国民公会起初延续了自由主义的策略，但随着国内经济形势的恶化，罗伯斯庇尔在 12 月 2 日的演讲中严厉警告"任何人都无权在快要饿死的同胞身边堆放成堆的麦子（即囤积居奇）"①。国民公会的政策开始从自由主义转向专制主义。指券在货币流通竞争中不敌贵金属货币。于是，国民大会在 1793 年 4 月宣布禁止在日常使用中区别对待这两种货币符号，禁止双重标价，强制使指券与旧金、银币等值，但是民间对指券缺乏信心。1793 年 8 月 1 日，国民公会通过新法令，拒绝使用指券、怀疑指券价值并打折使用指券的人都将被处以 3000 里弗尔的罚款以及 6 个月监禁，但是这个法令从来没有被认真执行过。1794 年 5 月 10 日的法令进一步加重了惩处力度，对拒绝接受指券或使用双重标价者处以死刑。在这种恐怖的经济处分令大行其道的时候，人们想起了法国的一个老笑话："有人竟然以为可以通过打碎温度计来治疗发烧。"②

对货币问题的处理不尽如人意，那么对粮食的处理呢？ 1793 年 5 月 4 日，国民公会决定对粮食（主要是小麦）实行最高限价。9 月 29 日，限价扩大到其他 39 种粮食。为平抑国内物价，对外贸易也被纳入监控范围之内。

巴黎证券交易所因为涉嫌鼓动人民从事贵金属炒作，于 1793 年 6 月 27 日被关闭。为制止资本外逃，政府实施了外汇管制。所有持有外汇的人都必须在限期内将之兑换为法国国库券。在各省执行稽查任务的某些国民公会代表甚至开始"自由猎取"现金，富歇就要求涅夫勒省的贵金属持有者将之兑换为指券。10 月 2 日，富歇发布了公告："暴君的奴隶需要黄金，因为在危险的暴政帝国下，一切都可以出卖，但在自由的制度下，财富只是危险的。共和主义者不需要财富，也不渴望财富，他知道自己在不幸和

---

① François Crouzet. *La Grande Inflation. La Monnaie en France de Louis XVI à Napoléon*[M]. Paris: Fayard, 1993, p.247.

② François Crouzet. *La Grande Inflation. La Monnaie en France de Louis XVI à Napoléon*[M]. Paris: Fayard, 1993, p.247.

年老时都会得到荣耀。因此，今天，对所有渴望财富或权力的人都充满了不信任，这是有充分理由的。他们是虚伪的爱国者，是真正的反革命分子，他们只是在等待时机，将自己出卖给第一个愿意付钱给他们的暴君。只有将他们赶出共和国的怀抱，才能建立共和国。他们用黄金将我们的城市向那些既懦弱又凶残的强盗敞开大门……我们必须从他们手中夺走这种强大的金属，这种可怕的杠杆，他们用它来唤起一切卑鄙龌龊的激情。"[①]

　　吉伦特派被 1793 年 5 月 31 日至 6 月 2 日的群众起义推翻后，更激进的山岳派支配了国民公会，并在救国委员会中占据多数。在 1793 至 1794 年间，该委员会实际上统治了法国，其所以称为山岳派，是因为他们在开会时坐在议会中较高的长凳上。他们由巴黎和其他城市选出的代表组成，依靠小资产阶级和无套裤汉的支持。山岳派所采取的经济措施都是为了稳定指券的币值，但效果不彰。每 100 里弗尔指券兑贵金属货币的比价在 1793 年 7 月为 23 里弗尔，在本年底为 48 里弗尔，随后在 30 至 40 里弗尔之间浮动[②]。当双重定价的做法会被处以死刑时，当这些来自国库的数字仅仅是恐怖统治下国家购买力的体现时，这些数字还有什么可信度呢？在交易行为能够脱离国家的恐怖统治暴力影响之后，指券根本无用。尽管有恐怖，尽管有对囤积居奇者的追捕，但国家试图通过各种征用和控制来指导国民经济的努力，几乎在所有地方都遇到了各阶层民众普遍存在的欺诈行为的软抵抗。共和国政府自己在购买战争物资的时候，也不遵守自己所制定的法律，而是采取实用主义的态度，用他们所鄙视的"卑鄙的金属"从国外进口布匹和火药。

　　后来，人们发现经济领域的恐怖统治并不恐怖，或者说对不同的人恐怖程度不同。只有 21 个人因为囤积居奇被判死刑。这只占同期所有死刑数

① François Latour. *Gaudin, le Grand Argentier de Napoléon*[M]. Paris: Éditions du Scorpion, 1962, p.34.

② François Furet, Denis Richet. *La Révolution Tome 1: 1770-1814*[M]. Paris: Hachette Littérature, 1997, p.232.

量的 5‰[①]。经济恐怖统治主要处决的是拒收指券和投机倒把的人。路易·布里耶因用指券包装了一磅黄油而被送上断头台。安托万·布拉瑟因为把他的旧皮鞋拿去卖了换指券而被处决[②]。对经济犯的处决是随机和草率的，但是这种草率也是有用的。要遏制经济犯罪活动，对人们灌输恐惧感比真的大范围制造恐怖更有用。限价和强制没收、转让的最大受益者是政府，这种政策让国家能低价取得战争物资和支付军队的工资。尽管法国国内已经发生了经济危机并正在演变成金融危机，法国的对外战争仍然能够继续下去，通过指券、限价和若有似无的税收，国家攫取了约五分之一的国民收入，这是"旧制度"下税额的 3 至 4 倍。滥发的指券本质上是一种期待将来能得到偿还的债券，法国全体国民是它的债权人，这是一种典型的国内债。当指券变成货币并大幅贬值之后，内债就被实际勾销了很大一部分。内债确实不是债，但它是一种变相的税。指券和限价令是革命的共和国政府真正的"实物税"[③]。

六、恐怖的退潮与货币的崩溃

热月事变标志着革命的恐怖统治开始退潮，同样的事情也在经济领域发生，但是当经济的紧急处分措施被结束，指券的信誉立刻就荡然无存了。收到这种货币工资的人（尤其是政府雇员）实际上买不到东西，他们中有许多不得不乞讨度日。1794 年底的那个冬天尤其寒冷，气候和货币问题共同造成了大革命期间的最后一次饥荒，居民死亡率飙升。与常年同期相比，那一年的居民死亡率在勒阿弗尔上升了 20%，在巴黎上升了 50%，在鲁昂

---

① François Crouzet. *La Grande Inflation. La Monnaie en France de Louis XVI à Napoléon*[M]. Paris: Fayard, 1993, pp.313–318.

② Philippe Minard, Collectif, Guy Antonetti. *État, finances et économie pendant la Révolution française*[M]. Paris: Comité pour l'histoire économique et financière de la France, 1991, p.323.

③ François Crouzet. *La Grande Inflation. La Monnaie en France de Louis XVI à Napoléon*[M]. Paris: Fayard, 1993, pp.313–318.

上升了 100%。与此同时，指券发行量节节攀升，截至 1793 年底的指券发行量为 50 亿里弗尔，1794 年又发行了 70 亿，1795 年再发行了超过 270 亿。通胀已经完全失控了，1793 年底，100 里弗尔指券等值于 38 价值里弗尔的黄金，到 1795 年，100 里弗尔指券只能换到价值 0.6 里弗尔的黄金了 [①]。

　　指券越印越多，法国的财政也越来越依赖这些废纸。为了政权的存续，有必要关注印钞商人的命运。白天黑夜连轴转的印钞成果甚至不能满足第二天的纸币需求，生活困苦的印刷厂工人威胁进行罢工。政府无情地逮捕了工人领袖，以便将可能导致政府瘫痪的抗议活动扼杀在萌芽状态。镇压罢工活动的法律是现成的。自制宪会议以来，这些工人就一直受到特殊法律的约束：如果没有在两名证人在场的情况下提前六周通知，他们就不能离开雇主另寻职业；如果新雇主雇用了弃职的前印钞工人，他将被处以300 里弗尔的罚款；国家印刷厂的工人可以免服兵役 [②]。钞票印刷业已经变成了战略性的部门。

　　为了应对激增的财政支出需求，除了印钱之外，另一个办法是到处推广印花纸（印花税票）的使用。如今货币贬值太快，便出现了奇怪的情形。当时，大量的日常文件（公共文件、法律文件、私人文件或商业文件、报纸和海报，甚至音乐乐谱用纸）都必须用印花纸来制作和复制。印花纸由法国各地的登记处和领地管理局、邮局、前政府的税务机关供应。然而，当纸币的价值急剧下降时，印花纸的价格并不总是随之调整，从文具商那里购买印花纸要比普通纸便宜。1795 年春，一张印花纸的价格为 10 苏，而普通纸的价格为 15 苏。聪明的法国人甚至发现了新的套利机会——完全可以去官方机构低价购买这种印花纸，再来市场上兑换更多的指券。最后，连印花纸的供应也被迫走向了配给制，每人限领 10 张 [③]。

---

① Jean Tulard. *Les Thermidoriens*[M]. Paris: Fayard, 2005, p.272.

② Jean Paul Massaloux. *La Régie de l'enregistrement et des Domaines aux XVIIIe et XIXe Siècles*[M]. Genève: Droz, 1989, pp.273–276.

③ Jean Paul Massaloux. *La Régie de l'enregistrement et des Domaines aux XVIIIe et XIXe Siècles*[M]. Genève: Droz, 1989, pp.273–276.

　　恶性通胀使得民众怀疑纸币，英国作为当时的金融避风港从法国的混乱中获益。指券的大胆试验是近代通胀史上的开幕篇章，由它引发了新的社会危机，人民开始渴望恢复秩序的强大力量。众所周知，必须用"军刀"来结束革命，而就在此时，一位在土伦围城战中大显身手的将军刚刚在葡月13日的事件中扮演了重要角色。他就是即将成为法国意大利方面军总司令的拿破仑将军，他在北意大利的行动会让他变成督政府主要的实际供养人之一。

第十八章　督政府的供养人拿破仑

一、督政府对意大利的渴望

拿破仑在北意大利的胜利使他成为传奇人物，1796 年 5 月 15 日，拿破仑进入米兰。当这个消息传回法国国内，人民群众兴奋地表示，在这么多个世纪之后，凯撒和亚历山大终于后继有人了。由于拿破仑的军队在短短几周时间内就成功占领了意大利北方最为富饶的工商业中心伦巴第大区，军队的小金库首先充盈起来。然后，一批又一批的金银财宝被运到了巴黎。所有的意大利领土，从各个大公国到意大利民族主义者的共和国、教皇国，都接受了胜利者的严酷统治，并打开金库，试图满足法国军队的胃口，但这一切是如何发生的呢？

1796 年的意大利仍然只是一个地理概念，在政治上，它仍然四分五裂。最靠近法国东南部边境的意大利邦国是皮埃蒙特－撒丁尼亚王国，它是奥地利的小盟友，接下来则是奥地利直接控制的伦巴第地区，然后是久负盛名的富裕之乡、古老的热那亚共和国。再往东去，就是帕尔马公国、摩德纳公国。威尼托和它的本土一起，从波河岸边一直延伸到亚德里亚海，善于经商的威尼斯共和国拥有几乎整个意大利东北方。再往南去，就是托斯卡纳大公国、教皇国、两西西里王国。这些世俗的诸侯、王国们都非常富裕。教皇国则从整个天主教世界搜刮了无数的供奉、向他们售卖了无数的赎罪券，梵蒂冈的宝藏一直闻名遐迩。法国对教皇财富的掠夺也有先例可循，在百年战争时期，教皇被法国国王囚禁在阿维尼翁，对当时的法国作出了巨大的财政贡献。对于革命的法国来说，利用意大利的分裂是可行的，只要能克服撒丁王国的敌对势力，剩下的意大利邦国在军事上都很弱小。如果在意大利半岛的中心地带驻扎一支法国军队，即便法国不能"赎回自古以来的权利"，也还是可以施加某种影响的。革命的法国还有一个意想不到的优势，那就是它已经在和英国、奥地利等国组成的外国干涉军作战了。意大利的许多地方都是奥地利盟友或受它的庇护，剩下的诸侯也是波旁王朝的亲戚们，革命的法国军队和他们作战并不会让法国面临什么额外的国际压力。更何况，把战火烧到意大利去等于是从本土作战变成外线作战，这将减轻国内的战祸。

　　在国民公会执政时期，法国已经以各种卑微的条件向热那亚乞求许多次贷款了，这些数额很小的贷款（大部分都只有几百万里弗尔）要以法国的森林和各种地产收入为抵押。即便如此，热那亚人也不愿意提供贷款，对于一个外国人来说，法国不存在什么安全的抵押贷款。对于法国人来说，动荡的国家能为热那亚商人的贪婪给出什么诱饵呢？法国人要怎样才能让贪婪的人表现出怜悯和慷慨呢？法国人的资金需求越是极端和迫切，他们就越是没有办法说服任何外国人向法国政府提供贷款。法国驻热那亚代办卡考在 1796 年 3 月 5 日给时任外交部长德拉克洛瓦的信把这种困境表现得一览无遗，他在大半个月前（2 月 13 日）曾经对德拉克洛瓦建议过与其乞求贷款，还不如入侵意大利。"在所有的计划中，法国放弃了一个最令人恐惧且对他们伤害最大的计划，即：即使不想有所保留，也要将所夺取的一切都共和化。因此，我坚定地认为，一旦这种方法取得成功，在意大利就也应该采用这种方法，而不应该把它丢给那些只会碍手碍脚的傻瓜和恶毒的人。因为，这样一来，所有这些（意大利的）诸侯们都会战战兢兢，向他们的盟友（指法国）求和。共和国的力量必须通过这么多的新国家来得到增加。这些国家即使不是它的胜利伙伴，也会（因为恐惧而）成为它的贿赂者。"① 督政府其实早于卡考建议就已经走上这条利用别国对法国输出革命的恐惧来获得资金的道路，只不过督政府是凭本能行动而没有什么系统的外交理论罢了。

1796 年 1 月 19 日，法军意大利方面军司令部已经收到了督政府的明确指示："没钱了……那就想办法不要钱，或者到能找到钱的地方去拿……我们不想与热那亚人闹翻；我们不想损害他们的中立；但他们必须满足我们的需求……富裕就藏在一扇我们必须打破的门后面。"② 由于意大利方面军的军费即将耗尽，督政府于 1796 年 1 月 22 日命令他们在隆冬时节去进攻奥地利 – 撒丁联军，但是意大利北方与法国接壤的地方被山地围绕，从法国进入意大利实际上是从海岸平地向东北方的山地进军，其间只有多条狭窄的山道可以通行，军队无法在这样的地形展开作战，只能小股梯次突击，在冬季进行这样的攻击前进显示了督政府的勇气，但这在军事层面肯定是灾难性的。"如此早地发动战争有点违背意大利以往战争的惯例，但我们正是做了从未做过的事，才将其（指法国大革命的共和理念）强加给了整个欧洲……我们已经浪费了宝贵的时间；敌人每天都在利用这段时间变得更加强大。他正在消耗我们部队赖以生存的平原上的粮食；他正在耗尽我们本应抓住的资源，而我们却只能采取最后的权宜之计。让我们赶紧通过大胆的冒险来摆脱这种尴尬的处境。"③ 平庸而谨慎的舍勒将军显然不能胜任这样的工作，也无法执行督政府的意图。

① Gabriel Fabry. *Capitaine Campagne de l'armée d'Italie, Tome 3*[M]. Paris: Librairie Lucien Dorbon, 1914, p.442.

② Albert Sorel. *Bonaparte en Italie*[M]. Paris: Flammarion, 1933, p.5.

③ Antonin Debidour. *Recueil des Actes du Directoire Exécutif, Tome 1*[M]. Paris: Imprimerie Nationale, 1910, pp.462–463.

二、抓住最后的机会

要打破那扇通往富裕的门，督政府需要的是一把值得信赖的突击尖刀，拿破仑无疑是最佳人选，他的战略思想是大胆而犀利的，他已经给督政府提过相似的建议了，他的亲雅各宾派思想和卢梭哲学素养只会让他去主动削弱罗马教皇和意大利各地大大小小专制者们的权力。拿破仑简朴、正直、清廉的名声也让巴拉斯和鲁贝尔放心，至少他不会把征服意大利所得到的财富完全吞没。最后，他已经与巴拉斯的前情人约瑟芬结婚了，所以大家不会担心他不忠心或者甚至闹独立。拿破仑真是一位理想的人选啊！同时，这也是即将走到穷途末路的督政府手上最后的一张王牌。

对意大利方面军的重组是迫于军队后勤和军饷供应问题才进行的。督政府在 1796 年 1 月 30 日将萨利切蒂任命为派驻意大利方面军的政府专员。2 月 4 日，督政府在事实上丧失了对指券的信心，开始考虑公开销毁部分指券及其印制底板。真正的销毁行动发生在 2 月 19 日。到了 3 月 2 日，元老院和五百人院陆续展开了是否发行新货币的辩论。拿破仑就任之后，指券在法国实际上已经被废除，但政府也因此而丧失了资金来源。督政府在 3 月 18 日临时决定发行以土地为抵押的"土地票"，但是如果细究"土地票"的法语原文含义，其实它可以被直译成"土地委任状"，这个名称中隐含着政府委任土地票持有人去统治某一小块土地的可笑含义，这当然也只是一个过渡性的救急之策。法国民众同样明白这一点，他们对土地票毫无信心。发行仅几天后，土地票贬值 74%[①]。不论是左翼的雅各宾派还是右翼的保王党都在动员和利用社会中广泛存在的不满情绪，为自己的政治主张积蓄力量，不能再从督政府收到军饷和供给品的军队也心怀疑虑和不满，可能不再支持政府。意大利战役能否取得收益是件至关重要的事，它现在

---

① *Napoléon et Son Temps*[G]. Catalogue de la Vente Émile Brouwet, Drouot, 1934, No. 118.

变成了拯救法国财政的行动。

三、拿破仑自己的想法

拿破仑在就任之前早就给督政府提过进军意大利的建议，他的想法与督政府的有所不同。督政府的指令是，法国在意大利的主要敌人是皮埃蒙特－撒丁王国、奥地利，皮埃蒙特人多势众，奥地利人少但战斗力强悍，奥地利在意大利的优势是，他们在意大利占有领土，可以与皮埃蒙特人互相支援、影响皮埃蒙特首都都灵的政策。因此，法军在意大利的当务之急是集中力量打击奥地利在意大利的军队和他们的领地。按照这个逻辑，要解决的首要目标就变成了集中力量征服伦巴第大区，此地是奥地利在意大利直接占据的唯一领土。奥地利早已干涉法国革命，所以与奥地利的交战只会带来态势的改善而不会造成额外的孤立。为了集中力量打击主要敌人，应该把法军的行动集中限制在只需要很少敌我态势发展的狭窄地域内。一旦法军能够进入米兰，那么，他们就能顺势压服热那亚共和国，热那亚的屈服将意味着法国可以通过代理人在那里举行对法国有益的谈判。除此之外，法军所要做的就是使意大利的其他诸侯国恐惧，为了达到这个恐吓他人的目的，就要解散支持奥地利的小国之间的联盟。在意大利不存在所谓输出法国式革命的问题，亚平宁半岛上原有的社会组织结构必须得到维系，以免当地发生混乱。拿破仑要遵守督政府的指示，最多只能在皮埃蒙特煽动一些当地人对首都都灵的不满情绪，督政府对莱茵河沿线法军能够取胜很有信心，所以督政府认为在意大利把骚扰和转移视线的行动搞得太大、太多没什么意义，意大利最好能相对保持完整。因为，一旦法国在莱茵河沿线取得预期中的胜利，皮埃蒙特将变成与奥地利的和谈中一份很有趣、很有分量的筹码，可以拿来换取奥地利对法割让莱茵河左岸。总之，督政府要拿破仑在短期内尽最大可能地利用意大利，但不要对这些诸侯国造成太大损害，以便之后还能通过它们与奥地利交流。

因此，如果拿破仑真的乖乖按督政府给出的指令办事，意大利战役的目标就既不英雄，也不革命。利用和维持的方针与法国大革命中出现的那种意识形态斗争格格不入，但是战争造成的财政现实情况马上就给了督政府当头一棒。在法国大革命中，比利时和荷兰也付出了实物和金钱的代价，但不多。法军对德意志地区各邦国的占领和搜刮结果也让人失望，每年流入国库的那点钱还不够维持莱茵河沿岸法军正常开支的，督政府所能指望的只有财源滚滚的意大利。

拿破仑对督政府指令中与财务目标相关的部分照单全收，他认同督政府"军队必须实现这些目标以便国家摆脱目前危机"[1]的讲法，但他在军事方面比督政府更大胆。于他而言，在意大利的战役不只是一次简单的次要方向声东击西动作，它的目标不止于为莱茵河沿岸法军减轻压力，它也不只是出于财政目标的掠夺行动，在意大利的行动应该为战胜奥地利提供理想的战略平台，这远远超出了找钱这个俗气的问题。拿破仑认为自己应该变成一个征服者，就像在南美洲的征服者科尔特斯（Cortez）、皮萨罗（Pizarre）那样，他的任务是攫取黄金和征服，而非赢得意大利与奥地利的友谊。[2] 在这个问题上，年轻的将军与督政府产生了显而易见的误解。

在意大利战役正式开始的时候，拿破仑不得不与他的老乡、督政府派到军队中的专员萨利切蒂分享部分指挥权，在督政府的权力架构中，这个职位拥有广泛的行政权、财政权、外交权和一部分军事权，他实际上是总司令的文职替身，其职责当然包括了辅助总司令的工作，但同时也负责监视总司令。萨利切蒂刚一到任就接收了同热那亚方面的贷款谈判，结果当然毫无意外——热那亚人仍然拒绝给予贷款。萨利切蒂于是要求舍勒带领6000人去威胁热那亚，尽管这些人真的来到了距离热那亚城15公里的沃尔特里，贷款合同仍未达成。奥地利军队被派来援助热那亚，当地的居民

---

[1]　Antonin Debidour. *Recueil des Actes du Directoire Exécutif, Tome 1*[M]. Paris: Imprimerie Nationale, 1910, pp.462–463.

[2]　*Louis Madelin, Histoire du Consulat et de l'Empire, Tome 2*[M]. Paris: Tallandier, 1974, p.55.

对此感到安心，法国人的虚张声势又失败了，但派兵进驻沃尔特里似乎也不是完全没有收获。银行家巴尔比等一些人同意以私人名义借给萨利切蒂数十万法郎，用于支付法军的鞋子和服装费用，如有剩余则支付少量军饷，拿破仑在 1796 年 3 月 28 日写给卡诺的信中提及了这个变化，他乐观地表示，虽然障碍仍然存在，但最大的困难已经克服，一个月的食料已经得到保障，驿站有了供应，骑兵已经开拔，有些马车已经被派出并行驶了 5 天，法军即将积极行军①，但是奥地利人已经处于戒备状态，拿破仑想要的那种出其不意的效果未能达成。

进攻战在 4 月 9 日打响，法国军队甚至比督政府本身还要急切，他们太穷了，更需要钱。在战斗中，司令部给拿破仑提供的建议暴露了此次行动抢钱的真实意图。司令部认为可以发动针对位于利古里亚海岸的洛雷托圣母圣殿的攻势，以便夺取它的金库，这是教皇国在当地的一所直属修道院。"毫无疑问，司令部似乎是在向您提供一个疯狂的建议，即让 1 万人在敌国境内行军 45 里格（约合 176 公里），一路留下守备队和小据点，但又没有办法带走必要的补给品。然而，司令部认为，如果让一支由大胆而又有进取心的人指挥的游击队去执行这个任务，或许可以实现拟议中的战术目标。"②这个建议在军队的指挥官和督政府的各位领导人心里都激发出某些更大胆的期待，"将来有一天，我们能不能去洗劫（意大利马尔凯的）圣卡萨大教堂？我们难道不能夺走 15 个世纪以来因为宗教迷信而累积在那里的巨大宝藏吗？它的价值高达 2.5 亿法郎。这将是一次最令人钦佩的'特别金融行动'，而且只会损害少数修道士的利益。"③虽然意大利方面军本身和督政府的财政压力都很大，拿破仑在当时却没有立即实施这个计划，对他而言，军事行动的胜利更重要，在发掘意大利的财宝之前，他必须击败

---

① Lettre à Carnot du 8 germinal an IV 28 mars 1796, *Correspondance Générale publiée par la Fondation Napoléon*[M]. Paris: Fayard, 2004, No. 424.

② Guglielmo Ferrero. *Bonaparte en Italie*[M]. Paris: Éditions de Fallois, 1994, pp.37–44.

③ Guglielmo Ferrero. *Bonaparte en Italie*[M]. Paris: Éditions de Fallois, 1994, pp.37–44.

奥地利人和皮埃蒙特人才能抵达北意大利的东海岸。

在蒙特诺特和米勒西莫的胜利为法军打开了皮埃蒙特的大门。奥地利军队被击败，并与撒丁军队分离，后者也于 4 月 21 日在蒙多维被击败。拿破仑把撒丁王国与奥地利区分对待。4 月 28 日，撒丁王国在仍有能力继续作战的情况下被拿破仑恐吓着签署了停战协定。这是四分五裂的意大利在面对法军时的第一个软弱行径，今后，意大利还将继续软弱下去。拿破仑的胜利给督政府的正确性做了背书，法军在意大利确实开始引发恐慌。拿破仑表示，督政府可以自主决定要拿热那亚怎么办，不过他也建议，如果勒索热那亚人几百万法郎，那将是一个树立恐怖形象的好榜样[①]。5 月 6 日，拿破仑说："如果我不能在几天内渡过波河，我打算派 4000 人从皮亚琴察前往博洛尼亚，夺取通往该城的道路，并向摩德纳公爵索要 600 万法郎，以便恐吓罗马和托斯卡纳大公。"[②] 此时，拿破仑对于督政府而言几乎可以算是一位完美的将领——他不仅能率领军队取得胜利，还真的能驱使意大利为法国而工作。

胜利之后对占领地的军事管理工作由萨利切蒂负责。法军经过的每个城镇或村庄都要遵守胜利者的法律，必须缴纳战争税（从小镇洛迪的 2 万里拉到较大城镇的 25 万里拉不等），更不用说大量的实物征用了，教会财产也未能幸免。拿破仑征服洛迪之后，萨利切蒂就想熔掉圣巴萨诺的金库宝藏，其中有一些可追溯到 1495 年的精美银器，教堂主教提出抗议并说明了这些银器的艺术价值。萨利切蒂于是要求主教拿出 5 万法郎来赎回银器，主教没有这么多钱，即便把这些银器都算进去也还是不够，于是几个世纪的宝藏被熔化和没收了[③]。

---

① Lettre au Directoire exécutif du 7 floréal an IV 26 avril 1796, *Correspondance Générale publiée par la Fondation Napoléon*[M]. Paris: Fayard, 2004, No. 530.

② Lettre au Directoire exécutif du 17 floréal an IV 6 mai 1796, *Correspondance Générale publiée par la Fondation Napoléon*[M]. Paris: Fayard, 2004, No. 573.

③ Lettre à Barras du 4 floréal an IV 23 avril 1796, *Correspondance Générale publiée par la Fondation Napoléon*[M]. Paris: Fayard, 2004, No. 519.

总司令写给督政府的报告里现在充满着各种各样的好消息，这既有军事方面的，也有财政方面的。"皮埃蒙特是一个卓越而富饶的国家。再打一仗，撒丁国王就完蛋了。"①卡考在数月前所说的"法国的恐怖的武器"已经变成现实。督政府的愿望开始实现，意大利军队不仅在财政上实现了自主，而且还履行了为法国国库"募集"资金的职责——它甚至可以帮助共和国在其他战略方向上的军队。5月22日那天，拿破仑写信又说："（我）有希望搞到（价值）600万或800万法郎的金银珠宝，这些东西都在热那亚的一个大银行家那里，由你们督政府随时支配。这笔钱对我这里的军队所需而言是完全多余的。如果你们愿意，我可以给莱茵河沿岸的法军送100万法郎到巴塞尔。"此外，拿破仑在信中还对督政府的权贵们做出友好的姿态："明天会有100匹能拉马车的马离开米兰，它们是整个伦巴第大区最好的马，将用于取代那些现在套在你们车上的平庸马匹。"②

四、过于成功

前文中我们已经提及将军和督政府之间存在着误解，督政府认为自己给拿破仑的指示已经基本得到实现，但拿破仑还想更进一步。拿破仑把意大利北部看成是一条走廊，只要他能打穿意大利，就可以去威胁奥地利的下腹部。"我将前往蒂罗尔，为在莱茵河畔奋斗的军队助一臂之力，把战争引向巴伐利亚。"③对拿破仑而言，汇给督政府的钱不过是为了让督政府闭嘴，以便自己能够更专注地完成战争，他想用这些钱买到行动的自由。与此同时，法国政府的贪婪也被拿破仑的汇款激发出来，督政府现在把意大

---

① Lettre à Barras du 4 floréal an IV 23 avril 1796, *Correspondance Générale publiée par la Fondation Napoléon*[M]. Paris: Fayard, 2004, No. 519.

② Lettre au Directoire exécutif du 3 prairial an IV 22 mai 1796, *Correspondance Générale publiée par la Fondation Napoléon*[M]. Paris: Fayard, 2004, No. 623.

③ Guglielmo Ferrero. *Bonaparte en Italie*[M]. Paris: Éditions de Fallois, 1994, pp.45–46.

利北部看成某种巨大的安全区，当务之急是让法军在那里安定下来并攫取更多财富。在拿破仑进入米兰前夕，督政府在 5 月 7 日给拿破仑来信，督政府在信中恭维了拿破仑的辉煌战绩，但这种恭维已经越来越变成某种例行公事，并不能激起拿破仑的什么感觉。恭维过后，督政府告诉拿破仑，一旦米兰被法军成功占领，意大利方面军就会被一分为二，一部分军队将留下，在米兰生活并征税，他们将确保意大利方面军不再需要来自法国内地的帮助。凯勒曼将军将指挥这些驻扎米兰的法军，拿破仑将被任命为另一部分法军的统帅，他将担负起带领这部分军队先攻打里窝那，然后再到罗马和那不勒斯去，这部分法军的作战目的是夺取与法军作战的各个敌国的一切，在这个过程中，帕尔马必须为拒不脱离反法同盟而付出代价。督政府认为，可以把威尼斯共和国看成中立国，但该国不应期待法国将其视作友好国家，在目前这个阶段，罗马的教皇国暂时只需要为法兰西共和国的繁荣和成功举行公开祈祷就足够了，至于那不勒斯，在遭到法军攻击后，将"向我们提供它的一些美丽的纪念碑、雕像、绘画、奖章、图书、青铜器、银质圣母像甚至是铜钟，以补偿将军您拜访他们的费用"[①]。从中可以看出，督政府把拿破仑作为突击尖刀、伟大的寻宝猎人来使用，拿破仑对此非常失望。

　　5 月 14 日，拿破仑向巴拉斯提出抱怨，拿破仑认为这一定是有人在巴拉斯面前不利于自己。他还提出，如果巴拉斯不再像战役之初那样信任他，那他就会自请辞职[②]，督政府退让了。意大利方面军避免了被一分为二的厄运，拿破仑也不再需要派出太多兵力深入意大利南方。兵力相对集中、统一指挥都有利于防备奥地利人可能的反击。法军在意大利北部的行动秉持着始终如一的原则：让意大利人感受到恐怖的力量、迫使米兰等地献上赋

---

① Antoine Henry de Jomini. *Histoire Critique et Militaire des Guerres de la Révolution, Tome 8*[M]. Paris: Bruxelles, 1838, p.302.

② *Lettre à Barras du 25 floréal an IV 14 mai 1796, Correspondance Générale publiée par la Fondation Napoléon*[M]. Paris: Fayard, 2004, No. 596.

税、不过分破坏运河和其他的重要经济设施。出于迫使奥地利人和谈的目的，米兰始终被当作一个重要的谈判筹码，幸运地逃过了破坏。拿破仑则成功地保住了他在意大利的大部分行动自由，但不得不在督政府的阴影下偷偷摸摸地自行其是。

五、意大利人赎买自己的自由

在法军渡过波河之前，帕尔马公国就已经被迫献出了 200 万里拉、1800 匹马、2000 头牛、1 万担小麦、5000 担燕麦 [1]。与伦巴第地区的生产力和财富积累相比，这算不得什么。当拿破仑进入米兰的时候，一部分寻求意大利独立的爱国者选择了与法国人合作。本地贵族们献上了城市的钥匙，迎接拿破仑的是"（身着）五颜六色（服装）的人群，就像来看演出的人一样" [2]。以法军受到的这种围观而言，伦巴第大区的意大利爱国者确实要比皮埃蒙特的多。然而，这种对法国人发出的欢呼是让人尴尬的，意大利爱国者对拿破仑所寄予的期望也注定要落空，法国政府无意解放全意大利，对拿破仑个人而言，北意大利首先是个攻击奥地利的通道，为了熄灭这些意大利爱国者心中的热情，拿破仑和萨利切蒂在 1796 年 5 月 19 日发布的公告表现得就比较冷酷。公告表明，如果伦巴第人民想要和在战争中作为获胜一方的法国人称兄道弟，就该给法国人一份公平的回报 [3]。伦巴第人民为了赎买自己的自由，付出了巨大的代价。除了战争期间的各种征用负担之外，伦巴第人民要付出 2000 万法郎，原则上这笔款项将向富人、真正富裕的阶级、教会机构征收，与贫民阶层无关，由亲法米兰人组成的本地议会

---

[1] Félix Bouvier. *Bonaparte en Italie*[M]. Versailles: Éditions Léopold Cerf, 1899, p.582.

[2] Félix Bouvier. *Bonaparte en Italie*[M]. Versailles: Éditions Léopold Cerf, 1899, p.582.

[3] *Proclamation au peuple de la Lombardie du 30 floréal an IV 19 mai 1796, Correspondance Générale publiée par la Fondation Napoléon*[M]. Paris: Fayard, 2004, No. 453.

将负责分配和使用这笔款项 ①，因此，这笔巨款相对而言还不那么令人难以接受。

　　真正令人难以接受的是法军对当铺和艺术品收藏的打击。在意大利，当铺除了是典当机构之外，还扮演着本地小银行的角色，意大利家庭习惯将黄金，珠宝、银器存在当铺，作为为下一代准备的嫁妆。萨利切蒂扣押了这些物品，只把所有价值低于 200 里拉的便宜货归还了。后来，在抢劫威尼斯时，这个限额进一步降低到连价值超过 50 法郎的财物也会遭到抢劫 ②。艺术品也是法军掠夺的对象，大革命以来，法国政府一直在搜罗各种艺术品以充实国库收藏，这一次，这种做法跨出了国境线。督政府和意大利方面军司令部都相信"美术的荣耀"和"军队胜利的荣耀"是相辅相成、相得益彰的事。意大利的财富和艺术品都有必要转给法国，以加强和美化大革命带来的"自由的统治"。督政府认为，法国的国家博物馆馆藏品中必须包含所有艺术品中最为著名的那些，它提醒拿破仑不要忘了用征服的成果来充实法国的博物馆 ③。为了从掠夺来的艺术品中选出真正值得带走的精品，拿破仑组织了一个艺术家委员会，挑选艺术品的原则是"只选择真正美丽和美好的东西，没有品位、没有选择的滥选只能显示你们的无知，几乎就等同于破坏"④。督政府和拿破仑在这种与战争似乎关系不大的事项上表现出奇异的严肃性。拿破仑为了修复他和督政府的关系、保住督政府对他的荣宠，严格执行了督政府的指令。在他写给国内的报告中，出现了鲁本斯、达·芬奇、拉斐尔等著名艺术家的名字 ⑤。

---

① Paul Gaffarel. *Bonaparte et les Républiques Italiennes*[M]. Paris: Alcan, 1895, pp.7–8.

② Denis Bingham. *A Selection from the Letters and Despatches of the First Napoleon, Vol. 1*[M]. London: Chapman & Hill Limited, 1884, p.156.

③ Antonin Debidour. *Recueil des Actes du Directoire Exécutif, Tome 2*[M]. Paris: Imprimerie Nationale, 1910, p.333.

④ Antonin Debidour. *Recueil des Actes du Directoire Exécutif, Tome 2*[M]. Paris: Imprimerie Nationale, 1910, p.516.

⑤ *État des objets de sciences et arts désignés par le général Bonaparte pour être transportés à Paris, Correspondance Générale publiée par la Fondation Napoléon*[M]. Paris: Fayard, 2004, No. 444.

在短短几天时间里，伦巴第人交出了马匹、牛、粮食并支付了数百万的现金、交出了大部分家庭珍藏的金银珠宝和银器、放弃了中世纪以来最精美的那些艺术品。法国军队在陌生的国度里轻松获得了各种从前难以想象的珍品，对自己所能带来的威慑也一天比一天更自信。到了1796年秋天，随军商人哈梅林接到了拿破仑给他的新指令：去威尼斯共和国索要150万法郎。1796年的威尼斯共和国根本无力自卫，它的海军只剩下4只大帆船和7只小帆船。哈梅林在威尼斯要求亲自把拿破仑的信送给威尼斯总督。在总督府，哈梅林看到了一些用来吓唬他的斯拉夫人雇佣兵，但他最后还是来到了总督府的十人会议厅。威尼斯的法律不允许总督私自接见使节和接受公文，于是，总督的表现很快就广为人知。哈梅林回忆了这次会见的场景。

> 房间里铺着黑色天鹅绒软垫，座位则是黑色的软木椅。在铺着黑地毯的桌子周围，我看到了11个身穿黑色大袍、戴着路易十四风格的白粉假发、面带微笑的人。我用意大利语解释了自己的来意，然后把信交给了总督，他戴着一顶红色的弗里吉亚帽。这让人一眼就能认出他来。在打开我送来的信之前，他按了一下门铃，把我带到附近的一个房间。我站在窗前，看到了那座通往临近建筑的高桥。那建筑是圣马可广场附近的监狱，桥就是叹息桥，桥房是闻名遐迩的密封式穹顶。我想，如果我不是战胜国将军派来的信使，那我很可能会去那里为自己携带的过分要求而赎罪。

> （后来）我被叫了回来，总督告诉我，（信中）那样的请求值得考虑，有账要算。我准备了一篇演讲稿，非常想谈一谈。但遗憾的是，我刚说了第二句，威尼斯议会反对党的领导人佩萨罗参议员就问我是不是来教训他们的。我回答说，这当然不是我的本意，但既然老爷们不喜欢长篇大论，我就简单地告诉他们，我奉命当晚就离开，要么带着150万法郎走，要么威尼斯方面就拒绝支付。

　　我终于被叫了回来，这次我看到了一个新的人物。他告诉我他叫费拉里尼，是银行家，他刚接到总督府的命令，要给我价值50万法郎的黄金和另100万法郎汇票。我和他一起出去。一个小时之后，我的事情就办成了。我回到旅馆收拾行李。我的随行军官给我找了艘结实的贡多拉，我们一起去费拉里尼先生那里取钱。当我试图付钱给旅馆老板的时候，他拒绝收取任何东西。旅馆老板说贵人们已经付了所有费用，而且这个老板还奉命在我的贡多拉里多放了一小桶塞浦路斯葡萄酒、一箱果酱。①

　　拿破仑只派一个特使就能从威尼斯获得一百多万的收入，但是他对罗马的威胁却没有那么顺利。随着法军扬言进军罗马，教皇庇护六世派了使节来和将军谈判停战事宜。拿破仑故伎重施，希望从教皇国拿到尽可能多的现金。萨利切蒂这回有点过于贪婪，对教皇国开出了不少于5000万法郎的价码，谈判无法继续。于是，法军占领了博洛尼亚、费拉拉、隆戈，谈判在这种情况下又继续进行了。拿破仑看来只差一点点就能拿到这5000万，但萨利切蒂无意间漏了底——他说没有任何一个法军会进攻永恒之城，拿破仑不得不降低了自己的要求。他和教皇国最后签署的协议规定，教皇国需支付等值2100万法郎的财物，其中1500万为现金，其余为绘画和手稿。在拿破仑与教皇特使谈判的同时，萨利切蒂借机洗劫了博洛尼亚的当铺②。总体而言，仅就可统计的部分而言，1796年拿破仑在意大利为督政府确实"收集"到了充足的"捐款"。

---

① Antoine Romain Hamelin. *Douze ans de ma vie*[J]. Revue de Paris, AN.33, Tome 6, 1926, Novembre-Décembre, pp.285–287.

② Jacques Godechot. *Les Commissaires des Armées sous le Directoire, Tome I*[M]. Paris: Presses Universitaires de France, 1941, pp.571–573.

第十九章　军纪因金钱而败坏

一、军中腐败

　　大革命时期的法军远非秩序和军纪的典范，对意大利方面军的军纪尤其不能估计过高，军队的财务和补给工作都是由不择手段的人管理的。在意大利战役开始的头几个月，在意大利收税、募捐的事权并不统一，而是分散在了几个不同的部门之中。督政府派到意大利方面军来的专员有此事权，军队自己的军需官和军饷官也有此事权，与拿破仑有亲密私人关系的特别代理人也可以插手。加劳、萨利切蒂、朗贝尔、德尼埃、哈梅林等人都建立了自己的小金库，负责从不同的城镇或省份收取钱财。军队和供应商之间的协议也是一团乱账，这种混乱所有直接或间接与军队财务打交道的人都受益匪浅。司令部对普遍存在的腐败行为心知肚明。"他们都有一套最骇人听闻的贪婪系统。他们相互勾结，组成了一个更加邪恶的联盟，因为混乱的行政权力总是使他们的掠夺行为逍遥法外。"[1]"军队进入（意大利）期间的所有行动都受到了混乱和浪费的影响，而混乱和浪费是与（对意大利的）征服分不开的。会议纪要远在巴黎，没有任何文件可以被作为证据来对军队的行动进行控制。人们认为，在这一部分，共和国受到了不应有的损失。"[2]在伦巴第，行政人员和军人盗窃和勒索了约 600 万到 800 万

---

[1]　Antonin Debidour. *Recueil des Actes du Directoire Exécutif, Tome 3*[M]. Paris: Imprimerie Nationale, 1910, p.408.

[2]　AF–III–198[Z]. Archives Nationales.

法郎①。

徇私舞弊的关键在于军需官和负责供应军队的那些公司。"经常出现这样的情况，一个承包商交付了 1 万担军需物资，却拿到了一张 5 万担的收据。"② 然后，将军们和供应商分享这些"剩余"，部队的战斗力遭到此类行为的损害。在战役的头几个月，拿破仑很难纠正这种无政府状态，更重要的是，如果因为军官贪污腐败就"过度逮捕"他们，这不利于拿破仑要在督政府之外相对保持独立的愿望。正是这些行为不轨的供应商使得意大利战役得以启动，他们为军队垫付了许多钱，在这些垫款中，有相当部分是以供应商个人名义给同样以个人名义的总司令垫款。因此，总司令不能让这些人过于不满。战役后勤管理的混乱也是当权者互相争权夺利的结果。司令部与弗拉查特公司关系密切，该公司负责向意大利方面军提供大部分物资，但它的运作费用和利润显然不可能来自空荡荡的法国国库，因此该公司被允许使用征战所得。当里窝那被占领后，该公司的董事们终于有机会大肆挥霍了，该公司给珠宝战利品开出的估价为 40 万法郎，但这些珠宝之后被卖出了 200 万法郎的高价③。随着各种挥霍行为的增多，货物的运送变得越来越困难，忍无可忍的拿破仑囚禁了该公司驻米兰的代表鲁伊莱。弗拉查特公司最终停止为拿破仑的军队服务，几个月后，约瑟芬带来的博丹的公司将其取而代之。

一方面，贪污腐败、挪用等行为加剧了资金的结构性短缺。1797 年初，意大利方面军大概有 47 000 人，每天的人均维持费约 1.9 法郎，考虑到挥霍和贪污，这样一支军队每月大概要花费 400 万法郎④，而我们已经算出的1796 年战争收入是 4600 万法郎，这几乎还不够花的。于是，所有想在意

---

① 　AF–III–198[Z]. Archives Nationales.

② 　Félix Bouvier. *Bonaparte en Italie*[M]. Versailles: Éditions Léopold Cerf, 1899, p.94.

③ 　Félix Bouvier. *Bonaparte en Italie*[M]. Versailles: Éditions Léopold Cerf, 1899, p.94.

④ 　Jacques Godechot. *Les Commissaires des Armées sous le Directoire, Tome I*[M]. Paris: Presses Universitaires de France, 1941, p.295.

大利发财的人之间就爆发了激烈的内部斗争。装备越来越精良、待遇越来越优厚的军队能把被征服国家的所有资源都吸干，这引发了督政府和它派到军队中的专员的警惕。另一方面，腐败败坏了军队的军纪和战斗力。为了维持军队的凝聚力和战斗力，拿破仑别无选择，只能一步步变成一个控制一切的独裁者，以确保所有金钱和资源都能按他的命令被分配。1796 年底，督政府召回了派驻军中的专员，这给了拿破仑真正控制一切的机会。

二、声名狼藉的军队财务官

为了集中军队的财务管理权限，有必要在督政府的专员们离开之后再在意大利方面军中任命一位财务官，拿破仑选择了瑞士银行家哈勒。哈勒和罗伯斯庇尔家族是老相识，1794 年起，拿破仑也与他相识。这位银行家名声并不好，在雅各宾派执政时期他就曾被控挥霍无度，在热月事变后险些被捕入狱，负责去抓捕他的人正是萨利切蒂。在入狱风波之后，他不得不蛰伏长达两年之久才谋得了米兰造币厂厂长的职务。拿破仑起初对任命哈勒负责造币工作一事并不满意，他在 1796 年 11 月 19 日写给督政府的信件中称哈勒为"一个来到（意大利）这个国家只是为了偷窃的无赖，还把自己当成被征服地的财政总长"①。当拿破仑得知有一箱价值 80 万法郎的珠宝在摩德纳失踪之后，下意识地就认为这是哈勒干的，差点直接把他逮捕，但拿破仑突然在 1797 年把这样一个人任命为意大利的财税总负责人，让所有的民事和军事行政官员就财税事宜向哈勒报告，其中发生的转折似乎意味着拿破仑是在用一个熟知所有腐败技巧的人去掌管财政，以期待他以毒攻毒，但是这种解释仍然不能完全自圆其说。为了能够在占领区和军队中做到赏罚分明，难道拿破仑不应该需要一个谨慎、清廉的人吗？一种可能

① Lettre à Garrau, commissaire du Directoire, du 29 brumaire an IV 19 novembre 1796, *Correspondance Générale publiée par la Fondation Napoléon*[M]. Paris: Fayard, 2004, No. 1064.

的解释是，拿破仑需要一个因为过去有劣迹而必须守口如瓶的人选，这比清廉更重要。

哈梅林的回忆为这种解释提供了更大的可信度。拿破仑的军队在的里雅斯特附近的水银矿缴获了许多战利品，哈梅林当时作为随军商人随行，拿破仑关心哈梅林是否在战斗中弄丢了许多文件，哈梅林说所有文件都没丢，并且他已经准备好了关于缴获的明细账，此举令拿破仑非常满意[①]。因为，如前文所述，这里的许多缴获最后被拿破仑私下分配给了自己的亲近人士，在这种情况下，掌握一份不会被泄露出去的详细账目就显得非常必要。参与管理意大利方面军事务的人实在是太多了，从供应商到普通办事员都在为私利搜罗现金，即便军事征服、敲诈勒索和税收能够带来巨额的持续收入，也要采取必要的手段维持一个小团体对自己的忠诚。要维持小团队的忠诚则需要花钱，现金有可能在多人经手的过程中迅速消失，因此选择一个不得不谨慎但同时又知道所有贪污诀窍的人来担任财务官就显得合情合理了。

三、绕过督政府另建新体系的尝试

在督政府看来，权贵大人物们为了自己的利益，也为了国库的利益策划了意大利战役，拿破仑只不过是一个虽然得力但不怎么听话的执行者。拿破仑对自己在意大利建立的功业和在此过程中觉察到的昭昭天命有不同的看法，他不认为自己只是一个替督政府寻宝的人，对于金钱能发挥的作用，拿破仑的认识也更深刻。他认为，金钱是协助自己上位的宝贵的盟友，但获得金钱并不是目的本身，那么如何才能把金钱作为杠杆，让自己在权力场中升得更高呢？拿破仑第一个想要依靠的就是他所率领的军队。拿破

---

① Antoine Romain Hamelin. *Douze ans de ma vie*[J]. Revue de Paris, AN.33, Tome 6, 1926, Novembre-Décembre, p.303.

仑对他的军队许诺过财富和满足，这支军队现在处于一个充满敌意的环境中，督政府又不断尝试来分他的权，在这种时候，坚决不能让军队失望，军队对统帅失望，则统帅的地位会被削弱，当务之急是与自己的小团体分享财富，但根据我们前面所做的分析，意大利方面军的维持费用非常昂贵，募集到的款项甚至不够支付军饷、日常所需和到处都是的贪污所造成的跑冒滴漏。这时，哈勒熟知各种腐败手段的价值就得到了显现。所有募集到的资金都必须先进入军队金库，再由拿破仑（在哈勒协助下）重新进行分配。这种分配旨在奖励忠实于拿破仑的伙伴们，所以就刻意绕开了远在巴黎的议会。拿破仑以这种构建小圈子秘密团体的方式巩固了自己的地位，并且与诸如贝尔蒂埃、马塞纳这样的优秀将领建立了长期的私人关系，但是如果拿破仑分给一些伙伴许多东西，就必然有另一些伙伴不得不受到损失。督政府的督政官们曾经是拿破仑的伙伴，但随着利益输送的减少，他们对拿破仑开始感到越来越失望，如果巴拉斯的回忆录可信的话，到后来，这种失望会演变成厌恶。

不要忘记，拿破仑拿来厚赏自己的伙伴的钱财是从意大利人那里获得的，因此在广为人知的军事功绩之外，拿破仑还做了许多其他的建设性工作，他在占领地设计了一套行之有效的管理体系。这个体系及其配套制度有利于维持法军战斗力，但不会使得被强制征收贡赋的人民过于不满。实际上，拿破仑一直注意他对意大利人所表现出来的姿态，意大利人无须接受严苛的军事管理，仿照大革命和威尼斯共和国制度建立起来的几个傀儡共和国可以减轻相关人士的被剥夺感，并加强他们的自由感。另一方面，为了不对傀儡共和国财政汲取意大利财富的效率造成损害，拿破仑并没有给予意大利人完全的自治权，所以这些共和国的最终负责人实际上还是拿破仑和他司令部里的亲近人士。战争的利润归军队，用于意大利民生和建设的资金很少，地方政府收取什么税收完全取决于占领军，但总的压迫程度却并不能够激起严重的叛乱行为。这就是青年拿破仑所设想并构建出来的对被征服国家的管理模式，一种新的、绕开督政府的制度正在诞生。

第二十章　如何掌握军队

一、总司令在画饼

拿破仑初到意大利方面军任职的时候，这支部队的情况非常凄惨，部队几乎一无所有。士兵们"（每人）只剩下一点面包和 6 盎司栗子，几乎每天都在雪地里站岗，几乎所有人都没有鞋子，有些人没有衬衫、夹克或马裤，很多人没有帽子或军服"。"他们不仅拿不到应得的两个苏的军饷；有些半编制的旅还被欠了 4 个月的军饷；士兵们拿到了许多指券，但他们知道这东西一文不值；因此，士兵们用它来点烟，也有人把它烧掉。"[①] 面对这种情况，拿破仑知道如何抢夺军队的话语权，他经常发表一些小型的演说，"士兵们，你们赤身裸体，食不果腹；政府欠你们很多，却什么也给不了你们。你们在乱石堆中表现出的耐心和勇气令人钦佩，但这并不能给你们带来任何荣耀，也不能体现你们的价值。我要带领你们去世界上最肥沃的平原。富饶的省份和伟大的城市将在你们的掌控之中。在那里，你们将会找到属于军人的荣誉、胜利的荣耀和财富。意大利方面军的士兵们，你们会缺乏勇气和毅力吗？"[②] 此类演说确实能够吸引来一些普通的士兵，但它的效力在军官阶层中就大打折扣。意大利方面军的大多数军官对自己麾

---

① Gabriel Fabry. *Capitaine Campagne de l'armée d'Italie, Tome 3*[M]. Paris: Librairie Lucien Dorbon, 1914, pp.320–321.

② Gabriel Fabry. *Capitaine Campagne de l'armée d'Italie, Tome 3*[M]. Paris: Librairie Lucien Dorbon, 1914, p.352.

下部队的战斗力并不抱什么不切实际的幻想。督政府从尼姆给意大利方面军派来一个旅的援军，戈蒂埃将军对他们的战斗力评价是："据说很会打仗，尤其擅长抢劫。"① 从这个意义上说，意大利方面军司令部和普通士兵们确实做到了"上下同欲者胜"——两者都想尽可能地攫取意大利的财富。在这种情况下，除了司令部官方组织的劫掠外，部队自发的抢劫也很多，但部队的自发行动更没有纪律。在无组织无纪律问题上，拿破仑试图宽慰司令部的某些人。"（在战役之初那几天之后）抢劫的现象变少了……一支缺乏一切的军队最初的饥渴正在被浇灭。这些不幸的人是情有可原的；在阿尔卑斯山顶上叹息了三年之后，他们来到了应许之地，他们想尝尝它的滋味。"② 这实际上是拿破仑在为自己和军队的过激行为开脱罪责，这种说辞也在事实上间接使得军队的劫掠合法化。然而，文化程度不高的士兵们思维过于简单，有可能把这种开脱进行过于宽泛的解释，而这将助长暴力与破坏的发生。为了避免事情失控，拿破仑和司令部一起采取了一些正风肃纪的行动，有些人因为劫掠被枪毙，有些则被砍头。

拿破仑之所以说士兵们的自发劫掠情有可原，其原因在于，意大利战役的战利品在战役之初就已经被督政府安排了去向。督政府的权贵们给他们自己、给国库、给其他战略方向上的法军都预留了份额，唯独不考虑稍微厚待一下真正替他们挣到钱的意大利方面军。"毫无疑问，获得胜利的军队必须得到相当一部分用贵金属现金支付的军饷，但我们必须非常小心，这些军饷不能全部用现金支付。原因有三条。首先，我们无法在如此薄弱的财政基础上支持以现金发军饷。其次，给意大利方面军发现金军饷可能会在其余军队中造成很坏的影响。再次，借机发出一些共和国的纸币

---

① Gabriel Fabry. *Capitaine Campagne de l'armée d'Italie, Tome 3*[M]. Paris: Librairie Lucien Dorbon, 1914, p.352.

② Jacques Godechot. *Les Commissaires des Armées sous le Directoire, Tome I*[M]. Paris: Presses Universitaires de France, 1941, pp.290–291.

也是很重要的。"①用贵金属现金支付 50% 的军饷额此前在大革命的军队中从来没有实行过，指券的大幅度编制让以纸币计价的军饷总额被严重高估了，在法国当时凄惨的财政状况下，即使是半额现金支付也会使政府付出太多贵金属。因此，战斗胜利的果实——黄金和白银被运往巴黎，赤身裸体、营养不良的士兵们只能继续用共和国发给他们的废纸度日，士兵们早就知道这废纸什么用也没有。拿破仑同样意识到，在他给士兵们画饼并取得效果之后，他自己也被督政府画饼了。"意大利方面军最急需的是一些基本品；这支军队所遭遇的是最可怕的匮乏……为士兵借贷 2 个苏、为军官借贷 8 里弗尔（先应急）的尝试失败了，这让军队感到不满和沮丧。"②在取得如此多次胜利之后，士兵仍然身无分文，这将损害拿破仑的威信，他在抵达尼斯后好不容易改善的形象又有了再次崩坏的危险。于是，总司令不得不把将来新战役可能带来的新收益作为激励同僚们继续奋斗的动力。

　　拿破仑在他的同袍们面前展露出的形象很糟糕。"（我站在）在这个瘦弱的小个子面前，他憔悴地穿着像魔鬼一样破旧的军装，凌乱的头发下是苍白的脸，就像一张真正的羊皮纸。人们都笑了起来。原来'这个弱者'就是司令部强加给马塞纳、奥热罗、塞鲁里耶和拉哈普的领导人啊。当我们听到他说话时，情况更糟了。他的科西嘉口音立即被那些糟糕的军团成员们模仿，以取悦他们的同伴，那听起来就像一个小丑一样。这个'外国佬'简直是个怪人。"③军队从对拿破仑的奚落中得到了娱乐，这反过来又加深了士兵们对拿破仑的不信任。絮歇当时担任营长，他说那时候"（拿破仑）这个科西嘉人除了是个优秀的参谋长外，没有任何其他好名声。作为

---

① Jacques Godechot. *Les Commissaires des Armées sous le Directoire, Tome I*[M]. Paris: Presses Universitaires de France, 1941, pp.290–291.

② Lettre à Ramel de Nogaret, ministre des Finances, du 2 prairial an IV 21 mai 1796, *Correspondance Générale publiée par la Fondation Napoléon*[M]. Paris: Fayard, 2004, No. 621.

③ *Louis Madelin, Histoire du Consulat et de l'Empire, Tome 2*[M]. Paris: Tallandier, 1974, p.52.

一名将军，他只为巴黎人所知。这个阴谋家（在这里）得不到支持。"[①] 一直能够取胜对于拿破仑至关重要，但这还不足以赢得部队的完全信任，要维持军队的忠心和士气，就要让士兵们得到应得的那份报酬，甚至还要给得更多一些才行。部队中已经有了反叛行为，造反的人曾经高喊："不给钱那我就不是兵。"[②] 拿破仑必须努力弥补多年以来的匮乏给部队造成的损害，他至少得为士兵们发军饷，满足士兵们对掠夺的渴望。

二、总司令的"迷你革命"

1796 年 5 月 20 日，拿破仑决心独走。他在未取得萨利切蒂同意的情况下自行决定，今后支付给士兵的所有款项（包括军饷、临时贷款、其他补贴津贴）的一半以上都将以贵金属现金支付，被拖欠的军饷也将在未来适当的时候按同样的原则进行结算，军官能够享有一些特权，可以预支一个月的工资。[③] 在经历了多年的物资和现金短缺之后，士兵们终于可以见到、收到真实的报酬了。萨利切蒂那时正忙于清点他从当铺没收来的贵重物品，因此未理会拿破仑的做法。军事统帅的决定权第一次取代了文官权力，在这段非常特殊的时期里，只有拿破仑统帅下的军队可以得到部分真实的军饷，法国其他军队的军饷则继续以指券支付。这支军队变成了拿破仑用现金买来的雇佣军，只要督政府还没有富裕到能用现金按时、足额发放军饷的地步，这支军队对拿破仑的忠心就无可置疑。后来，面对拿破仑造成的既成事实，在法律程序上可以提出反对意见的萨利切蒂也没有采取此类动作。萨利切蒂意识到了拿破仑的做法对督政府的危险性，也写信发

① Vicomte de Pelleport. *Souvenirs Militaires et Intimes de 1793 à 1853, Publiés par son Fils, Tome 1*[M]. Paris: Didier et Chaumas, 1857, p.38.

② Jacques Godechot. *Les Commissaires des Armées sous le Directoire, Tome I*[M]. Paris: Presses Universitaires de France, 1941, p.251.

③ Lettre à Lambert, commissaire ordonnateur en chef, du 29 floréal an IV 18 mai 1796, *Correspondance Générale publiée par la Fondation Napoléon*[M]. Paris: Fayard, 2004, No. 613.

回巴黎对此进行了警告 ①，督政府对此无能为力。

对于意大利方面军而言，他们对于自混乱的 1793 年以来第一次收到军饷感到满意。当时，一个该方面军的中尉每月可以拿到 62.5 法郎，这比督政府治下能收到的每月 4 个苏要好得多 ②。意大利方面军在全体法军中变成了某种具有特权的特殊存在，该部士兵不太愿意与别人分享这笔意外之财，该部的空缺变成了某种需要努力运作才能得到的热门职位。意大利方面军的士兵们带着优越感和幽默感看待从其他部队调来的友军："啊！他们来了，来分享他们没能得到的荣誉和军饷。" ③ 当拿破仑要求督政府给他派援军的时候，意大利方面军老兵们的排外情绪爆发了："督政府派兵只是因为在别的什么地方已经没有足够的军饷和食物而已。" ④ 同时，即便拿破仑给他的士兵发了 50% 的现金，这些士兵的生活总体而言仍然非常困难。有的士兵把现金节约下来寄给法国本土的家中；有的士兵为了省钱经常一天只吃一顿饭。在北意大利山地的雪地里作战时，有些人的靴子里没有长筒袜；有些人奋勇争先其实是为了能缴获敌人的马匹，好去卖掉换钱，即便是最微小的现金来源都能够给士兵们提供莫大的心理安慰——有钱就能帮助国内困苦的家人，在动荡的岁月里，只要能帮助家人，士兵们就有勇气克服一切艰难困苦。

在拿破仑替督政府抢到足够的钱之前，分别由儒尔当和莫罗指挥的桑布尔－默兹省和莱茵－摩泽尔省的军队则一直保持着用指券发军饷的做法，这实际上就是让士兵们靠自己的智慧去自谋生路。莱茵河沿岸的这些法军

---

① Jacques Godechot. *Les Commissaires des Armées sous le Directoire, Tome I*[M]. Paris: Presses Universitaires de France, 1941, p.295.

② Vicomte de Pelleport. *Souvenirs Militaires et Intimes de 1793 à 1853, Publiés par son Fils, Tome I*[M]. Paris: Didier et Chaumas, 1857, pp.43–44.

③ Paul Thiébault. *Mémoires du Général Baron Thiébault, Tome 2*[M]. Paris: Librairie Plon, 1897, pp. 64–65.

④ Paul Thiébault. *Mémoires du Général Baron Thiébault, Tome 2*[M]. Paris: Librairie Plon, 1897, pp. 64–65.

也想效仿意大利方面军，用现金发半饷，但是督政府的大人们拒绝了，他们宁愿把硬通货留在国库里来改善法国的国家信用。拿破仑和其余法国将军们不属于一类人，他能给自己的部队发一半现金是因为他下令时没有征求任何人的意见。莫罗却非常天真，他在没有换到任何政治上的好处的情况下，选择尊重政治人物的决定。儒尔当、儒贝尔等人也犯了和莫罗一样的错误。更惨的是，他们在和各自军中的政府专员协商后，把仅有的那点现金都拿去向后勤供应商买生活物资了，在高速通胀的情况下，这些供应商有许多已经资不抵债，又有许多开始打着骗一笔钱就跑路的主意，其结局可想而知。拿破仑敏锐地意识到，这是增加自身实力的大好机会。他在 1796 年 10 月 11 日向督政府建议，可以利用发现金的慷慨举动来扩军。"我想，只要有几个征兵官在街上游荡并提醒人们说我这里发现金，我就能为你们招募到大批士兵。旧制度下的老征兵官们是不会拒绝使用这种办法的。"①

三、现金带来了副作用

形势已经开始好转，但并没有真正转危为安，尽管拿破仑在意大利进行了各种没收与征购，在打完阿尔科莱战役之后，军队的情况又开始吃紧。"军队没有鞋子，没有贷款，没有衣服。医院里什么都没有。我们的伤员躺在地上，处于最可怕的贫困之中。这一切都是因为缺钱。"②拿破仑不得不紧急自掏腰包垫付了部分费用。"在武姆泽对我军发动强悍进攻的时候，军队金库几乎空空如也，拿破仑毫不犹豫地向其中注入了 60 万法郎，这是

---

① Lettre au Directoire exécutif du 20 vendémiaire an V 11 octobre 1796, *Correspondance Générale publiée par la Fondation Napoléon*[M]. Paris: Fayard, 2004, No. 989.

② Lettre à Garrau, commissaire du Directoire exécutif, du 29 brumaire an V 19 novembre 1796, *Correspondance Générale publiée par la Fondation Napoléon*[M]. Paris: Fayard, 2004, No. 1064.

他当时的全部财产。"①

资金短缺发生在最糟糕的时候，因为部队处于寡不敌众的危险境地，法军的精神和士气都受到了影响。就在阿尔科莱战役前不久，加劳写信给督政府，报告了意大利方面军发生懈怠的情况。"他们的精神和斗志都已荡然无存；他们只是按部就班、不慌不忙地战斗，几乎可以说是在不情愿地战斗，就连军官们也感到厌恶。"②拿破仑的四弟路易·波拿巴当时担任副官，路易写信给哥哥，表达了类似的担忧。"士兵们不再是原来的样子了，他们在呼唤和平。他们没有了活力，没有了激情。"③这是很自然的事，总司令把他的部队变成了一支依赖金钱的雇佣军，如果这些人打仗的动机只是为了获得钱财，一旦不再付给他们足够的钱，就很难要求他们表现出坚定的献身精神。对于基层士兵而言，没有钱就不愿意工作；对于地位更高的人来说，作战积极性也下降得厉害，他们希望在被占领地人口的供养下享受轻松惬意的生活并避免死亡的风险。越是容易得到金钱，这些人越是不再情愿加入战场，这种避战情绪的表现和当初他们没有食物和军饷时的避战表现差不多。即便阿尔科莱战役中的这种表现没有酿成大祸，也足以说明拿破仑用钱收买军队的办法有其局限性。

借助于金钱的润滑，拿破仑开始与他的部下建立起真正的私人关系，但这时候他发下去的金钱几乎完全是为了支付战争的代价、为了士兵和军官的利益，要赢得政治上、军事上的盟友，只靠给士兵们发半饷远远不够，拿破仑需要建立一个额外的资金调拨体系去建设一个真正的党派，拿破仑也确实是这么做的。他开始给自己的随从近侍或任何他觉得会有用的人发放各种供挥霍的享乐品，这种分配就不那么透明了。总督府对此后知后觉，

---

① Antoine Romain Hamelin. *Douze ans de ma vie*[J]. Revue de Paris, AN.33, Tome 6, Novembre-Décembre, 1926, p.20.

② Jacques Godechot. *Les Commissaires des Armées sous le Directoire, Tome I*[M]. Paris: Presses Universitaires de France, 1941, p.546.

③ Jacques Godechot. *Les Commissaires des Armées sous le Directoire, Tome I*[M]. Paris: Presses Universitaires de France, 1941, p.546.

一旦巴拉斯感知到了拿破仑在暗中干些什么，他就开始了对拿破仑的强烈批评。巴拉斯在自己的回忆录中批判了拿破仑的"秃鹫行径"，但不幸的是，这种批判来得太迟了。

"从拿破仑到意大利的第一天起，他就把这个富饶的地区展示给我们的士兵看，好像他们是饥饿的秃鹰；可以说，他们确实是秃鹰，而且他们完全有权利这样做，因为政府允许他们在那里获得所缺乏的生活必需品。毫无疑问，当时的意大利军队就处于这种非常不幸的境地，但这并不是唯一的情况。自热月9日以来，共和国的所有军队难道不都是如此不幸吗？如果说必须以战养战，那么共和国的其他将领们难道没有证明，除了拿破仑所使用的那些手段之外，还有别的手段可用……当时这些领袖们不仅没有（像拿破仑那样）想到给士兵们提供金钱，他们还在事先（指拿破仑发现金半饷）就过分确信他会被迅速击败并被移送司法，但是在波拿巴向意大利军队提出的这个利益体系中，在这个被他赋予贪婪的时刻，他从那时起就有了一个比获得胜利更遥远的计划；他为了征服共和党人，认为首先必须贬低共和党人，为了处置人类，可以说必须利用人性中可耻的部分。"①

巴拉斯的这种道德说教和批判并没有什么用，但是这种批判揭示了他其实早已明白，拿破仑通过发钱获得了士兵的忠诚。这足以使一直以来受困于军事政变威胁的政府感到不安。总体而言，文官政府不希望看到军官得到士兵爱戴，它更喜欢那些被士兵憎恨的将军们。雾月18日发生的事件将证明巴拉斯的正确性，正是缪拉拉来的掷弹兵和大炮采取了决定性的行动。此外，还应指出，在巴黎卫戍部队中有些人来自意大利方面军。

---

① Paul Barras: *Mémoires de Barras publiés par Georges Duruy, Tome III*[M]. Paris: Hachette, 1896, pp.96–97.

四、1796 年的法国财政

拿破仑当然是督政府最重要的供养者，只有他带来了货真价实的贵金属增量，并且获得这种收入无须背负利息成本，但是相比于法国庞大的财政赤字，这种收获仍显不足。拉梅尔编制的共和历 4 年（1796）的法国财政预算表显示，疯狂印刷指券终于让它崩溃了，作为后继者的土地票也很快就完蛋了。在法国国内以贵金属现金形式征收到的税收还是不多（约 9500 万里弗尔）。在荷兰进行的金融操作（即由荷兰向法国提供某种付款通知，实质上是一种拿欠条换真钱的负债行为，票据名为"巴达维亚付款通知"）为法国融到一些资金（约 1.04 亿里弗尔）。形同废纸的指券和土地票对法国人民进行的掠夺为政府找来了约合 3.04 亿里弗尔的收入，但指券的发行量为 225 亿，土地票的发行量为 24 亿。这也就是说，两种纸币一印刷出来就几乎贬值了 99%[①]。

既然军队无法指望国家财政，它就会自己寻找出路。拿破仑加强了他与意大利被占领土的本地化的联系。到了共和历 6 年（1798 年），"在山内高卢（意大利北部的罗马时代古称）的法国军队就像生活在一个友好国家那样，它的日常开支来自与本地签署的各种条约……征服罗马的战果不得而知,这些战果也全被用在了军队开支上"[②]。在意大利的经历让拿破仑在心中建立起关于财政预算用途的基本原则：由国家预算担负进行军事行动准备工作的费用；由被征服的国家和地区支付出境作战部队的费用；尽可能高效地组织被征服国家的军队协助法军行动；尽可能减少相关地区民众的不满情绪。

---

① *Compte rendu au Directoire exécutif par le ministre des Finances sur l'administration de son département depuis l'organisation du gouvernement constitutionnel jusqu'au 1er vendémiaire de l'an V* [G]. Paris: Imprimerie de la République, Fructidor an V.

② *Compte des finances de l'an VI* [G]. Paris: Imprimerie Nationale, an VII, p. 22.

第二十一章　被占领区的反抗和获得有限自治

一、意大利人民寻求"二次解放"

伦巴第大区的居民们很快发现，他们被法国人解放后所必须支付的代价太高了。只过了几个星期，他们就迫不及待地想要再次从这些贪婪的"解放者"手中被二次解放。萨利切蒂对修道院、当铺的掠夺引爆了潜藏的不满，部分米兰人民拿起武器反抗法军。起初，亚森特·弗朗索瓦·约瑟夫·德斯皮诺伊得到的警告，驱散了暴民，但城郊的情况恶化了。1796年5月24日，从帕维亚到米兰，牧师们吹响了起义的号角。当时，法军正在追击奥地利军队，本军后方发生的变故是个严重的威胁，准尉朗德里约记录下自己在变乱中所遭遇的危险时刻。

一阵巨大的喧闹声提醒我，米兰发生了叛乱。我走了没多久，就遇到一大群人从我面前逃开，跑进了街边能找到的每一栋房子。我自己被挤进了一个门廊，与卡瓦耶和莫塔分散了。随着人流的流过，声音越来越大，逃亡者的速度也越来越快。最后，第7师的一个中队和第22师的一些骑兵猛烈追击，并用马刀砍杀他们追上的人，把我从这个可怕的地方拉了出来。我走到德斯皮诺伊将军身边，他正带着第5师的几个龙骑兵跟在后面，我问他是否有什么命令要下达给我。他心事重重，让我去帕维亚城门，说我可以在那里找到我的上司和一些部队。

当我走到通往帕维亚的路上时，我听到了前方传来的炮声，这让我不得不快速前进。我遇到了大约 500 名以双倍正常速度快速行军的士兵。在距离那里四分之一英里的地方，我发现了大约 20 具在过去一两天里被打死的法国人的尸体，在更远一些的两英里之外的地方，我发现有同样多的尸体散落在路上和壕沟里……我们到达了比纳斯科。这座城市被烧得面目全非，暴徒正在向试图逃往右边蒙特诺特乡下的居民开火。

基尔梅因告诉我，前一天，有一整连的炮手都被帕维亚的居民杀害了，地点就在大沙特鲁兹（即塞托萨，Certosa）。在过去的两三天里，比纳斯科人把两百多名从法国本土途经托尔托内到我们这里来的志愿兵割了喉，而这一切都是因为米兰的当铺遭到卑鄙的抢劫，居民们存放在城里各个公共场所的钱被抢走。帕维亚发生了叛乱，并关闭了城门。守军人数极少，不足 250 人，他们恐怕会被斩首示众。[①]

面对这种严峻的局面，拿破仑对叛乱进行了最严厉的镇压，在镇压叛乱期间被抓获的所有手持武器者都被枪毙，在派出军队的同时，拿破仑还通过米兰大主教向起义者提出恢复和平的建议，但是起义者对此并无兴趣。最终，帕维亚的城门被法军大炮轰开，所有困守在地窖和房顶上的人都被处以死刑，拿破仑的军队对帕维亚进行了持续约 6 小时的洗劫，起义者被处决后，在帕维亚没有再发生以往洗劫城市时常见的那种谋杀和伤害事件，新增的破坏主要针对居民财产。

在这些可怕的灾难中，士兵们……让家具飞出窗外，把居民

---

① Jean Landrieux. *Mémoires de l'adjudant Général Jean Landrieux, Tome I*[M]. Paris: Albert Savine, 1893, pp.66–72.

打倒在地，但他们并没有发大财，只有一名士兵抢到了 7000 法郎。大多数军官和军士都拒绝参与抢劫，有许多士兵还从同伴的淫威下拯救了许多本地妇女。有些行为不轨的士兵在（本地居民）家中被自己的战友杀死。这从他们背上的刺刀痕迹就能看出来。尽管如此，损失还是非常惨重。第二天，抢劫者们喝得酩酊大醉，无法行走。直到中午，他们才被全部集合起来。其中有些人比另一些人喝得少，他们抢走了那些喝得烂醉如泥、倒在街上睡着了的人抢走的战利品。一些物品被归还给原主。士兵像骡子一样装货，累了就把所有东西扔在地上，如果有人来认领，就把东西还回去。①

5 月 26 日下午 1 时，部队奉命出城。波拿巴和萨利切蒂来到了一间当铺，当铺里的所有东西都被装上了大约 20 辆小资产阶级样式的马车，这些马车经由沃尔盖拉和托尔托内驶往热那亚……这些东西都被交给了银行家巴尔比。他花了三天时间做了详细的整理和记录，因为在帕维亚，这些东西都像是匆忙偷来的东西那样被胡乱扔进一端开盖的桶里，然后被装进货车或马车，这些桶没有再被封上过。②

二、拿破仑探索"中间路线"

拿破仑憎恨别人对他的反抗，但是仍然认为伦巴第人遭到的待遇是不公正的。再对当地人民横征暴敛，法军就会陷入暴力和起义的恶性循环。拿破仑觉得督政府给伦巴第大区规定的税赋额度太高了，应该把一部分负担转嫁到摩德纳公爵的头上。拿破仑的这种态度是理智的结果而非感情因

---

① Jean Landrieux. *Mémoires de l'adjudant Général Jean Landrieux, Tome 1*[M]. Paris: Albert Savine, 1893, pp.66–67.

② Jean Landrieux. *Mémoires de l'adjudant Général Jean Landrieux, Tome 1*[M]. Paris: Albert Savine, 1893, p.71.

素或公正的美德使然。意大利方面军人太少了，因此不可能一面四处镇压叛乱，一面应对奥地利人可能的反扑。然而，要维系意大利方面军的运作，拿破仑必须继续照常支付军饷，否则这支军队就有溃散的风险。唯一的解决办法就是允许意大利人有某种程度的自治权，找出军事威权统治和放任自流之间的中间道路。

　　在拿破仑刚刚占领米兰的时候，本地倾向于利用法军从奥地利手中获得独立的民族主义分子、开明资产阶级对他而言只是市议会里的装饰，最多起一点咨询作用。即便是发挥这一点点的咨询作用，米兰人也必须在议会中表现出对法国占领者的合作态度，但是拿破仑同样希望米兰的议会不会被真正的革命者占据。为了达到这个目的，他让米兰议会中的 14 个席位被开明资产阶级占据。通过这种让资产阶级代表的比例高过其实际力量的办法，拿破仑试图做出一些亲资本的姿态，以防止资本大规模外逃，但在几个月的时间里，军事力量的威权仍然是压倒性的、无所不能的。在伦巴第大区，1796 年 5 月 19 日成立的一个军事机构负责收税。在城镇中，军事首领的统治至高无上，米兰总督德斯皮诺伊将军经常像稻草人一样在议事桌前挥舞宝剑，提醒战战兢兢的市政议员他们只擅长记录胜利者的意志[1]。8 月 26 日，由督政府专员们提议建立的行政总管机构从军事机构手中接管了伦巴第大区。从那时起，募捐、收税等工作部分由意大利本地人负责，他们必须每月向意大利方面军提供 100 万法郎[2]。这种强制的"赞助费"实际上是赎买相对自治权所必须支付的代价之一。意大利的真正独立并没有被提上议事日程，因为这个行政当局仍需在加劳的严密监督下才能展开工作，但是与在其他地方时一样，拿破仑希望掌握所有的权力。10 月 25 日，他让巴拉盖·德希利尔斯将军负责行政管理，这损害了听命于督政府的专员们的利益。这也是拿破仑继给军队用现金发半饷之后，在伦巴第政

① Paul Gaffarel. *Bonaparte et les Républiques Italiennes*[M]. Paris: Alcan, 1895, p.18.

② Jacques Godechot. *Les Commissaires des Armées sous le Directoire, Tome I*[M]. Paris: Presses Universitaires de France, 1941, p.528.

府中发动的（针对督政府的）"第二次政变"。他现在可以按照自己的意愿，自由组织该"省份"了。

三、放出傀儡

尽管军事力量才是法国能够让意大利北部摆脱奥地利控制的根本原因，法国人却准备让意大利人学习法国大革命的经验，建设资产阶级的共和国。拿破仑认为，在经过了他对米兰议会中资产阶级的扶持之后，该地的人民正日益变得更配得上拥有自由。傀儡政权最初只限于摩德纳、费拉拉、雷焦，即前文提过的奇斯帕达纳共和国，其宪法是经过拿破仑修改后的法国督政府宪法。总体而言，拿破仑对于"二次解放"意大利人表现出了足够的谨慎。督政府和意大利方面军司令部的同僚们都劝拿破仑不要走得太远，尤其是不能把被占领地的公共财政直接交给所谓的"人民代表"。督政府在给拿破仑的信中回顾了指望新成立的立法机构掌管财政会引发什么样的灾难。当米兰也加入进来，成立所谓的山内高卢共和国的时候，拿破仑立即担任了它的监护人。该共和国的政府机构人员、立法机构成员都是在拿破仑授意下立即任命的。只有在实现了顺利过渡、有效消除了无政府的混乱之后，山内高卢共和国的人民才能根据宪法寻找和任命空缺职位的人选。拿破仑并不是傀儡共和国概念的发明者。1795 年，在原荷兰领土上成立的巴达维亚共和国才是第一个傀儡共和国。只不过法国认为这是大革命的共和国在境外所能找到的一个志同道合的姊妹共和国，它拒绝称之为傀儡。拿破仑学习了这种管理新征服地区的模式，可能在拿破仑看来，一旦新的共和国成立了，在当地的占领军这个共和国的关系就不再是简单的统治者与被统治者的关系。从那一刻起，两者之间就开始存在真正的共同利益，占领军将用自身的力量为这个新生的国家服务，新东道国则停止反对法国并转而为占领军提供资金。对法国而言，它得到了可以为其提供军队的盟友，也降低了自身维持军备的花费。这是一举多得的好事。

在与奥地利阶段性媾和之后，拿破仑在督政府授意下成立了更多的傀儡国。这些国家的存在感很弱，主要是为了合理合法地向法国纳贡。在拿破仑离开意大利期间督政府和山内高卢共和国签订的条约集中体现了这种不平等，该条约片面有利于法国而不利于对方。条约规定的年贡金数额上涨到 1800 万法郎，法国占领军的年费用是 2400 万法郎，山内高卢自己的军队花费了另外 2400 万法郎。该共和国的岁入为 5600 万法郎，但岁出为 8000 万法郎，所以这个国家很快就破产了[①]。法军在 1799 年春季遭遇的失败无疑和自己傀儡的拖累有关，这些法国放出的傀儡如果想真正存续下去，并成为法国大革命的有力助手，就必须具备起码的财政条件，它们的财政必须取得平衡。雾月政变后，拿破仑主导的执政府又第二次成立了山内高卢共和国，当法国自身变成一个帝国之后，它的傀儡或卫星国还包括威斯特伐利亚、那不勒斯、荷兰等，那时候的拿破仑已经比较注意不要重蹈督政府时期这种财政失败的覆辙。

四、成为成熟的政治家

后来法兰西帝国的各种特征在拿破仑进行意大利战役的时候就已经初露端倪，劫掠显得高效，但财政组织和管理则很混乱，多样而又复杂的财政结构已经初具雏形，军队的挥霍无度也已经表露无遗，但是拿破仑选择相信马基雅维利主义的教条，忍受这种挥霍。他认为带领军队大肆掠夺战利品、进行屠杀并处置被征服者的财产是必要的，对军队表现出慷慨也很必要。如果不这么做，拿破仑就不能得到士兵的追随，为他人的利益花费另一些人的钱财不仅无损于你的声誉，反而会使你的声誉更加光彩照人。

拿破仑在政治上的成熟也与他在意大利的经历和行为密切相关。在意大利，他创造了一批自己的忠实追随者，他们追随他的荣耀，也追随他的

---

① Jacques Godechot. *La Grande Nation*[M]. Paris: Aubier, 2004, p.441.

金钱。一个为总督府提供资金的将军逐渐被一个征服者所取代，他把收集到的金钱用于满足自己作为军事领袖的心理需求。除此之外，他还把金钱用于实现自己的政治野心。同时，他也意识到，如果想长期占领某些领土，就必须小心谨慎，不能仅仅表现得像一个没有政治野心的征服者。正是在意大利，拿破仑才真正理解了马基雅维利关于城市管理和军队财政的教导。

"由当地居民参与的政治组织最终将取代严格的军事管理……如果你想保护一个习惯了自由生活的城市，那么，它的市民所施加的直接影响比任何其他手段都更容易约束它。一支军队在外国的财政状况是否良好取决于索求贡献与尊重人民之间的微妙平衡。"①

然而，意大利只是一个相对轻松的试炼，拿破仑在那里学到的征服者本领将在更加严酷的埃及迎来真正的考验。

---

① Nicolas Machiavel. *Le Prince*[M]. Paris: Jean de Bonnot, 1985, p.273.

第二十二章　东方黄金国的幻灭

一、东方的地缘利益和经济诱惑

当法军征服了北意大利并震慑了南意大利、夺取了地中海东岸的伊奥尼亚群岛之后，其目光就难以避免地瞄准了地中海南岸。远在美洲的西印度群岛曾经是法国财政的有益补充，但是法国在与英国人的战争中落于下风，海地的黑奴起义也给法国人造成了永久性的损失，法国人逐渐把目光看向近在眼前的地中海区域。他们认为，地中海沿岸的某些殖民地甚至是领土可以弥补美洲的损失。外交官塔列朗从经济和地缘战略两方面阐述了埃及的重要性。作为法国殖民地的埃及的产出将取代西印度群岛的产品，埃及关键的地理位置则会带来一条通往印度的贸易航线，奥斯曼帝国此时看起来已经日薄西山，很难不使人产生某种征服欲。

法国与英国的积年旧怨也应该被考虑进来。法国有些历史学家认为，1689 年以来英国对法国开展的一系列军事行动几乎可以称得上是"第二次百年战争"。许多法国人将英国称为"背信弃义的阿尔比恩"，阿尔比恩是大不列颠岛的古称，法国人以此来表明这是一个根本不值得信任的国家。法国人将英国和法国分别比作古代的迦太基和古罗马，表示前者（英国）是一个贪婪的、即将崩溃的旧帝国，而后者（法国）是繁荣的智慧与文化国度。共和主义者和波旁王朝一样，清楚地知道英国的制海权对大陆的大国政治有很大的影响，而法国不可能在不击败英国的情况下主宰欧洲。"迦太基"——吸血鬼，海洋的暴君，"背信弃义"的敌人，破坏性的商业文明的承载者。"罗马"——普世秩序、理念和无私的价值的承载者。二者之间形成了鲜明对照。[①]

那么，到埃及去就变成了与英国展开竞争的又一个战场。自1793年以来，法国政府一直在尝试从经济上削弱英国以迫使其求和的想法。1796年10月31日，法国加强了海关壁垒，禁止所有英国产品输入法国领土。1798年1月18日，法国政府甚至授权海军，无论船主国籍如何，可以扣押任何载有英国原产货物的船只。这些措施严重损害了各国经济。尽管法国是帮助美国取得独立的朋友，美国仍然就自己遭到的经济伤害对法国进行了报复。有鉴于此，法国人开始设想对埃及进行军事远征，通过占领英国人在红海沿岸的贸易站来切断英国人通往印度的路线，从而在经济上与英国人抗衡。

此外，远征埃及的战略利益和经济考虑与拿破仑个人的东方狂热相结合。拿破仑想追随凯撒和亚历山大大帝的脚步，让自己的名声响亮起来，在人们心中留下难以磨灭的印象，但是将来他会发现，他是被东方的诱惑蒙蔽了双眼，对埃及的情况进行了过于乐观的想象。他远征埃及所带的启动资金太少了，对情况的错误估计将给他带来巨大的幻灭感。

二、寒酸的舰队和远征军

1798年5月19日，近130艘船只从土伦启航，载有一支5万人的远征军（2万名水手、3万名步兵和骑兵）。这是一次庞大的行动，尤其是对于一个面临重大财政问题的国家而言，只是把远征军武装起来的费用就高达近370万法郎[②]。这支军队的每月维持费用高达69万法郎，然而从国家

---

① Robert Tombs, Isabelle Tombs. *That Sweet Enemy: Britain and France: The History of a Love-Hate Relationship*[M]. New York: Vintage, 2008, p.208.

② Clément de La Jonquière. *L'Expédition d'Égypte, Tome 3*[M]. Paris: Éditions Historiques Teissèdre, 2003, p.693.

财政中无法挤出这笔资金，以至于埃及远征军不得不依赖拿破仑之前征战时存下的收入——瑞士提供了 300 万法郎[1]，意大利的剩余资金有 200 万[2]，但是只有这 500 万法郎还远远不够，3000 多名水手因为遭到欠薪而下落不明。要紧急为他们发工资，才能把他们重新召唤上船。尽管远征军资金紧张，拿破仑仍然想要像上次在意大利时那样，给军官和士兵们在开拔前多发一个月的奖金（计 218 055 法郎）[3]。在扣除船只修理费和开拔奖金之后，军队金库里只剩下 100 万法郎了，也就是说，这只够一个多月的开支了。拿破仑所能指望的是马耳他这个中继站的补给以及埃及的宝藏，除土伦港外，地中海其他各港口还有一些船只加入进来。整个埃及远征舰队最后膨胀到了 54 艘战舰、280 艘运输船。1798 年 6 月 9 日，这些船在马耳他集结。已经统治该岛数百年的医院骑士团只抵抗了两天，进行了小规模的战斗，然后马上就投降了。投降的代价是，医院骑士团同意支付 60 万法郎赔偿金（其中半数立即在马耳他当场付清，为 10 万法郎黄金和 20 万法郎汇票），允许法军进驻并管理该岛[4]。好在医院骑士团仍然保留了自己的部分主权和对瓦莱塔要塞的控制权。法军一登岛就开始了寻宝行动，医院骑士团的财宝、教堂里的珍贵装饰品、纯银圣像、神龛上镶嵌的钻石和其他宝石等等都是搜寻目标。在英国人夺回马耳他之前，法军对马耳他的征服为法国搜刮到了约 500 万法郎，但是这些产出中只有大约 67 万法郎是可以带着继续远征埃及的活钱。其他的钱在征服岛屿并维持对岛屿殖民统治的活动中消耗掉了[5]。医院骑士团金库赔付的资金有很大一部分要被运往土伦，还有一

---

[1] Jacques Godechot. *La Grande Nation*[M]. Paris: Aubier, 2004, p.441.

[2] André Peyrusse. *Les finances de l'Égypte Durant l'occupation Française*[J]. Revue Britannique, Paris: Bureaux de la Revue Britannique 1882, Tome 5, p.455.

[3] André Peyrusse. *Les finances de l'Égypte Durant l'occupation Française*[J]. Revue Britannique, Paris: Bureaux de la Revue Britannique 1882, Tome 5, p.455.

[4] Clément de La Jonquière. *L'Expédition d'Égypte, Tome 3*[M]. Paris: Éditions Historiques Teissèdre, 2003, p.695.

[5] André Peyrusse. *Les finances de l'Égypte Durant l'occupation Française*[J]. Revue Britannique, Paris: Bureaux de la Revue Britannique 1882, Tome 5, p.456.

些是军官们的津贴。它不能对远征埃及产生什么帮助。经过长途跋涉，法军终于在 1798 年 7 月 2 日登陆埃及海岸。到这个时候，他们已经把出发时携带的那点补给耗尽了。要投入作战，部队至少还需要 2 个月的军饷。然而，从此以后，法国人在埃及从来就没有找到过足够开支使用的金银。拿破仑在 7 月 6 日下令没收埃及国库的现金，但埃及国库里的现金主要是海关关税，而每年夏天的尼罗河水位下降和通航条件变差会导致海关在贸易淡季收不到钱。于是，仅仅登陆后第 4 天，拿破仑就不得不出兑来自马耳他岛的黄金。拿破仑下令在本日晚间 6 点之前召集亚历山大城最富有的 20 名商人，以便他们在第二天早上之前为法军提供价值等同于 30 万里弗尔的本地货币（主要是银币和银锭）①。拿破仑意识到，普通措施可能无法解决问题，他将不得不像上次在意大利所做的那样，断然采取所谓的非常措施。然而，意大利的波河平原是富饶的，当地居民是法国人所熟悉的。埃及的尼罗河谷是贫穷的，本地居民与法国人语言不通、风俗不同。两次"非常举措"发生的背景环境迥然不同。

一旦离开尼罗河岸的范围，法军在埃及的沙漠里只能发现广泛的荒凉和孤寂，沙地上晃动的涟漪其实是地表热空气上升造成的幻觉。远方偶尔出现几棵棕榈树，既没有阴凉的地方，也没有可以寻求帮助的对象，偶尔在沙漠绿洲附近会有咸水井。阿拉伯人在荒野上追逐猎物，对于带着武器、装备，身穿羊毛制服的欧洲入侵者而言，周围的一切都是野蛮而陌生的。埃及作为一个国家而言在法军眼中是贫穷而破败的，当法军击溃马穆鲁克骑兵之后，他们发现，从敌人那里也抢不到许多私人财产。金字塔之战后，法国人搜罗战利品的行为完全无视了穆斯林社会的习俗，甚至深入马穆鲁克遗孀的内院。埃及的平民阶层本来对马穆鲁克的压迫怀有不满甚至憎恨，法国人的倒行逆施反而把马穆鲁克和他们的遗孀变成了伊斯兰的殉道者，

---

① *Ordre de Bonaparte du 18 messidor an VI 6 juillet 1798, Correspondance Générale publiée par la Fondation Napoléon*[M]. Paris: Fayard, 2004, No. 2766.

为埃及人民所纪念和尊重。对马穆鲁克阶层私人财富的搜罗完全是个得不偿失的行动，在付出重大政治代价之后，法军也只搜罗到价值非常有限的财物，这远不够填补战争所需。埃及的其他社会阶层也被要求"捐款"，被勒索的首先是贵族，其次是富商，然后则是古埃及的后裔科普特人。

　　1798 年 7 月 30 日，拿破仑命令亚历山大的贸易商也要像开罗同行一样为法军作出贡献。他首先想起的还是在 7 月 6 日兑换出去的那些金银，于是他宣布向亚历山大商人征收 30 万里弗尔的贡赋，在征收时，之前出兑给这些商人的马耳他金银将被优先考虑①。这种出尔反尔的态度只会恶化他同埃及人的关系，但拿破仑别无选择。在埃及，金银稀缺，以物易物是种常见的现象。为了收满 30 万里弗尔，大马士革、罗塞塔、开罗、达米埃塔等地的咖啡商人、肥皂商人、糖商都被殃及。为了确保征收行动能够成功，法军抓了一些人质，法军军需处还到处征收实物，被征收品包括了饲料、谷物、食品、马匹。对马匹的征收配额被分配到了埃及的每个省，法军认为这是按照惯例在向埃及人要求礼品。拿破仑在埃及采取的这些行动与他刚刚登陆埃及时宣称要善待对法友好人士的宣言背道而驰。起初，他宣称与法军同在的埃及人将比之前拥有更多的幸福，也会财运亨通、官运通达。现在，即使是那些埃及最坚定的通法叛徒们也因为他们的法国主人的要求而遭到了损失。

　　登陆埃及后三个月内，法军在埃及只搜刮到 360 万法郎，这种搜刮效率只有他们在意大利时期的十分之一。同一时期，法军的支出达到了 450 万法郎②，也就是说，法军这时在埃及仍然处于亏损状态。在共和历 6 年初（即 1798 年秋），埃及远征军的金库中还残留着一些在土伦和马耳他拿来的剩余资金，但是由于法军仍未实现盈利，反而每月产生约 30 万法郎的赤

---

① Ordre de Bonaparte du 12 thermidor an VI 30 juillet 1798, *Correspondance Générale publiée par la Fondation Napoléon*[M]. Paris: Fayard, 2004, No. 2883.

② Clément de La Jonquière. *L'Expédition d'Égypte, Tome 3*[M]. Paris: Éditions Historiques Teissèdre, 2003, pp.681–697.

字，这些剩余资金也很快就会被耗尽。在一个超过 90% 国土是沙漠的贫瘠国家，5 万人的军饷、装备、给养问题给拿破仑带来了极大的幻灭感。早在 1798 年 7 月 26 日，拿破仑就开始在私人信件中发表失败主义的感叹。他告诉约瑟夫："埃及是世界上小麦、大米、蔬菜和肉类最丰富的国家。但这里的野蛮也达到了顶峰。没有钱，甚至连给军队发军饷的钱都没有。我想两个月后我就会回法国了。"①

但是，这只是拿破仑不了解东方社会所造成的暂时的挫败情绪，他真正回到法国还要再等一段时间。在那段时间里，拿破仑仍然试图对埃及进行一定程度的殖民主义治理，这种治理的首要目的是满足军队的财政需求。拿破仑占领埃及期间对埃及的殖民主义治理体现在三个方面：行政治理、军事镇压和经济掠夺。其中行政治理主要的手段有三：一是引入法国的治理模式，建立所谓的各级行政会议和全埃及国务会议；二是采取"宗教治理"，即对伊斯兰教的利用；三是文化开发，即所谓学术远征产生的影响。

三、法国殖民者的本地化尝试

拿破仑把自己伪装成一个比马穆鲁克更虔诚的穆斯林、伊斯兰的保护人。他头缠头巾，身穿长袍，到清真寺做礼拜；资助宗教长老们举办张灯结彩的活动，纪念穆罕默德的诞辰，还亲自率领法军参加这些活动。正如他对部将克莱贝尔所说："我们在扑灭宗教狂热之前，必须首先平息这种宗教狂热。"② 实践中，法国殖民者采取的办法就是装扮成安拉的驯服工具。埃及的各级行政会议、全国国务会议中，成员主要是上层的宗教长老、富商、原奥斯曼帝国的包税人、清真寺里的宗教学者，但是拿破仑从内心里

---

① Lettre à Joseph du 7 thermidor an VI 25 juillet 1798, *Correspondance Générale publiée par la Fondation Napoléon*[M]. Paris: Fayard, 2004, No. 2635.

② 王泰：《19 世纪上半期埃及政治与宗教关系的历史流变》[J].《外国问题研究》2021 年第 4 期，第 92–106 页。

不时流露出对伊斯兰教和埃及人的蔑视。他认为埃及的宗教长老们"胆小怕事、羸弱无能……和牧师一样，劝导别人对上帝无比虔诚，而自己却不守教规"①。在这种情况下，法军在选择补充兵员和财政官员时，实际实践的是宗教分离政策。拿破仑搜罗一批侨居埃及的土耳其人、希腊人、摩尔人的流民，组成近卫队，负责治安。法国殖民者对科普特精英也十分重视。拿破仑重用科普特基督教徒，至少三位科普特人获得重任，穆阿里木·雅库布·塔德拉斯担任铸币大臣，在上埃及地区负责财政事务，还曾在迪赛斯的法军中指挥同马穆鲁克的战争。吉尔吉斯·加哈瓦里和艾利斯·布克图则分别出任拿破仑的财政大臣和私人秘书，后者还是法驻埃及军队的官方翻译②。

四、迟来的财政本地化

法国海军在阿布基尔的失败使得陆军没有了退路，也丧失了与法国本土的联系，法国国库已经不能提供哪怕是形式上的支援，向埃及商人强制借款或者继续搜刮马穆鲁克也没有什么成效，法国人如果还想在埃及存在下去，就必须建立一个真正本地化的税收制度。埃及长期以来是奥斯曼帝国的一个行省，因此在原则上它必须按照包税制，向奥斯曼苏丹上缴一部分税款。自16世纪开始，地理大发现所导致的新航路的开辟，使原来围绕东地中海和红海而繁华一时的海洋贸易和过境贸易一蹶不振。埃及在长期缓慢衰落过后，经济已经主要依赖于农业，农民们向村长缴纳的税最多。一个包税人负责收集几个村子的税款，奥斯曼苏丹和地方权贵按比例分享包税人征收的部分税款，在许多时候，苏丹所能享用的其实是出售包

---

① 王泰：《19世纪上半期埃及政治与宗教关系的历史流变》[J].《外国问题研究》2021年第4期，第92–106页。
② 王泰：《19世纪上半期埃及政治与宗教关系的历史流变》[J].《外国问题研究》2021年第4期，第92–106页。

税权得到的按年上缴的价款，作为交换，包税人所收取的各种费用非常可观。这种包税人控制下的几个村被合称为伊尔蒂扎姆，包税人在埃及常被称为穆塔济姆。在拿破仑占领埃及之前，包税人向村民征收的税金中只有约 20% 会被上缴给地方实力派和最高统治者苏丹。埃及被划分为 24 个省，所有省份都在马穆鲁克控制下。包税的特权中约有三分之二被马穆鲁克购得，作为军工集团，马穆鲁克还拥有生产条件最好的那部分土地，他们可以选择自己成为自耕地主或是向佃农收租。埃及并不是不能产生财富和税收，只不过这些税收中只有很少一部分能被送到理论上的主人——奥斯曼苏丹那里。这也是为什么拿破仑能够在他发表的第一份《告埃及人民书》（*Déclaration du Général Bonaparte au Peuple Égyptien*）里大言不惭地宣称自己是为推翻马穆鲁克统治、恢复奥斯曼苏丹的权力而来的原因所在。然而，农业社会的大部分税收确实会在抵达中央层面之前就被地方消耗掉，以某种形式被重新分配给地方社会。在同时代的中国，情况也与之相似。以工业和商品经济发达的欧洲的财政情况来外推农业经济的埃及，再一味指责马穆鲁克对苏丹税金的侵占其实并无道理。如果看一下奥斯曼苏丹在埃及的收支情况（见下表），就会明白这一点。

表 22-1　奥斯曼苏丹在埃及的收支

（单位：法郎）

各方对埃及税收的分享	金　额
总　额	16 499 935.58
其中：	
属于苏丹的收入	4 079 781.98
属于地方实力派的收入	2 747 207.36
属于包税人的收入	9 672 946.24
奥斯曼苏丹花费在埃及区域的开支	
总　额	3 522 690.74
其中：	
官员薪俸	103 677.14

各方对埃及税收的分享	金　额
军　费	1 053 709.31
杂项开支	93 600.90
社会福利开支	297 671.77
宗教信仰和服务开支	490 022.54
赞助埃及人前往麦加朝觐的开支	1 484 009.08

资料来源：Edme François Jomard. Description de l'Egypte ou Recueil des Observations et des Recherches qui ont été Faites en Egypte Pendant l'expédition de l'armée Française[M]. Paris: Panckoucke, 1821, pp.41–248.

现在，摆在法国人面前的艰巨任务是接管奥斯曼帝国在本地的旧税收体系，并尽可能回复旧的税收。从理论上说，每个地区都应该有一名法国人作为行政机构的代理人，去了解埃及的税收流程和惯例。这不是件容易的事，埃及的风俗习惯、语言和社会经济形态与18世纪晚期的法国差距太大，给法国人带来了严重的文化冲击，所以拿破仑选择了与信奉基督教的科普特人合作。在一个穆斯林占人口绝对多数的国家，这些与法国人合作的科普特人被视为无赖、背叛苏丹的叛徒。法军现在是埃及事实上的主人，拿破仑取代了奥斯曼苏丹的位置，埃及各省的长官名义上已经变成了法军的将军们，由马穆鲁克掌握的伊尔蒂扎姆已经变成了军队的财产。法军逐步熟悉了埃及税收系统的奥妙，但埃及人的反抗并未停止，马穆鲁克残余势力仍然占据着开罗东北方、法尤姆以南尼罗河沿线等一些地方。在登陆埃及之后仅两个月内，拿破仑就损失了约7000人。贝尔蒂埃在1798年8月18日向拿破仑报告了这个悲惨的事实。此外，驻守埃及各地、军队医院的需求又消耗了约6000人，拿破仑手头的可用兵力只剩2万左右[①]。此时，下到基层去征税的需求将进一步抽干法军的人力资源。因为，自发缴纳税款在村中并不常见。维旺·德农就见证了法军不得不在埃及乡村中为了收

---

① Clément de La Jonquière. *L'Expédition d'Égypte, Tome 3*[M]. Paris: Éditions Historiques Teissèdre, 2003, pp. 386–391.

税而拖着小炮，穿过村子，展开缓慢行军的情况①。这种为征税而展开的武装游行与马穆鲁克此前的行为并无什么区别。如果法军想要达成财政平衡乃至盈余，那他们就必须加倍努力——这意味着加倍残酷地对待埃及人。要维持埃及远征军正常运作，法国人的年支出会达到 2200 万法郎，而根据前文中的表格，马穆鲁克阶层每年能从埃及汲取的资金不超过 1000 万法郎。即便把全埃及的税收都拿来养活军队，赤字仍然存在，因此税制改革势在必行。

五、埃及人的抵抗和法国人的财政革新

滥发指券、出让没收来的"国家财产"等办法在法国大革命后已经被付诸实践。此外，法国还对财产出售、遗产继承等行为征收登记印花税，拿破仑打算把这些方法拿到埃及来推广。法军占领开罗以后，找到了当地的造币厂，拿破仑非常高兴，指示克莱贝尔马上把所有留在亚历山大的金银拿过来铸币。为了找到铸币材料，拿破仑还想用手里的大米和小麦来向埃及商人换取金银。对埃及低价值旧币进行改铸、重新规定铸币的面值等一些办法虽然是权宜之计，但还是给军队金库赚来了约 200 万法郎②。

对钱币的操纵并非毫无代价，劣币驱逐良币的铁律再一次发挥了作用，现金短缺和通胀又出现了，贸易随之而放缓。拿破仑新币的内含价值只有足值旧币的三分之一，货币流通面临各种障碍，法国殖民者于是转向了农业国最大宗的财产——土地所有权。他们希望像在法国拍卖教会地产那样拍卖马穆鲁克的伊尔蒂扎姆，但是埃及人并不相信法国人能够在这里建立稳固而持久的统治。同时，潜在的买主也惧怕前主人的报复。法军在前期对埃及的搜刮也使得有可能参与拍卖的人没有足够的支付手段，没收来的

---

① Mahmoud Hussein. *Sur l'expédition de Bonaparte en Égypte*[M]. Arles: Actes Sud, 1998, p.126.

② Lettre à Kléber du 9 thermidor an VI 27 juillet 1798, *Correspondance Générale publiée par la Fondation Napoléon*[M]. Paris: Fayard, 2004, No. 2662.

伊尔蒂扎姆地产一直滞留在军队手里。由于地权实在不能变现，拿破仑又想把基于地产的税收和政治权利交给规模更小的村一级的长老（谢赫）。这种举措的实际效果是把社会的中间阶层从社会结构中抽离，国家再次变成了直面农村社会的唯一对话人，但农民就像在马穆鲁克时代那样，仍然不愿纳税。于是，埃及人把矛头进一步对准了失去缓冲的法国殖民者。

在农村和农业中无法有效汲取税收的法国人开始把目光转向城乡居民的其他财产。为了向这些动产和不动产征税，法国人于 1798 年 9 月 16 日在埃及成立了国家登记和财产办公室。法国殖民者规定，每个土地所有者的地契都必须在两个月内由这个新的管理机构确认，一旦过了这一期限，未登记的财产就自动成为国家财产的一部分，并可以被强制拍卖。在进行登记时，登记人必须缴纳税款，但这种登记税并不是一次性的，要进行任何所有权的变更，都需要重新缴纳费用，所有经过官方认可的契约都要在完税后才能生效。商人必须缴纳特许执照费用才能从事贸易。18 世纪末，埃及著名的历史学家贾巴提见证了法国式的财政系统是如何让法老的国度变得"万物皆有税"的。

　　要打开遗嘱，必须获得授权并支付费用；同样，要获得继承人身份证明，也必须支付费用；同样，要占有遗产，也必须支付费用。任何对死者有债权的债权人都必须向继承办公室申请一份证明，并为此支付费用。如果要求得到满足，则必须支付费用。根据不同的合同，这同样适用于与收入或土地财产有关的所有事项，以及礼物、销售、投诉、纠纷或争吵，或证词，无论是部分还是全部。旅行也是如此。没有证件就不能旅行，而证件是要付费才能获得的。新生儿也是一样，需要出生证明。对于工资、房租等也是如此。①

---

① Abd al-Rahmân al-Jabarti. *Journal d'un Notable du Caire Durant l'expédition Française 1798-1801*[M]. Paris: Albin Michel, 1979, p.59.

根据穆斯林传统，产权是口头承认、依赖人与人之间的关系得以维系的，书面的证词和文件只是一种形式。国家并不注意保存产权记录，业主本人也很少持有完全符合法国标准的产权证。那么，要依赖法国人并不熟悉的别人的证词来确认某一块地的权属状况就是一件需要进行彻底、细致调查的事情。法国人在财税系统中所依赖的科普特人与阿拉伯人矛盾甚多，经常唆使法国人发起此类调查，即便是具有神圣性的宗教地产也没能逃过调查，更重要的是，清真寺的地产从理论上说属于公共财产，也就是说，不可能找到私人权属人。那么，法国人的行为就越来越不像是解放者，反而更像亵渎宗教的侵略者。为了弥合矛盾并加快文书处理工作的进度，拿破仑成立了一个由埃及当地人和法军士兵共同组成的混合委员会。开罗市行政会议估计，要解决好开罗现存的所有合同问题，需要很多年。作为变通的替代解决方案，会议提议"根据地产的大小和房屋的位置征收一个固定税"①。1798 年 10 月 16 日，拿破仑接受了这个建议并颁布法律下令对开罗的所有房屋进行普查，这次普查进行的时机非常糟糕，奥斯曼帝国的抵抗宣传一浪高过一浪。法军在埃及推广鼠疫防治并入户检查卫生措施落实情况的做法侵犯了穆斯林的隐私，伊斯兰法律关于私宅神圣性的规定遭到公开的蔑视和破坏。现在，他们又要来查房收税了。

按照惯例，法国人写了《关于建筑物税收问题》的公告宣传材料，张贴在街道和十字路口。他们还把公告的副本寄给了有名望的人。然后，他们指定建筑师在某些人的协助下，根据房屋的高度对房屋进行分类。他们开始进行详细的调查，走遍各个社区，列出清单，准确记录房主的姓名，当这一计划被付诸实施的消息传开后，居民们一片哗然。其中一些人相信这是不得不遵从的命运安排，还有一些人在戴头巾的人（指宗教学校的学生和长老）的鼓动下开始

---

①   Henry Laurens. *L'Expédition d'Égypte 1798-1801*[M]. Paris: Armand Colin, 1989, p.147.

谋划反抗。起义者没有考虑到自己这种行为的后果，也没有意识到自己已经陷入困境。一大群人聚集在一起，既没有向导来激励他们，也没有领袖来领导他们。第二天，人们聚集在一起，决心发动圣战。他们从藏身之处拿出了武器。①

有压迫就有反抗，开罗人民终于不堪拿破仑的搜刮，决定举行大起义。教长们公开召唤人们向专横暴戾的异教徒发起圣战，出身清贫的下层长老和爱资哈尔清真寺的学生经常聚集在一起，商讨如何激励人们反对法国占领。1798 年 10 月 21 日，成千上万的开罗市民涌向爱资哈尔清真寺，举行游行示威，控诉拿破仑的暴政。一部分中上层长老也参加游行，他们高呼"安拉赐予伊斯兰教胜利"，向占领政权提出交涉，随即演变成冲突。在22 日的对垒中，开罗起义军一度以清真寺为依托打击法军，口口声声维护伊斯兰、皈依伊斯兰的占领军就把他们的炮口对准清真寺，致使很多起义军牺牲。一部分起义军最后退至爱资哈尔清真寺，法军的大炮则对准了清真寺。其间，全埃及国务会议的代表要求拿破仑不要炮轰爱资哈尔清真寺，以便从中劝导起义军投降，结果劝导被拒。下午二时，拿破仑下令炮轰爱资哈尔清真寺。"爱资哈尔清真寺在炮火中几乎被击毁，挤在寺院内的许多人被埋入废墟。周围地区变成一片瓦砾，所能见到的只是已经倒塌的房屋和正在燃烧的楼房，数以千计的和平居民埋葬在断壁残垣之下。"法军"占领大寺的院落和房屋。他们的马匹拴在壁龛前，在课室和走廊里横冲直撞。他们砸碎全部挂灯和饰物，毁坏学生和文书的衣柜，将柜子和仓库内的行李、器皿、木盘、金钱和一切贵重的物品洗劫一空。他们把书籍和《古兰经》撕得粉碎，扔在地上，用脚和靴子恣意践踏"②。在此次起义中，起义

---

① Abd al-Rahmân al-Jabarti. *Journal d'un Notable du Caire Durant l'expédition Française 1798-1801*[M]. Paris: Albin Michel, 1979, p.71.

② 杨灏城：《埃及近代史》［M］.北京：中国社会科学出版社，1985 年版，第 34-35 页。

军死亡约 800 人，法军约损失 250 人 ①。法军认识到，埃及人只是不愿意额外给自己多招麻烦，并不是容易征服。埃及确实有可能发生革命性的变化，只不过这种变化所针对的不一定是封建制度，而有可能是针对法国人及其在埃及引入的那些创新。

表 22-2　1798 年至 1801 年埃及在法式税制下的税收表现

（单位：法郎）

税收类别	金　额
各类登记费和注册税	2 005 300
贸易税	533 794
货币重铸钱息	2 684 933
对金银材料的管控收入	16 171
合　计	5 240 198

资料来源：André Peyrusse. Les finances de l' Égypte Durant l'occupation Française[J]. Revue Britannique, Paris: Bureaux de la Revue Britannique 1882, Tome 5, pp.437–497.

六、法国人的经济和社会建设

从 1798 年秋天到 1799 年夏天，埃及国库基本一无所有。在资金短缺的情况下，拿破仑仍然想在埃及进行大规模的建设并将现代化的理念带到埃及。他强行实施了包括灌渠、道路、军事据点等一系列基建工程。此外，他在埃及也建设了一些有示范作用的、使用机器进行生产的工厂。他在埃及建立医院、创建印刷厂，建立了埃及科学院，编辑了《埃及志》（*Description de l'Égypte*），涉及埃及历史、地理、经济、文化等方方面面，为研究埃及提供了丰富的资料。特别是随军而来的法国考古学家、历史学家和地质学家考察、发掘了几千年的古迹文物，打开了古埃及文明的宝库。在阿布基尔海湾附近发现的"罗塞塔石碑"解开了埃及象形文字之谜，从

① 　Henry Laurens. *L'Expédition d'Égypte 1798-1801*[M]. Paris: Armand Colin, 1989, p.154.

而奠定了"埃及学"的基础。埃及新型知识分子此后开始接触西方文化，阅读西方书籍，参观了法国建造的工厂，眼界为之一开，但是所有这些建树都不是无代价的。此外，为了鼓舞和维持法军士气，拿破仑还下令开设了咖啡馆、剧院、餐馆、赌场。这些生活服务性质的支出造成了军队财政的持续性失血。

军饷的短缺和拖欠最终使得士兵们的情绪更加低落。一些法军和埃及学学者混编的探险队的成员在长期领不到现金的情况下，不得不接受了实物报酬。法国殖民当局越来越诉诸强制手段而非相对正常的统治技巧来取得收入，向科普特人强制借贷、要求商人提供预付款、征用民间马匹和骆驼等行为都加强了。殖民当局向受损者许诺，将来会从已经变成国有财产的农业庄园中获得收入并还款给他们，但是很难说这种许诺会在多大程度上、花多长时间得到兑现。埃及现金匮乏的情况又使得这种虚无缥缈的担保基本不可能以货币的形式得到履行。于是，拿破仑决定向债权人出让此前没收来的国有财产，以偿清债务。这和法国本土在大革命初期发生的情况毫无二致。债权人有可能突然发现自己拥有了一处房子、一个农庄或者一座花园，但得到这些不能产生多少现金流的东西有意义吗？另一方面，拿破仑确实想要通过打通红海贸易线路、成立特许贸易公司的办法来获得现金流，但法国海军的失败、英国海军封锁的成功使得拿破仑恢复海上贸易的努力变得徒劳无功。

到 1799 年 6 月 12 日，军队金库的现金只剩下 2673 里弗尔 [①]。拿破仑对犹太人的压榨进一步加强，他还威胁将没收拖欠税款者的财产。尼罗河三角洲地区的一些村庄开始反叛，其余村庄对交税也不积极。殖民当局为了收税不得不派出规模更大的军队，这些军队甚至还带了几门炮。拿破仑还向被任命为几个省省长的那些军队将领求援，但是这些将领的行政职务其

---

① Clément de La Jonquière. *L'Expédition d'Égypte, Tome 5*[M]. Paris: Éditions Historiques Teissèdre, 2003, p.18.

实徒有虚名，所以不会有什么资金。上埃及的德塞更是说自己一分钱也没有。财政崩溃终于传染到了拿破仑的指挥部，不再有领取薪水的参谋部人员了，军需被服也停发了。由于没有钱可供支出，财务授权官无法工作[①]。灾难近在眼前。

"来自欧洲和埃及的供应商不再亏本（向我们）出售军队物资。骑兵队的大麦和稻草用完了，骑兵面临着消失的危险。防御工事的建筑进度，包括在阿里什的防御工事建设，几乎陷于停顿，因为没有办法支付工人的工资，而且在之前（拿破仑担任远征军司令期间）修建的工事无法抵御尼罗河洪水的影响，大炮缺少火药，士兵们没有鞋子，军装破旧不堪。海军失去了一切可以在拿破仑回国后立即投入使用的东西，而要准备好可供使用的船只需要花费大量资金。由于缺钱，医院面临停止运转的危险。拉扎尔特医院的状况十分糟糕，使得检疫措施变得毫无意义。一旦鼠疫真的流行起来，唯一真正有效的防治办法就是让军队立即撤离受污染地区。"[②]

法军的军心士气已经出现了严重问题。马尔蒙后来在自己的回忆录中追记了当时军队的叛变计划："由于我们的财政资源非常不完整，也非常不足，我决定优先将我能抽出的钱用于工程建设和医院运营，而只将非这些用途所必需的余钱用于支付军饷；但部队正在遭受苦难，这么做的后果是引发极大的不满。有人计划造反，我被告知了这些计划。"[③]克莱贝尔接替拿破仑之后，普塞尔格编制了一份远征军的欠款清单，总欠款额达到了1100万法郎（见下表），一些共和历6年（1798年）的军饷直到共和历8年（1800年）仍未支付。

---

① Henry Laurens. *L'Expédition d'Égypte 1798-1801*[M]. Paris: Armand Colin, 1989, p.225.

② Henry Laurens. *L'Expédition d'Égypte 1798-1801*[M]. Paris: Armand Colin, 1989, p.229.

③ Maréchal Marmont. *Avec Bonaparte*[M]. Paris: Arléa, 2006, p.344.

表 22-3　克莱贝尔接任后统计的欠款

（单位：法郎）

欠款项目	金　额
陆军军饷	4 817 332
海军费用	3 962 124
生活必需品	1 198 973
炮兵费用	91 124
军服费用	144 381
医院运营费	311 277
运输费用	177 098
非经常项目支出	576 000
杂项支出	36 943
合　计	11 315 252

资料来源：Copies of Original Letters from the French Army Part the Third: Letters to the French Government Intercepted by the British Fleet in the Mediterranean, London: Published Here by Authority, 1800, pp.57–58.

七、拿破仑统治埃及期间的财政绩效评价

拿破仑在 1799 年 8 月离开埃及回国，接替他的是克莱贝尔将军，在克莱贝尔遇刺之后，最后一任继任者是梅努将军。可以通过比较三者在殖民地财政上取得的建树来对拿破仑统治埃及的绩效进行一个大略的评价。

克莱贝尔一上任就开始弥补财政上的巨大积欠，这是一项艰巨的任务。首先，他通过限制税收系统中的中间代理人数量来尽可能简化收款。在法军二次攻破开罗之后，他下令对整个埃及征收 1500 万法郎的特别惩罚性捐税，其中有 1000 万是在开罗征收的。他所攫取的这些金钱并非用于殖民地的建设或其人民的福祉。一个标志性的事件是，他为了打击逃税行为而下令殴打了谢赫·萨达特。克莱贝尔的高压统治没有持续多长时间，他在

1800 年 6 月 14 日被刺杀 ①。

继任者梅努真心希望能够挽回败局并在埃及加强法国的存在，但在财政方面，梅努继续执行了克莱贝尔的严厉政策。为了满足法国人的捐税要求，科普特人不得不借高利贷来交款，在埃及的财政管理权也逐渐被法国人剥夺了，他们不再享有税收方面的优待。总体而言，法国殖民当局在非常时期的行政效率有所提高，税额也有所提高。贾巴提对此感到不满和遗憾。"收税工作随时都会重新开始；士兵和收税员会分散开来收钱。他们会强行进入民宅，根本不尊重私宅，甚至不尊重年轻或年老的妇女。如果他们找不到要找的人（因为他已经逃走），他们就会逮捕他的一个亲戚或妻子，他的房子就会被洗劫一空。如果什么都没找到，法国人就会根据此人的背景或职业开出罚款。" ② 在克莱贝尔和梅努的努力下，法国殖民当局的财政情况有所改善，拖欠军饷和工资的情况也基本解决，可是一旦高压统治稍有放松，财政情况就会变得脆弱。

就此看来，似乎拿破仑是个效率不高的统治者，而他的两位继任者工作更有成效，但是应当看到，拿破仑是在对异国情况并无所知的情况下白手起家收集信息并建立财政体系的，他所面临的任务是最吃力不讨好的，他所收集到的信息和遗留的体系使得继任者们不必再从头摸索，继任者所需要做的只是修补和改造这个体系，而这种非原创性的工作对个人能力要求也不那么高。同时，也应该注意到，拿破仑统治埃及的目标设定过高，这影响了他的行动自由。初到埃及时，拿破仑以打碎封建体系的革命家、埃及的解放者、伊斯兰的皈依者和保护人、维护奥斯曼苏丹权威的人自居。后来，他致力于把欧洲的现代文明传播到东方，并希望把埃及变成法国的一个省。为了实现这些过高的目标，拿破仑不得不尽可能少地伤害当地人。

---

① Clément de La Jonquière. *L'Expédition d'Égypte, Tome 6*[M]. Paris: Éditions Historiques Teissèdre, 2003, p.105.

② Abd al-Rahmân al-Jabarti. *Journal d'un Notable du Caire Durant l'expédition Française 1798-1801*[M]. Paris: Albin Michel, 1979, p.239.

如果说拿破仑没能像他的继任者那么有效地利用埃及当地资源，其中很大一部分原因是拿破仑不能遵循他继任者那样的统治逻辑，拿破仑更希望建立一个持久存在的亲法政治实体。克莱贝尔和梅努没有那么大的野心、那么长远的目标，他们只想维持局面直至自己被召回法国而已。法军的需求如此之大，以至于埃及的国力不能承担，要完成不可能实现的财政目标，就只能损害那里的地方社会，在获得民心和满足财政需求之间出现了两难抉择。拿破仑无法做出抉择，以至于军队和埃及人都对他不满，埃及人奋起反抗，法军士气低落。他在意大利摸索出来的行政蓝图在具有文化异质性的东方土地上水土不服。在埃及期间，他的部下没能发财，也无法得到总司令的私人奖赏。他在埃及没有遇到在米兰所遇到的那种有目的、可以互相利用的合作者，就连司令部的副官们都不再信任他，甚至开始提出尖锐的批评意见，可是一旦降低要求，不再要求制度的可持续性，在竭泽而渔的情况下，他留下的制度可以榨出更多税款。然而，这种短暂的增长仍然不能满足军队的需求，赤字没有被填平，甚至也没有停止增长，它只是增长得稍慢一些而已（见下表）。

表 22-4　法国殖民当局在埃及的财政收入

（单位：法郎）

收入来源	拿破仑任期（14个月）	克莱贝尔和梅努任期（23个月）
旧封建捐税	11 652 797	16 190 775
特别捐税	5 768 982	15 510 405
新税收	1 982 777	5 537 778
杂项收入	822 236	0
月均收入小计	1 444 771	1 619 085
总税入合计	20 226 792	37 238 958

资料来源：André Peyrusse. Les finances de l'Égypte Durant l'occupation Française, Revue Britannique, Paris: Bureaux de la Revue Britannique 1882, Tome 5, pp.437–497.

总体而言，克莱贝尔和梅努的努力只是降低了法国财政失血的速度，财政的溃疡不能愈合。在一个远离法国本土数千英里又遭到世界最强大海军封锁的异质国度，督政府及其将领们已经创造了奇迹。拿破仑入侵埃及，是对埃及和伊斯兰世界的一次殖民主义入侵，这是毫无疑问的。某些西方历史学家把拿破仑远征埃及誉为"创造性的破坏"，认为它是埃及历史上"伟大而必要的一段时期"，是埃及文明"不可避免"的"断裂"[①]，这显然有些言过其实。不过，远征毕竟是埃及历史上具有转折性意义的大事件，由于它所代表的力量已不是数千年来多次入侵埃及的传统游牧势力，而是由现代工业革命装备起来的新势力，它"使埃及少数人痛切地感到有一个有序政府的优势，并且热烈赞赏科学和学术在欧洲所造成的进步"[②]，使埃及故步自封的经济和社会表现出新的活力。拿破仑所带来的法国革命的反封建思想从根本上动摇了马穆鲁克的统治，客观上为以后穆罕默德·阿里夺取政权、进行改革扫除了障碍。以前埃及人过着传统的因循守旧的生活，现在则被首次卷入世界资本主义市场和复杂的国际政治之中，伊斯兰意识形态的围墙被打开缺口，西方现代资产阶级的意识形态、政治观念、生活方式就像决堤的洪流开始猛烈冲击这个古老而伟大的国度。在两种思想、两种文明的激烈碰撞中，埃及人民认清了自己所处的时代环境，开始从外族压迫的漫长黑夜中觉醒。

表 22-5　埃及远征总开支及其来源

（单位：法郎，%）

资金来源	金　额	占　比
土伦地区的国库退税	6 850 727	8.7
马耳他的战利品	671 121	0.85
埃及旧封建捐税	27 898 455	35.42
埃及特别捐税	23 559 745	29.91

---

① M. *W. Daly. The Cambridge History of Egypt From 1517 to the End of Twentieth Century*[M]. New York: Cambridge University Press, 2008, pp.116–117.

② George Kirk. *A short History of the Middle East: From the Rise of Islam to Modern Times*[M]. London: Methuen, 1964, p.73.

资金来源	金　额	占　比
埃及新税收	5 240 198	6.65
在叙利亚征收的捐税	218 905	0.28
杂　项	603 331	0.77
1801年撤军回国的国库拨款	13 717 231	17.42
合　计	78 759 713	100

资料来源：André Peyrusse. Les finances de l'Égypte Durant l'occupation Française, Revue Britannique, Paris: Bureaux de la Revue Britannique, 1882, Tome 5, pp.437–497; Estève. Mémoire sur les Finances de l'Égypte, Depuis la Conquête de ce Pays par le Sultan Sélim Ier Jusqu'à Celle du Général en Chef Bonaparte, Paris: Bibliothèque Nationale de France, 2018, pp.41–248.

　　对拿破仑本人而言，他对东方的美好幻想破灭了。从东方诱惑中清醒过来之后，拿破仑决心把注意力重新转回法国，他萌生了管理整个法国的野心，他的匆忙回国激发了人们的热情。持续糟糕的财政状况和经常被证实的腐败传闻损害了总督府的政治信誉，拿破仑在寻求权力的过程中利用了这一点，但他利用督政府缺陷的方式比人们通常认为的要更加自相矛盾。

第二十三章 雾月十八日政变前后的财政状况

一、1799 年的法国概况

拿破仑回国后看到的法国是什么状况呢？从执政府上台后对督政府进行的清查及其结论大概可见一斑。中央行政机构软弱无力；簿记和档案管理工作一片混乱；公务员工资和军队军饷经常被拖欠；司法系统远远不能应对社会需求；地方行政机构由愚昧无知的人组成；公共教育系统长期缺乏资金；盗匪横行，在部分地区除了盗匪还爆发了狼灾；全国道路系统毁坏严重且缺乏维护。所有这一切表象都指向一个结论——资源匮乏。革命之前旧制度下出现的财政危机并未缓解，新生的共和国是无能且腐败的，这使得局面日益恶化了。热月党人的恶名在很大程度上是因为他们在任时法国财政遭遇了重大挫折。与此相反，拿破仑在意大利和埃及勇于改革的形象、尽力维持财政平衡的举动都让他显得十分英明，但是督政府时期的执政者并非毫无建树，当时的财长拉梅尔主要解决了两个问题：已经无法偿还的公债的勾销和纸币的发行。前者是旧制度破产的根源，后者是大革命时期财政崩溃的直接原因。拉梅尔的改革需要稳定的政治环境和一定的时间才能取得效果，否则它们只会为下一个政权的诞生提供动力。

前文中我们已经提及了指券和土地票的崩溃以及督政府销毁指券印刷底板的举动，但我们没有说的是，在销毁模板之前，督政府还抢印了最后一批指券。到了 1797 年 2 月 4 日，督政府颁布的新法律剥夺了纸币的合法性，虽然指券和土地票早就名存实亡，但是这是它们的持有者第一次被正式宣布破产。对于所有纸币的持有人，这都是纯粹的损失。诚然，有些投机分子利用指券在国家拍卖公产时获利了，但与正常的经济状态相比，这种获利在大革命的混乱中仍然是一种变相的破产和财产缩水。纸币的通胀破坏经济之后，贵金属现金的回归非常缓慢。拿破仑在意大利的军事行动、在瑞士和荷兰的金融市场上的活动（主要是巴达维亚付款通知的发行和炒作）都给法国带来了一些现金，但最主要的资金来源是一个可能大多数人都不会想到的地方——法国的死敌英国。在指券被废除之前，它在不同金融中心的价格也不一样。在伦敦，指券兑英国畿尼金币的牌价比它在巴黎的牌价高一些。在指券泛滥的巴黎低价买进，再在伦敦把它们兑换成金畿尼，其资本收益可以达到33%[①]。在这种与指券贬值速度赛跑的危险游戏结束时，英国出现了一定程度的金融危机。英格兰各银行的现金开始紧缺，法国的现金开始回流，但这远远不够。在实行了前文所称的"三分之二破产法"之后，旧制度的公债和年金负担得到了清算，这种清算的代价是高昂的。一位为督政府服务的省专员说："无论是作为养老金领取者，还是作为国家年金领取者，（清理公债和年金）都宣布了我的彻底破产。我三十年的积蓄、工作和辛劳成果就这样在我58岁的时候被夺走。这时的我已经体弱多病而又劳累无比。病痛和劳累增加了我（对金钱）的需求。"[②]类似的情况并不鲜见。居住在巴黎的大部分人口都曾经将自己的钱投资给国家，也就是投资给年金，这些人现在已经身败名裂。货币贬值和债务危机形成了不满情绪的温床，其影响遍及所有家庭，并让原本爱国的人民转而与共和国敌对。打折了的年金和政府债券也从未以现金支付，政府签发了新的欠款凭证，自1789年以来已经10年一无所获的年金领取人终于觉得自己被骗了，社会富裕阶层的爱国心开始让位于他们的利益立场。

---

① François Crouzet. *La Grande Inflation. La Monnaie en France de Louis XVI à Napoléon*[M]. Paris: Fayard, 1993, pp.445–451.

② François Crouzet. *La Grande Inflation. La Monnaie en France de Louis XVI à Napoléon*[M]. Paris: Fayard, 1993, p.468.

在政治信誉不断下降的情况下，督政府并没有放弃改革、坐以待毙，它试图纠正大革命以来人们养成的欠税习惯。部分重要国家职能被下放给地方民选代表，以实现税收管理的民主化。在这个尝试失败之后，督政府在 1796 年 1 月 30 日废除了地区征税专员制，转而设立地区税务总管，每个省只设一名总管，这些总管是来自富有的社会名流，他们拥有公共会计工作的实际经验，可以充当财政部的银行家。这是对大革命所推翻的旧制度的一种回归，1798 年 12 月 12 日通过的税率简并法律将为法国提供此后沿用 150 年而没有重大变更的重要基本法制框架。

拉梅尔在 1801 年出版的著作中回顾了 1799 年经过艰难改革之后法国的财政运行情况。当时，寅吃卯粮的情况仍然普遍存在，拉梅尔对此无能为力。各种票据（而非现金）仍然在持续大量流入法国国库指券、土地票的废除以及公债和年金的重整并没能阻止法国中央政府继续用各种付款凭据来进行新的财政开支。主要的凭据种类有：为支付战争物资花费而发出的"征用凭单"，为获得银行预付款而发行的"辛迪加凭单"，发给年金领取者的"欠款凭单"，公债重整后发出的"三分之二破产凭单"。除此之外，还有几十种其他的凭单。随着战争越打越大并逐渐跨出国境，军队养成了滥用征用令的习惯，他们用征用令来换取他们急需的饲料、食物、马匹或其他任何给养[①]。

这种程序也为贩运提供了便利，因为征用令的签发和接收不受控制。从私吞现金的收税员到不诚实的供应商，每个人都从这一制度中获益，而国家却受到损害，因为国家往往要支付双份的费用。尽管政府试图限制将这些凭证用于缴税和购买国家财产，但这些凭证仍然在相当大程度上"污染"着税收系统。这些无价值的纸质文书被国家行政部门称为"死值"——躺在国库里对公共财政毫无用处的死物，这些东西堆积太多，以至于财政

---

① Dominique Vincent Ramel. *Des Finances de la République Française en l'an IX*[M]. Paris: Agasse, 1801, pp.163–166.

部不得不集中将其烧毁。

战争的巨大需求还催生了另一种同样有害的制度：授权制度。军队的最大供应商无法通过征用令得到现金流，征用令只保留给私人或小商人。大供应商为了维持他们的工业继续运转，就必须有充足的资金，否则军队就会面临物资短缺的风险。为了确保供应商尽快拿到钱，共和国发现，没有比向他们开放国库更好的办法了。实际上，一旦社会上的纳税人以现金支付了税款，这笔钱就会立即交给军队供应商和政府收税员联合代表团的负责人。在其中一些代表团中，甚至有供应商雇员与收税员坐在一起收税的情况发生，这样一来，任何事情都逃不过供应商们的眼睛，但是我们怎么能确定所有这些扣款都是为了换取真诚的服务而发生的支出呢？这是不可能的。很多时候，军需官都是腐败的，他们对供应商的花招视而不见。

表 23-1　1798 年 9 月 22 日—1799 年 6 月 22 日的法国财政收支

（单位：法郎）

	货币金额	杂项折合货币金额
收入：		
直接税	226 753 677	96 680 789
间接税和其他杂项	143 771 151	656 278 394
合　计	370 524 828	752 959 183
支出：		
经代表团授权的支出	257 183 316	32 000 000
无代表团授权的支出	240 648 694	－
总支出	497 832 010	32 000 000
余　额	－127 307 182	

资料来源：Dominique Vincent Ramel. *Des Finances de la République Française en l'an IX*[M]. Paris: Agasse, 1801.

从上表可知，在上述 9 个月期间，国库收到了近 3.7 亿现金和超过 7.52 亿的"死值"。政府已经开始成功回收此前自己发行的债务，这是个好事，但大量涌入的付款请求使得这种好转瞬间化为乌有。只含有"死值"的各种票据完全无法用来付账，赤字仍然高达 1.27 亿法郎。在支出中，军队供应商根据授权制拿走了 2.57 亿法郎，占国库可用现金的 70%，无授权的其他支出保障程度很差，政府文职人员的工资、社会福利和建设的开支在很大程度上被牺牲了，国库只能被迫发行新的票据以免马上破产。这些本年新发的票据将很快加入已经堵死公共财政机动空间的"死值"洪流并回到国库。军队供应商的情况相对较好，但公务员和军队已经被欠薪数月之久。乌弗拉尔向我们描述了资金短缺在政府高层中造成的可笑场面。

> 我当时在财政部长家里，贝尔纳多特受迫于他的陆军同僚们的压力，绝望地也跑到这里来，手拿着利剑朝他要账，财政部长毫不掩饰自己的惊恐，他颤抖着证明了自己家里的小金库是空的。①

一文不值的纸币、军队供应商对国库的巨额侵占、无法流通的"死值"迫使法国政府继续犯下新的错误。它加强了对富裕阶层的强制税收力度，在各省政府的公告中开始出现鼓励一般公民谴责和剥夺富人的内容。富人应该缴纳多少税款这个问题的决定权被交给了各地的民众陪审团，在群众运动被鼓动起来之后，任意妄为成了税收活动中司空见惯的事。于是，为了保护自己的切身利益，不论穷人还是富人现在都不得不隐瞒关于自己生活方式的真实信息，社会风气为之一变。过去人们在炫富方面有多努力，现在他们在隐瞒财富方面也就有多努力。在一部分富人看来，这是某种逼迫他们改变生活方式的残忍措施；在另一部分富人看来，这是某种更进一步的背信弃义。在经济活动萎缩、人民自发或被迫抵制的情况下，强制征税的效果并不好，所征收到的税款未能缓解财政紧张，过度使用政府强制力的后果是大家都对这种暴力的威胁脱敏了。废除包括指券和土地票在内的纸币、强制执行"三分之二破产法"、强制征收新税等措施对法国社会产

---

① Ouvrard. *Mémoires de G.-J. Ouvrard*[M]. Paris: Moutardier, 1826, p. 37.

生了巨大的恶劣影响，督政府在快速失去自身的信用。督政府的本意是通过剥夺富人的部分权益来筹资，以便承担一些政府公共职能并弥补旧制度和大革命造成的财政窟窿，但是在开展了不受欢迎的改革并最终失去人民的信任之后，法国财政情况并无好转。人民对财政和经济的死滞感到厌烦，人们感到，既然督政府不能使得国家情况有所好转，那么不如让它在人民的冷漠中死去。

二、金融家们对拿破仑的态度

民众对督政府的态度还只是冷漠，金融资产阶级对督政府的态度却要激进得多。督政府对社会富裕阶层的剥夺使得金融家中的反政府阴谋活动活跃起来，但是金融家反对督政府却不一定意味着他们就集体支持拿破仑。拿破仑得到了科洛等人支持，但那种支持很大程度上是因为拿破仑在意大利战役期间与他的供应商们发展了亲密的私人关系，而不是因为金融家们统一认为拿破仑能够成功推翻督政府。对政变进行周密准备的真正主谋是法国大革命的元老级人物西耶斯。拿破仑直到这种密谋已经开始很久之后才半路加入了这个计划。拿破仑从埃及回来之后，大概只有十几天时间能让自己变成政变中不可或缺的关键人物。

从"雾月政变"成功后的政治局面反推，拿破仑在政变之前的短时间内确实没有找到许多愿意给他大笔赞助的银行家，西耶斯在政变成功后和拿破仑一起共同出任了临时执政府的执政官，第三位临时执政官是前检察官皮埃尔·罗歇·迪科。西耶斯是个宪法学权威，迪科则是法律的执行者，为了巩固他们各自的地位，他们都需要寻觅军事力量的支持，拿破仑只是恰巧是那位合适人选而已。西耶斯和迪科的设想是用法律框架和司法程序对拿破仑进行制约，用自己丰富的法律经验和法学素养与拿破仑开展政治斗争。西耶斯和迪科一直寄予厚望的那种宪法框架下的合规审查（即所谓的合宪性审查）在拿破仑的强力保护下得以实现，拥有护宪功能的元老院成立了。然而，成立元老院的法律依据（即《共和历8年宪法》）却是一部根据拿破仑的意志而拟定的新宪法，第一执政拿破仑合法地获得了全权。

三、第一执政官的烦恼

拿破仑依据《共和历8年宪法》成为正式的第一执政官之后，立即就面对着已经使得前后数任法国中央政府瘫痪了20多年的严重财政问题。就此而言，没有什么理由认为执政府的命运会比督政府好到哪里去。巴黎的银行家们在政变之前积极密谋，但在政变成功之后反而变得谨慎起来。拿破仑必须迅速采取更加果断的行动，以满足眼前的紧急财政需求，其中包括了对奥地利及其仆从国发动新战争所需的军费，银行家变得锱铢必较。那么，拿破仑是否可以像之前几任政府那样继续依靠民众的爱国情怀呢？这似乎不大可能。《共和历8年宪法》的公投赞成率看起来非常之高，赞成票3 011 107张，反对票却只有1562张[1]，但不要忘了，公投的过程及其结果的宣布受到了吕西安·波拿巴操纵。即便不考虑选举被操纵的情况，如果扣除军队和议会议员们对拿破仑的支持，来自真正的市民阶层的赞成票约只剩一半（即150万）。当时，法国的总人口约3000万，其中有选民资格者约700万，那么，折算下来的市民阶层投票率约为21.7%，由于几乎没有反对票，我们也就可以把21.7%这个比率视为拿破仑在法国获得的名义支持率。这个支持率比国民公会在大革命初期得到的支持率低一些，比革命后混乱情况下各省议会得到的支持率高一些。因此，我们只能说拿破仑得到的支持率看上去属于正常水平，而不能说他有多么受到爱戴和支持。

在民众支持率有限的情况下，执政府所能采取的行政手段很有限，国库仍处于绝对赤字中，议会中的各个党派冲突也并未平息，拿破仑选择的

---

[1] Jeff Horn. *Building the New Regime: Founding the Bonapartist State in the Department of the Aube*[J]. French Historical Studies, Vol. 25, No. 2, 2002, pp.225–263.

财政部长是高丹。高丹出身金融世家，其母路易丝·苏珊娜·拉戈特是一位金融家的女儿。1773 年，高丹从路易大帝学院毕业，进入国家财政系统工作，其首个职位是在达利的办公室担任职员。达利是高丹家族的老朋友之一，当时正在担任亨利·勒菲弗尔·多尔梅松的首席税务专员。多尔梅松与内克尔有紧密的联系。1777 年，高丹获得升职。1789 年，高丹成为制宪会议财务委员会中拥有重要影响力的关键成员。1791 年，高丹被任命为国库专员，负责在革命后的混乱情况下整理税制并创设新税，以过人的才能和勇气在混乱的特殊时期基本完成了任务。高丹将旧制度下的直接税体系（含 24 种主要税收）嫁接到了革命后的新税制上。新税制将由 544 个民选区域性征税专员负责征收各类税收。在担任国库专员期间，他遭到多次谴责和弹劾，却奇迹般地保住了自己的位置，但他的健康受到严重损害，他对日益严重的财政混乱也感到厌倦。1795 年 6 月，高丹不得不暂时离开工作岗位去自己的乡间别墅休养。督政府于 1798 年召唤高丹回到政府中接替拉梅尔担任财政部长，他拒绝接受这个任命，数月后接受了邮政总局局长的职位。雾月政变之后，拿破仑任命高丹为执政府财政部部长。拿破仑之所以选择高丹作为财政部长，并不出于政治平衡的考虑，而是因为财政紧急状况需要一位有能力的人来尽快处置。高丹回忆了自己见到拿破仑时的场景：

> 我看到了那个人，他只是因为已经获得了很高的声誉才为我所知。他身材矮小，穿着灰色连衣制服，极度消瘦，肤色蜡黄，目光如鹰，动作活泼。当我走进去的时候，他正在向卫队指挥官发号施令。他以最优雅的神态向我走来。他问："您长期从事金融工作吗？"我说："已经 20 年了，将军。"他又说："我们真的非常需要你的帮助，我们全指望你了。来吧，宣誓就职吧，我们在赶时间呢。"[1]

---

[1] Martin Gaudin. *Mémoires, Souvenirs, Opinions et Écrits du Duc de Gaëte*[M]. Paris: Armand Colin, 1926, pp.45–46.

高丹的远大计划是进行全国范围的财政重组，建设新的直接对财政部长负责的税收公务员体系，在这个体系下，财政部的每个分支都将有一名负责人（Receveur particulier，可直译为"特别接管人"），在法国的每个税收行政区内也将有一名负责人，最后，税务系统的所有公务员对高丹部长负责并报告税收情况，借助这个体系，高丹可以重建各种过去行之有效的间接税。高丹特别重视彩票以及对烟草、饮品和盐的特别税。高丹借鉴了 1791 年宪法中关于土地登记的概念，希望在将来合适的时候加强对土地的登记，以便能以公平的方式重建并改革土地税制度。在现金缺乏的情况下，高丹尤其重视土地登记的重要性，但这不足以满足国家眼下的现金支付需求。作为救急举措之一，高丹临时废除了市场和各种代表团制，要求将各种年度直接税和间接税提前预交十二分之一。这是恢复政府现金流的第一步。

当从基层税务员到高级特别接管人的税收公务员等级制度及其体系确立后，由这些官员连带担保的偿债基金也建立起来了。最终，高丹以此为依托创建了法兰西银行。法兰西银行在 1803 年发行了著名的"芽月法郎"，它是后来成立的万国邮政联盟、国际清算银行的结算货币。

但在高丹宣誓就任执政府财政部长的那一刻，这些后来的光辉事迹还远未发生，公共财政方面的制度创新也显得不合时宜，拿破仑和高丹只能采取最简单直接的办法——找那些巴黎的大银行家和金融大鳄来救急。这种向私人金融资本进行半强迫借贷的方法并不好用，国家所能提供的切实存在的贷款抵押物只有一些林地，伐木并出售木材所获得的资金承诺将被用来还款。另外，国家还能承诺在将来的税收中划出固定的份额用于还款，但这种承诺是虚幻的。一旦银行家们看到政府的收支记录本之后，他们就会在贷款问题上打退堂鼓。

拿破仑为了坚定银行家们对政府提供贷款的信心，不得不发挥了自己的演说特长。他说："我向那些凭借自己的财富和信用，凭借工业的成果和诚意，能够确保革命成功的人们讲话，这场革命最终将使法国人拥有一个同时受到共和国的朋友和敌人尊重的政府……必须鼓励你们做最崇高的努力……（借钱给政府）是一个让我们的军队保持体面的问题，也是一个使我们的（对外）谈判永远不丧失威严的关键问题。让我们团结起来，让我们永远站在一起。"①再次呼唤爱国热忱的尝试取得了部分效果，但这种效果的持续时间不长，银行家们马上又变得冷静起来，向政府要求更多的担保物，拿破仑不得不同意向银行家提供国家彩票的收益。在金融界人士看来，混乱局势下，人们热衷于投机，国家从赌博收入中得到的抽成比税收所得更可靠。

总的来看，向金融界借贷、出售国家公产、发行纸币、打折售卖旧的有价证券等办法都失败了。要结束督政府遗留给执政府的负面遗产，就不得不直面并处置那些实际已经不可能得到偿还的证券、债券、票据带来的"死值"壅塞问题。其中，最具代表性并且仍在迅速增加的票据就是那些由军队发出的征用凭据，这些征用凭据原来是军队发给物资被没收或征用者的变种欠条（约等于某种债券），后来在实际经济活动中可以被拿来支付部分直接税。高丹在拿破仑的支持下，于 1799 年 12 月 20 日颁布了新的法令，暂停了人们使用军队征用凭据支付共和历 8 年和之前年份直接税的权利。

税收系统停止接受征用凭据意义重大，国家现在可以全面清查和处置这些凭证，所有在国库会计室里发现的凭证都被销毁了。私人所持有的凭证在经过检验后，要么得到实际支付（这种情况很罕见），要么在不付给现金的情况下被转记在国家公债大册上（这是更普遍发生的情况）。票据持有人在名义上会拥有一份年金，但他们实际上已经可以同自己曾经拥有的资产说再见了。同法国大革命发生之前相比，新的年金的实际价值已经贬值了约三分之二。

---

① *Procès-verbal de la Séance des Banquiers et Négociants Convoqués Chez le Consul Bonaparte, le 3 frimaire an VIII*[G]. S.L.N.D.

好消息是，在付出如此惨重的代价之后，军队中的征用制度被宣告结束，所有征用票据很快就从经济流通体系中消失了，由巴黎主要几个大银行家担保发行的另一些凭证和纸质证券也仿照此例被处置。从经济统计中可以发现，"死值"从经济循环中快速被排除出去（见下表）。

表 23-2　国库账户中"死值"的下降情况

（单位：法郎）

年　份	国库总收入	死　值	死值占比（%）
共和历7年前10个月	370 524 828	752 959 183	67.05
共和历10年	604 577 627	143 120 932	19.14
共和历11年	663 189 851	78 040 500	10.52
共和历12年	858 616 568	30 826 015	3.46

资料来源：Dominique Vincent Ramel. Des finances de la République Française en l'an IX[M]. Paris: Agasse, 1801; Comptes Généraux du Trésor Public[G]. Paris, Imprimerie Nationale, an X—XII.

军队供应商还持有一些授权制度下发生的国家对他们的欠款，1800年1月5日，这些欠款连同商人们欠国家的税款（主要是共和历5年至7年的直接税）都被直接勾销了。两者相抵之后，供应商们遭受了很大的损失，金融家和新政府之间的关系再度紧张起来。乌弗拉尔因为在执行海军补给合同时存在贪污行为而被捕。这种因为常见不规范行为而刻意逮捕某人的行为可能出于多种因素的合力作用。拿破仑并不一定真的相信乌弗拉尔会串通其他银行家一起来反对他，但是拿破仑确实反感因为缺乏资金对自己的远大计划所造成的困扰。可能拿破仑也对自己不能像指挥军队那样顺利地指挥金融界这一事实感到愤怒和屈辱。经查，国库欠乌弗拉尔的钱比他据称从国家合同里贪污的钱要多得多，于是政府和金融界互不信任的危机随着乌弗拉尔的获释而消除了。拿破仑从这次冲突中也并非一无所获，他通过这次警告性的行动，充分显示了自己的实力，执政府通过了有利于自己的冲突解决方案。此后，国库中的所有款项都要根据政府各部发出的命令来支付，无拿破仑发出的明确授权，国库不得擅自进行支付动作。

采取上述债务处置方法之后，第一执政官拿破仑并没有真正摆脱困境，禁止各种纸质票券流通并不意味着真实债权债务关系的消灭。执政府继承了督政府约 1.1 亿法郎的应付账单，这比大革命初期已经好多了，但目前仍然不可能找到这么多的现金来让财政部与各家供应商平账，破产的阴云仍然笼罩着执政府，国家信用摇摇欲坠。拿破仑和高丹共同决定，背弃前政府的签字承诺，不给供应商们付款，而是把欠款转成年息 5% 的年金。如果不想持有这些年金合同而想兑换现金，则这些年金合同只能在巴黎证券交易所按当日实时利率交易。于是，政府欠供应商们的合同应付款变成了某种永续债券，在具体确定不同年份的合同欠款应折算为多少年金额度时，只有共和历 8 年之后的新合同债权才会被按纸面数额承认，越老的合同欠款金额打折幅度越大，这个债务化解方案于 1800 年 3 月 21 日获得通过。商界对此表示抗议，但政府内阁和议员们认为，督政府时期的那些合同性质是可疑的。因为，这些供货商理应知道，他们所签的那些可转让的合同在当时的财政状况下只可能是亏本的。明知亏本却还是要签，那只能说明这些供应商都是不值得青睐的投机分子。现在，执政府不仅对他们的投机行为既往不咎，还让他们每年有 5% 的利息可拿，已经是格外的照顾了[1]。

执政府通过上述不光彩的办法避免了破产的命运，这些方法是残忍的，但执政府运用这些方法的手法是娴熟的。旧制度和大革命时期的所有债务在遭到大幅度减计之后，被打包在一起，每年仅产生 5% 的利息，政府的财政负担大为减轻。在此过程中，各个前政权的债权人都被丑化了。在公众舆论场上，执政府展示了自己对腐败行为的无情打击，可以自豪地宣布自己不同于此前任何一个政府，尤其是已经与督政府划清界限。执政府的公开解释是它遵从了民众反对贪污腐化的义愤，又展示了勤俭节约的共和国美德。持有年金合同的有道德污点的债权人不得不把自己与共和国的

---

① René Stourm. *Les Finances du Consulat*[M]. Paris: Guillaumin & Cie, 1902, pp.158–164.

未来绑定，他们的年金只有在拿破仑政权安全时，才不会遭到进一步的损失。

四、基于"有得必有失"原则的新筹资体系

除了整理和赖掉旧债务之外，法国国库有没有什么办法从整理后的债务中再榨取一份新的现金流呢？这看上去似乎不太可能，但高丹真的办到了。旧债的持有者如果想把它们登记进《公债大册》，首先要经过行政机关对合同真实性和履行情况的检验。如果旧债持有者愿意再借给财政部一笔新的资金，他们就可以免受这种检验。法国陷入混乱的这些年里，许多债权的可靠性存疑，有许多债权已经在金融市场里被多次转让，这些债权即使只能得到国家的部分承认和偿付，那也是意外之喜。在扣除收购债权的成本之后，最后一任债权人可能还有相当可观的利润。于是，大家纷纷慷慨解囊，真的借给财政部新的资金，以换取国家对自己的债权的快速承认。高丹表示，在半年时间里，财政部通过这种办法收到了5200万法郎的现金[①]。再加上对公务员和各级税收代理人要求缴纳某种形式的违约担保金，财政部又收到了一些额外的资金。法国政府此前出卖了许多没收来的公产。但其中有一部分购买者没有给国家付款而只是打了欠条。执政府决心不再容忍这种拖欠。1800年3月21日之后，如果公产买受人还不能付款，政府将在30天宽限期到期之后把此人从公产中驱逐出去，并再次售卖公产。从1789年开始，法国的混乱局面使得许多人被迫服兵役，也有许多人靠着特权或者钻法律制度漏洞而免服兵役。执政府要求，1800年3月8日以后，除了要提供合适的免役理由之外，不服兵役的人要么得找到一个替代人，要么每人就得缴纳300法郎的免役钱。[②]

---

① Martin Gaudin. *Mémoires, Souvenirs, Opinions et Écrits du Duc de Gaëte*[M]. Paris: Armand Colin, 1926, p.143.

② René Stourm. *Les Finances du Consulat*[M]. Paris: Guillaumin & Cie, 1902, pp.110.

但是，正式的税收卷宗直到执政府结束并被法兰西帝国取代为止，仍然未能清理完毕。正常的正式税收总金额有所上涨，但国库在尽力维持正常运作之后并没有多少剩余，仍然空空荡荡，新的战斗即将打响。债权人借给财政部的资金、财政部从税务系统收来的担保金、追缴的公产出售欠账、收取的免役钱等本来都应该是国家信用的保证，但这些钱在 1804 年以后的帝国时代里实际上变成了用于补充预算需求的方便基金。

第四部分

帝国财政和经济措施的主要成功与重大失误

第二十四章　财务整顿、法兰西银行的建立与帝国的农业政策

一、重建税务和银行系统

在使用临时手段稳住财政局面的同时，拿破仑取消了原来由各地方政府确定的本地税额和直接税征收权。高丹领导下的财政部和国税局管理着从中央总局到省分局再到地方督察员在内的垂直管理体系，中央和地方的税务系统公务员一律由政府直接任命并派出。由于财政系统已经能勉强运转起来，整个系统里壅塞的"死值"也正在快速出清，重新建立期票制度的条件成熟了。为了不再重蹈督政府的覆辙，执政府（包括拿破仑本人）拒绝发行新的公债。共和历8年发行的期票不同于督政府时期的指券和土地票。如有需求，期票的持有人可以将它自由兑换成等价商品或钞票，这些钞票是由法兰西银行背书的。

拿破仑保留了督政府时期已经存在着的那些直接税，主要税种为土地税、不动产税、门窗税、营业税等，但只有这些直接税还不够。到拿破仑称帝之后，帝国政府发明了统一税的新名义。在统一税中，囊括了旧时代的主要几种间接税，譬如烟草税、扑克税、马车税、金银物品税、饮料税、土地税、盐税、海关关税等。在此基础上，拿破仑授意高丹，于1800年2月13日创立了法兰西银行。鲁昂人让·巴泰勒米·康特勒和瑞士银行家让·佩雷高等人是银行初创时期的第一批管理者。银行的原始股份为3000万法郎，以1000法郎为一股。拿破仑、缪拉、布列纳、杜洛克等人都持有

法兰西银行的股份 [①]。

二、法兰西银行的新货币

法兰西银行在货币流通领域所采取的最显著动作之一是于 1803 年发行"芽月法郎",这是一个试图使全国货币重回有序状态的伟大尝试,它的诞生稍早于法兰西帝国的建立,它在法国国内金融体系和后来的国际清算体系中获得了巨大的成功,以至于其寿命比帝国要长得多。读者可能已经注意到了本书中提及了许多复杂、混乱而且在同一历史时期并行的货币单位。这是对法国大革命爆发后,该国币制混乱情况的忠实描述,但这有可能给读者们造成一定的困惑和混乱。为此,有必要简要回顾一下中世纪以来的法国货币体系及其演变情况。

在理论上,法国货币的最高单位应该是原用于表示重量的"一法国磅(重量的白银)"。1 法国磅的白银又可被称为 1 里弗尔。法国人的货币换算体系源于古罗马。位居"里弗尔"之下的是中等额度的辅币单位"苏",比"苏"还小的是"德涅尔"。按照罗马人的货币进制,法磅、苏和德涅尔的比例关系则应该是 1 : 20 : 240,但是在查理曼大帝时期(742—814),实际使用的进制是 1 : 22 : 264。到了"圣路易时代"(1226—1270),法国国王路易九世于 1266 年开始铸造埃居金币。埃居在法语中的原意是盾形徽章,这种埃居称大埃居。里弗尔和德涅尔最初都是在巴黎铸造的,但这些工作后来逐渐被转移到图尔,货币铸造标准也被改为了新的重量。1 图尔里弗尔只相当于 0.75~0.8 巴黎里弗尔。巴黎德涅尔最后一次发行是在 1365 年,含银量为 16%,重 1.28 克。历代法国国王从图尔修道院收回铸币权之后,在 1204—1649 年间发行了各种质量不一的图尔德涅尔,就发掘结果来看,1223 年发行的图尔德涅尔重量为 0.78~1.01 克,1483 年发行的图尔

---

① Ramon Gabriel. *Histoire de la Banque de France*[M]. Paris: Bernard Grasse, 1929,p.19.

德涅尔重量稳定在 1.02 克，银含量为 8%。1337—1349 年铸造的金埃居重 4.53 克，等值于 20~25 苏，在当时基本等值于 1 图尔里弗尔的金币。同一时期，每法磅白银的重量在 380~550 克之间波动，法国的货币制度则改变了 24 次。1385 年铸造的金埃居重 3.95 克，等值于 22 苏。1422 年铸造的金埃居重 3.47 克。1461 年铸造的金埃居重 3.45 克，等值于 1 里弗尔又 13 苏。法国国王于 1473 年把 1 金埃居兑换 25 苏改为兑换 28 苏又 4 德涅尔。1515 年，官方兑换比率又变成了 1 金埃居等于 36.75 苏。1547 年，1 埃居竟然可兑换 45 苏。金埃居的含金量不断下调，但可兑换到的银币却越来越多，这反映了金银比价的变化趋势。从 1483 年起，金埃居重 3.496 克且保持稳定。1577 年，亨利三世首次启用白银来铸造埃居银币。他规定 1 银质亨利三世埃居等于 3 图尔里弗尔。路易十三于 1641 年发行了等值于此的新埃居银币。此后，各种埃居金银币的币值起伏不定，极其混乱，1726 年之后才约定残存下来的 1 埃居等于 6 图尔里弗尔[①]。

在拿破仑领导的执政府让国家财政勉强运转起来之后，法国市面上残存的绝大部分硬币（比如金路易、银埃居、铜质苏币）都经过了剪刀的毒手。在流通过程中，这些货币的币材遭到了刻意的修剪，以便从中偷取高价值的金属，但仍让它们继续按面值流通。然而，正如我们在前文中提到的那样，贵金属货币在经济活动中的流通量远不能满足大家对货币的需求。在遭到修剪之后，这些珍贵的货币的重量不足，变成了货币银行学意义上的典型非足值货币。这些硬币在日常流通和兑换中的实际价值必须按照其所含金属的损耗程度不断进行调整。有些硬币被毁的程度太大，以至于只能按照其重量而非面值才能被商家接受。此外，与法国敌对的英国会制造假币向法国投放，这既包括了假的纸币，也包括了假的硬币。法国本土的造币厂也会产出各种由贱金属合金（而非贵金属）制造的硬币，这造成了

---

① 许天成.指文烽火工作室.跃动的金银——14—17 世纪欧洲战争经济简史［C］.欧洲佣兵战争史［M］//北京：中国长安出版社，2018，第 4-13 页。

更进一步的混乱。如果人们能够得到法国周边其他国家的贵金属货币，它们也会加入法国的货币流通市场。这些外国贵金属货币在法国的价值一般是按货币重量、形状、受法国认可的历史传统等因素综合确定的。一旦法国的会计师或者商人们拒绝认可这些模糊的标准，其价值就变得不再可靠。这阻碍了经济活动的恢复，也造成了许多纠纷。

此外，虽然革命后的共和国于 1795 年 8 月宣布采用公制和十进制，还宣布将新的单位"法郎"作为官方货币单位，其推行却不怎么顺利。督政府只发行过一种银币，即 5 法郎面值的"大力神"币，该币总铸造量约 2100 万枚。就连督政府内部，官员们自己都还在坚持使用传统的里弗尔作为记账单位。为了保护自身利益并符合共和国的法律，法国人必须在收款或付款时对不同货币及其质量进行谨慎的鉴别，同时还得了解不同外币之间的汇率关系。最后，这些货币的名义价值还必须被换算成法郎，其工作量巨大，为了推行并巩固十进制的法郎新币制，最简单直接的解决方案是把法国经济系统中现存的所有硬币回收并重铸，其在便利商业交易和汇兑程序方面所能带来的益处显而易见。除了直接的好处之外，重铸货币还能够消除旧王室在社会上的很大一部分印记，此举还会逼迫人们把窖藏的贵金属硬币拿出来重新投入经济循环。当经济系统中重新出现足值且足够多的优质货币之后，假币的市场将会缩小，但是重铸货币的设想有可能侵犯许多人的利益并在执政府（以及拿破仑本人）和相关利益集团之间造成新的冲突。这有可能会促使好不容易稳定下来的政治和财政局面再起波澜。

首先，法国流通中的货币种类实在太多，把它们收兑并重铸为法郎所需要拟定的汇率表非常复杂，民众很可能觉得政府拟定的这个表格是在损害自己的利益。如果拿破仑想要靠在重铸货币过程中取得铸币税来发财，那这种潜在的可能性就会立刻变成现实，但如果国家决心为市场提供优质的货币，那国家就要自行承担损失。在贵金属铸币时代，一国的铸币当局很难通过比较廉价的手段来提高钱币质量。不论是提高货币中的贵金属含量，还是不惜工本提高钱币的制造工艺（以便钱币上的纹样清晰、美观、耐磨），额外的花费都将是巨大的。其次，对于手里没有多少金银币而基本只有小额铜辅币的社会底层民众而言，不论铸币当局采取哪一种策略，情况总是对他们不利，他们总要遭受或多或少的损失。在执政府内部，重铸货币的动议很早就有，拿破仑对这些意见举棋不定。在经过长时间的犹豫之后，从"芽月法郎"的发行情况看，拿破仑所采用的币制改革方案不是完全的改革，而是某种折中路线。执政府的币制改革采用了金银复本位，1 法郎硬币含有 4.5 克纯银和 0.5 克铜。理论上，这些白银可以折算为0.2903225 克纯金，大额金币有 40 法郎和 20 法郎两种面值，含有 90% 的纯金和 10% 的铜（见下表）。

表 24-1 "芽月法郎"货币体系

（单位：克、毫米）

面　值	材　质	成分比例	重　量	硬币直径
40法郎	金铜合金	金90%，铜10%	12.9	26
20法郎			6.45	21
5法郎	银铜合金	银90%，铜10%	25	37
2法郎			10	27
1法郎			5	23
二分之一法郎			2.5	18
四分之一法郎			1.25	15
10生丁	铜银合金	铜80%，银20%	2	18
5生丁	铜	－	5.39或8	18或19

资料来源：Stéphane Bertsch, Laurent Fabre, Claude Métayer. *Les Monnaies Napoléoniennes 1795-1815*[M]. Poses: Monnaies d'antan, 2010, p.5.

1 法郎硬币的含银量尽可能贴近 1726 年的 1 里弗尔，这也是在大革命的动荡后力图恢复历史传统和顺应人民习惯。在金银复本位中，金银的兑换比被规定为 1∶15.5，这个比率既照顾了 1785 年以后法国黄金变少的现实，也能够在重视黄金的英国和重视白银的西班牙之间寻求平衡。在长久的历史中，里弗尔已经基本退化为一种记账单位，实际流通的货币是银埃居和金路易。名与实的分离使得财政审计长经常在旧制度下玩弄会计技巧，进行危险的套利交易。新的"芽月法郎"则有所不同，它既是记账单位，也是实际流通货币。名与实的重新统一——劳永逸地取消了这种漏洞，使得法国人民对新货币感到安心。问题在于，货币重铸的进度很慢，被重铸的也只有旧的本国银埃居和金路易。法国境内的外国货币、本国旧铜币问题并未得到解决。

到 1802 年底，第一执政官在重建法国财政和货币体系方面取得了巨大的成功，当年的财政收入为 4.89 亿法郎，支出为 4.93 亿法郎[①]。这种成功还是在既没有出售政府公产，也没有向其他傀儡国家勒索"捐赠"的情况下取得的。也就是说，执政府只靠自己的经济政策和税收行为就成功维持了国家的正常运转。把这种略有赤字和温和通胀的情况同旧制度末期的财政破产、大革命时期的财政困难和混乱进行比较之后，法国人民对第一执政表示了衷心感谢和爱戴。

三、帝国巅峰时期的农业经济政策

19 世纪初的法国仍然是一个以农业经济为主的国家，工业部门的增长非常迅速，但在经济总量中所占的比重不超过四分之一。法国人口中的主体部分从事的也还是农业而非工业，农村工匠也是社会生活中的重要组成部分，拿破仑治下的法国农业总体而言一直处在缓慢发展中。在法国大革命期间，有能力购买公产地块的农村居民无一例外都是乡村中最富裕的阶层。在购买了国有土地之后，他们显著提高了自己的总产出，但是其单位土地面积上的生产力提升则不明显。这些人中最为成功的那部分后来成功被列入了官方的地方名人名单，是他们各自所在地区的突出纳税人。拿破仑统治时期频繁的战争和征兵活动一般被认为是对生产力和农村中劳动力

---

① *Comptes généraux du Trésor public, AN. X*[G]. Imprimerie Nationale.

条件的破坏性因素，但是征兵行为客观上还具有提高未被征召者的农业劳动工资的效果。19 世纪初的统计工作还很粗糙，统计数字也很不可靠，难以准确评估法国农业技术进步和农作物改良的速度，可是农业技术进步和农作物改良的成效却可以从法国本土种植农作物的多样化得到一定程度的反映。小麦、黑麦、大麦和燕麦在当时的法国种植业中仍然占据主导地位，但来自美洲的玉米却是在法国本土取得最重要进展的新作物，同样来源于美洲的马铃薯也在法国土地上快速扩散，甜菜种植和配套的糖加工厂有所发展。1811 年 3 月 18 日，拿破仑写信给内政大臣，要求他拟定一份报告，详细介绍种植甜菜的好处和种植方法，在拿破仑的大力提倡和亲自关怀下，法国开办了 6 所专门讲解甜菜制糖技术的学校[①]。由于战争扩大了国家对役马的需求，马匹的饲养量略有上升。从国家的宏观视角看来，绝大多数农民在没有重大社会动荡的情况下，能够尽职尽责地照料他们在乡间的土地并缴纳土地税。

当然，拿破仑在农业方面的成功也应该部分归因于他的幸运，他统治法国期间，气候比较稳定，比起天灾频繁的 18 世纪 80 年代，他只遭遇了 1802 年和 1811 年的两次普遍歉收。粮食价格在 1802—1803 年期间确实有小幅上升，但它的不利影响被当时法国社会所享有的短暂和平时光对冲了。1811 年的粮食歉收和价格上涨更严重[②]，它标志着帝国晚期困难岁月的开端。1811—1813 年日益加剧的军事冲突和随之而来的经济压力进一步激化了法国农村中的矛盾。1811 年 7 月，法国北部的诺曼底地区和南部许多地方的夏收情况非常糟糕，面包价格比正常年景已经翻倍，政府对面包房提供了财政补贴，诺曼底乡间开始出现恐慌情绪。在谷物市场中暴力事件频发，诺曼底地区成群游荡的乞丐抢劫并摧毁了小麦磨坊。为应对紧急事态，拿破仑曾经一度下令关闭巴黎城门，制止面包流出城市。作为救济贫民的

---

① 王养冲，陈崇武. 拿破仑书信文件集［M］. 上海：上海人民出版社，1986，第 413–414 页。
② Jean Tulard. *Dictionnaire Napoleon*[M]. Paris: Fayard, 1999, p.49.

措施，他发放了 430 万人次的干豌豆和大麦糊糊 ①。那时的帝国政府曾经部分地、暂时地运用过 1793—1794 年的那种最高限价措施。军队再次被用于镇压因为食品缺乏造成的骚乱。但总的来说，拿破仑统治期间，法国的农业收成是令人满意的。从 1806 年到 1809 年，连续四年的农业收成可以算是丰收，这有助于我们理解为什么在法国的总物价水平因为战争拖累而缓慢上升的同时，其国内市场关键食品的价格仍然能勉强保持稳定。如果不是农业收成好，一个陷入持续性战争的帝国将面临更为严重的通胀压力。这种运气和拿破仑在农村主导建立的小土地所有制一道，成为让法国的农民们支持拿破仑（或者至少是不反对他）的核心因素。这样的幸运也可以被用来解释拿破仑为何能够从农村汲取足够的经济资源去安抚城市中的工人阶级。

---

① Henri Plon. *Correspondance de Napoléon Ier Vol. 23*[M]. Paris: Publiée par ordre de l'Empereur Napoléon III, 1858, p.302.

第二十五章　工商业的兴衰

一、"旧制度"下的工业化尝试

18世纪下半叶的法国政府曾经认真推动过工业化。然而，大革命前的法国封建势力强大，国内市场割裂严重，因此那时的法国并不存在工业化所需的统一国内大市场。从前文我们对英法两国财政能力的对比中也可以看出，那时的法国也缺少工业投资和技术进步所需的资本。

于是，"旧制度"下的法国要进行工业化，就不得不专注于引进已经工业化的英国所发明出来的技术和机器，在许多情况下，法国资本家也不得不依赖英国工程师、技术工人。在模仿英国的棉纺织业方面，法国人不可谓不尽心尽力，法国迅速掌握了当时英国流行的各种纺纱机、走锭精纺机、织布机等。到大革命爆发前，奥尔良公爵纺纱厂已经成为法国最著名的工厂，但是它的发展并不顺利。拿破仑统治时期是法国第二次进行系统性的工业化尝试，这一时期也是法国大工业真正的奠基期。

二、拿破仑主导的第二次工业化尝试

首先，法国大革命扫荡了许多封建障碍，为资本主义工商业的发展开创了全新的空间。1801年，执政府成立了"奖励民族工业协会"。1810年，帝国政府组建了"工厂和作坊管理委员会"。1811年，工商部成立。《拿破仑法典》是法兰西帝国最重要的遗产，它由《民法典》《民事诉讼法》《商法典》《刑事诉讼法典》和《刑法典》组成。1804—1810 年期间颁布的这些法律保障了私有财产的不可侵犯。根据 1808 年颁布的《商法典》，法国政府允许成立三种不同性质和形式的公司：（1）由两名及两名以上自然人组成的合股公司，公司股东负无限责任。（2）混合制公司。该类型公司的业务股东负无限责任，出资并领取红利的非业务股东按出资额承担有限责任。（3）大型股份制公司。为避免公司实际控制人滥用职权并保护投资者利益，此类公司必须经过漫长的法律审批程序，在获得批准后依法设立。在这种股份公司中，董事会拥有决策权，但实际业务归职业经理人负责。股份公司必须在登记注册之前收齐全部资本。国家为创业者提供了可供选择的三种不同公司类型，这促使当时的法国出现了创办工商业的新高潮。工商业的兴盛对交通基础设施提出了新的需求。从 1800 年开始，法国政府花费巨资整修和新建了公路网和运河系统，有些时候这种工程建设的范围突破了国界限制，马赛通往意大利的大道、意大利境内从威尼斯到萨洛尼卡的公路等都是例证。

其次，针对工业品销售市场不足的问题，执政府和后来的帝国政府通过加工订货、政府提供预付款的订单、向企业提供竞争激励、向特定企业提供大额政府补贴等方法进行缓解。伴随着帝国领土和势力范围的扩张，法国工业品被大量输入被占领地区。1801—1811 年期间，输入意大利的法国产品比此前增加了 6 倍。为了给法国工业争取原料并排斥他国竞争，拿破仑还于 1806 年在柏林颁布了《大陆封锁令》（Berlin Decree，又称《柏林敕令》）。第二年，他在米兰颁布了《米兰敕令》（Milan Decree）。成为皇帝之后的拿破仑以他的慷慨而闻名，这种慷慨在军队中表现为对高级军官的大额馈赠、对老兵和亲近人士的适度恩惠和补贴；在经济领域，这种慷慨往往表现为对大资本家、大工厂主的巨额补贴。1811 年经济危机期间，拿破仑给亚眠城的工厂主发放了 100 万法郎的补助，并拨款 200 万法郎购买鲁昂、圣康丁、根特等地的货物。法国丝织业中心之一里昂也收到了许多补贴。拿破仑还给拥有上万工人的棉纺厂主夏尔·列诺尔发放了 150 万法郎的特别补助金，以防工厂倒闭和工人失业。拿破仑表示："工人没有工作……就会暴动，我害怕这种因为缺少面包而发生的暴动。我不怕与 20 万人的军队作战。"①

再次，拿破仑继续重视对英国机器的引进，但也鼓励法国本土的发明创造。1800 年前后，法国北方掀起了引进英国纺纱机、骡机的热潮。到 1810 年，法国纺纱机、织布机的数量及其产量已经翻了数倍，下莱茵省和米卢斯市的纺织业非常发达，可以与英国曼彻斯特匹敌。拿破仑在埃及的发现和对东方学的赞助在很大程度上促成了他在变成法国实际上的唯一独裁者之前就成为法兰西科学院院士。在埃及，拿破仑也把自己打扮成一个科学和艺术的保护者、赞助人。从前文所录的账簿中我们可以发现，拿破仑相当重视他的这个头衔和因为这个头衔所取得的工资。在成为独裁者之后，拿破仑延续了自己对科学的关注和赞助，他设置了工商管理学院，19 世纪早期的科学探索在很多时候还没有什么成系统的理论支持，而表现为工匠的灵光一闪和基于经验的不断改进，所以在这个学院中，不仅有现代意义的科学家，也有更为传统的那种发明家，为保护他们的创造，法国实施了发明专利制度。拿破仑对发明创造的这些支持并不总是成功，但他并没有放弃。英国工业革命的关键是采用燃煤蒸汽动力，法国试图在这个方面赶上并超过英国。1802 年，法国科学家在巴黎近郊的运河里实验了使用蒸汽动力的新式船舶，但这次实验未能说服工业界采用新的技术。1801 年，查卡发明了新式织布机。1806 年，法国购买了这种机器并加以推广。1808 年，英国人道格拉斯把自己发明的梳毛机介绍到法国，拿破仑指示财政部为推广这种机器向 8 家工厂提供 2 万法郎的贷款。1811 年，拿破仑悬赏 100 万法郎重金，寻求能够发明亚麻纺织机械的人，这是法国试图避开英国对棉花原料垄断的尝试之一。英国在工业原材料领域的优势地位迫使法国寻找用不同农产品为原料制造某些产品的方法。绕开英国限制或者把

---

① Jean Antoine Chaptal. *Mes souvenirs sur Napoleon*[M]. Paris: Librairie Plon, 1893, p.285.

法国有限的资源用于更重要的生产领域是拿破仑鼓励法国自主进行技术创新的外部驱动力，使用甜菜（而非英国殖民地常见的甘蔗）制糖、从大青中提取染料、用马铃薯（而非传统的葡萄）制作白兰地都是基于这个逻辑。为了展示工业创新成果并引领技术发展方向，拿破仑统治期间分别于1801年和1806年在卢浮宫和老兵广场举办了工业博览会。

　　为保护处在早期阶段的民族工业，"旧制度"下的王室政府曾经采取过基于重商主义的保护性关税和进出口政策，督政府也继承了这种经济思想。拿破仑在担任执政府第一执政官之后，基本上继承了督政府的保护主义政策，但是1802年英法《亚眠条约》签订后，英国工业品大量涌入法国及其势力范围。英国的棉纺织工业产品成本低、质量好、价格低廉，法国正在迅速追赶的棉纺织工业很难与之竞争，法国的丝织业也受到消费者用棉布替代丝织品的影响，棉纺织业工厂主变成了最为坚决的保护主义者和民族主义者，丝织业工厂主中也出现了明显的保护主义倾向。拿破仑于1802年5月15日颁布法令，对进口自英国或英属殖民地的商品采取更高的关税税率，法属殖民地输入法国本土法商品于是获得了相对的优势。1803年6月20日，拿破仑再次普遍提高了关税税率。为了促使海关稽查人员尽心尽职，他除了要求海关职员充当民族工业的保护墙之外，还给海关人员发放较高的薪水，并提高他们的社会地位。

三、措施成效

　　1810年之前，大陆封锁政策执行得比较严格，英国对欧洲大陆的贸易受到较大的负面影响，商品对法国及其势力范围的出口大减，法国盟友也比较注意对英国交往的尺度。1806—1810年，工商业创业之风在法国蔚然成风，但是大陆封锁政策的效果是多样化的。一方面，它为法国工商业争取了欧洲大陆上的原料和市场份额，促进了法国工业化的快速发展；另一方面，它造成了英法经济交流的停滞和萎缩。法国很难获得源自英属殖民地的糖、染料、咖啡、棉花等重要物资，不得不寻找天然替代品或通过人工合成的办法制造代用品。甜菜制糖业、大青染料提取业、菊苣根制品替代咖啡产业、麻纺织业等都是进口替代尝试的产物。基于煤化工的化学工业则是人工合成替代尝试的产物。然而，大陆封锁也产生了一些事与愿违的反效果，作为后发国家，法国的工业化在很大程度上依赖引进和消化英国技术，英法交流停滞后，法国无法跟踪和接触最前沿的工业技术和发明创造。法国海军远弱于英国海军，严密实施大陆封锁实际上使法国将自己有限的海上力量更为集中地用于欧洲本土，法国因此缩减了自己在北美和加勒比海外殖民地的存在，花费巨大成本苦心经营的这些海外市场很快就丧失了，对美国独立战争所投入的巨大支持也没有获得对等的回报。

四、大陆封锁的建立与衰朽

1802 年的《亚眠条约》整体上有利于法国而不利于英国，法国获得了和平。英国要把它从法国大革命以来夺取自荷兰、法国和西班牙的所有殖民地物归原主，只有原西属特立尼达、荷属锡兰例外。英军海必须撤出它为了封锁和打击法国而占领的地中海各岛屿、港口（尤其是意大利亚得里亚海岛屿及其港口）。英国还必须撤出埃及并停止干涉中欧、南欧事务。英国之所以愿意签署这样不利的条约，其原因在于它根本就不想长期遵守这个条约。对英国而言，这只是暂时的退让，英国和奥地利等国很快就会重新与法国开战。《亚眠条约》破裂后，英国于 1803 年 5 月 18 日对法国宣战，作为回应，法军在 5 月末入侵汉诺威。英军封锁了德意志地区几条主要河流流向北海的入海口，并夺回了按照《亚眠条约》撤出的一些岛屿。此外，英国海军还再次封锁了法国南部的土伦港，拿破仑于是违背了他在 1801 年与那不勒斯王国签订的和平协定，派遣法军进驻意大利南部的塔兰托、布林迪西、奥特朗托等地。1803 年 6 月，法军开始在布伦等地建设大型军营，同年 11 月 5 日，拿破仑在位于蓬特布里克斯的司令部实地观察了到英国的距离①。1804 年 7 月 2 日，拿破仑给驻扎在土伦的法国海军司令拉图什·特雷维尔写信说："只要我们能做 6 个小时的英吉利海峡之主，我们就将会是世界的主人。"② 但是，在海岸线附近维持一支十几万人的军队、建造大量用于登陆的平底船、展开争取爱尔兰人的外交活动等都给法国财政带来了巨大的压力。预计中将征服英国的远征军团包括了步兵 79 000 人，骑兵 17 600 人（含配套的战马 15000 匹），炮兵 4700 人，车夫 4600 人，担负其他杂役的平民 7800 人③。舰队中有多种不同类型的船只，主要的船型是地中海轻型帆船、炮舰、平底船、半武装渔船、无武装的运输船。侵英舰队规模最大时，含有 1831 艘船④ 和 167 000 人⑤。1804 年 7 月 22 日，拿破仑向海军部长抱怨了后勤费用不足的问题，他举例说明了港口工人不能及时收到工资的问题。他认为，不能苛待工人，无论如何都必须按时足额发放工资⑥。英国一面暗中加强岸防工作，一面秘密制订了居民疏散计划，为拖住法国使其不能进攻英国本土，英国积极组织第三次反法同盟，俄国和奥地利联军于 1805 年 8 月从东面进攻法国。拿破仑不得不把布伦军营中的军队调往东线，用于多瑙河上游新近出现的紧急状况，法军接连取胜。1804 年 10 月 20 日，被法军包围在乌尔姆的奥地利军队投降。11 月 14 日，法军占领维也纳。12 月 2 日，法军在奥斯特里茨会战中取得了胜利。第三次反法同盟被粉碎后，法国的安全形势暂时好转了。可是，尤其具有讽刺意味的是，就在乌尔姆的奥军投降后第二天，英国皇家海军以 27 艘战列舰重创了法国

---

① Napoleon Foundation. *Correspondance générale de Napoléon: Ruptures et Fondation (1803-1804)* [M]. Paris: Fayard, 2007, p.426.

② （英）马歇·康华尔. 作为军事指挥官的拿破仑 ［M］. 钮先钟，译. 台北：军事译粹出版社，1975，第 167 页。

③ *HD-GR2. C/571*[Z]. Archives de France.

④ Denis Bingham. *A Selection from the Letters and Despatches of the First Napoleon, Vol. 2*[M]. London: Chapman & Hill Limited, 1884, p.81.

⑤ Roger Knight. *Britain Against Napoleon*[M]. London: Penguin Global, 2013, p.251.

⑥ Napoleon Foundation. *Correspondance générale de Napoléon: Ruptures et Fondation (1803-1804)* [M]. Paris: Fayard, 2007, p.223.

和西班牙联合舰队。该舰队 33 艘战列舰中的 22 艘被摧毁，英国方面无损失，英国在海战上的伟大胜利使之巩固了本就强大的制海权。1806 年，英国对德意志地区北部海岸线的封锁、对多佛海峡和英吉利海峡的防御都加强了。在 1806 年 5 月 16 日的英国枢密院令颁布后，从法国西北角的布雷斯特到德意志地区的易北河入海口的漫长海岸线实际上已经被完全封锁。拿破仑在 1798 年设想过的征服计划不再现实，摆在他面前的只剩下通过实施大陆封锁来打击英国的经济这一种选择。大陆封锁政策的设计意图是在将来的某个时候迫使英国不能再忍受经济损失，从而转向与法国媾和。

作为对英国封锁的报复，拿破仑于 1806 年 11 月 21 日颁布了《柏林敕令》，对英国的大陆封锁正式开始。法国此前与英国的贸易冲突已经非常频繁，但不论是国民公会还是督政府，甚至连拿破仑担任第一执政的执政府也只是颁布法令限制英法两国之间的贸易。这种禁令的效力并没有延伸到法国的附庸国、势力范围，英国与欧洲大陆上其他国家的贸易往来仍然正常。由于法国正在进行新的工业化尝试，它所排斥的是英国的工业制成品，对于从英国及其殖民地输入的原材料和新式机器、新技术等，法国仍表示欢迎。不参与英法争霸的其他中立国家此前一直在开展各种形式的转口贸易，法国对此采取了宽容的姿态，可是《柏林敕令》改变了这一切。拿破仑认为，依据 1806 年《柏林敕令》、1807 年《米兰敕令》和 1810 年《枫丹白露敕令》建立并完善起来的 "大陆体系" 是对英国封锁的报复[①]。

《柏林敕令》主要的条款包括了对不列颠群岛的封锁，禁止对不列颠群岛的贸易和邮件往来，将任何状态或者境地中的英国人视作战俘，将英国人拥有的仓库、产品、商品、财产等（不论性质如何）都视为可以被法国人获得的合法奖励，任何港口不得接纳英国和英属殖民地船只（敕令发布

---

① Jonathan North. *Napoleon on Elba: Diary of an Eyewitness to Exile*[M]. Welwyn Garden City: Ravenhall Books, 2004, p.49.

时已经入港的此类船只也不例外)①。这些内容表明，拿破仑对英国实施的不再是基于经济民族主义或经济保守主义的调节政策，而是某种经济制裁乃至经济战。对于法国来说，有这种通过经济制裁迫使英国重回谈判桌的想法是很自然的，当时英国的出口额中约有三分之一流往欧洲大陆。拿破仑不是一个走在当时的经济理论前沿的优秀经济学家，仍然在很大程度上相信（或在公众场合表现得相信）国际贸易是某种零和游戏。因此，拿破仑觉得可以用陆权征服海洋，法国的陆军们都是好汉，海军们总是搞砸一切，所以只有用陆权的方法才能打击到英国并迫使它求和。拿破仑原来以为，在使用经济制裁报复英国之后，法国商人会由于利润的吸引而填补英国商人离开后留下的空缺。只要有利润可赚，欧洲大陆上的商人理应欢迎《柏林敕令》，但这种设想完全不符合事实。

　　1806 年，欧洲大陆的一部分海岸线还没有被法国控制，法国人很难影响到俄国在波罗的海的漫长海岸线，瑞典的几个港口也还在正常同英国进行贸易。法国想要使大陆封锁收到比较明显的效果，就必须再次调动军队进行东征，在打垮第四次反法同盟之后再迫使沙皇俄国接受法国对欧洲大陆秩序的安排。法国陆军再一次达成了这个目标。俄军在东普鲁士地区遭遇的惨败标志着第四次反法同盟的解体。1807 年 7 月初，法国和普鲁士、沙皇俄国签署《提尔西特条约》(*Traités de Tilsit*)。条约要求普鲁士和俄国必须加入对英国的贸易封锁。上述两国必须对英国及其殖民地关闭全部港口。法国通过《提尔西特条约》强迫俄国与自己结盟。作为盟友，俄国将负有调停英法矛盾的义务。如果英国拒绝接受这种调停，俄国必须履行条约义务，在 1807 年 12 月 1 日之前同英国断交。拿破仑还"要求哥本哈根、斯德哥尔摩和里斯本这三个朝廷禁止英国船只进入它们的港口，并对英国宣战。如果这三个朝廷有哪一个拒绝这样做的话，结盟双方（指法俄）将

---

① Eric Anderson Arnold. *A Documentary Survey of Napoleonic France*[M]. Lanham: University
　Press of America, 1995, p.230.

把它看成敌人"①。《提尔西特条约》从表面上堵住了欧洲东西两端对英国的封锁漏洞。受俄国影响，丹麦、普鲁士相继对英国关闭了港口。瑞典虽然坚持顽固的反法立场，却不能阻止主要港口施特拉尔松德和吕根岛的失陷。丹麦和俄国于1808年初为履行《提尔西特条约》的义务而对瑞典宣战。法军在1807年底占领了葡萄牙首都里斯本，该国全境随即沦陷。伊比利亚半岛也对英国封闭起来，迫于俄法两国压力，英国人在中南欧的老盟友奥地利也不得不于1808年1月对英国宣战并与2月18日加入大陆封锁体系。奥斯曼帝国在奥斯特里茨会战之后就改换门庭，成为法国人三心二意的盟友。拿破仑又于1807年12月至1808年4月22日期间在意大利展开一系列军事行动，实际控制了亚得里亚海全部海岸线和港口。瑞典在抵抗两周年之后，于1810年1月6日同法国媾和，被迫加入了大陆封锁体系。

在封锁体系逐步建立的过程中，法国商人和商会从不同渠道纷纷向政府报告自己在经营活动中遭遇的困难和萧条。到了1807年3月，拿破仑已经落入不得不动用法兰西银行和财政部特别储备金向工业界提供特别贷款的境地②。《柏林敕令》刚刚实施几个月就引发了经济危机。英国当然在这种封锁制裁下也受了损失，只是英国的海外殖民地更加广大，它的金融系统也更发达，更有韧性，它对经济损失的耐受性更强。受影响的英国商人在其国内政坛上没有造成什么大的动荡和政策转向。英国进一步加强了对法国及其真正的盟友和被迫的盟友的反封锁，真正在政治上付出代价的反而是法国自身，原来最支持拿破仑的那些人受害最大，这包括了乡村富农、城市小资产阶级、依赖国家需求的供应商、持有公产并领取公债年金的人等。民族主义的爱国热忱没能压住小店主们因利益受损发出的怨言，要解决这种问题，法国就要想办法实现真正的经济自立。然而，现实的情况是，

---

① （英）约翰·霍兰·罗斯．拿破仑一世传（下册）［M］．广东外国语学院英语系翻译组，译．北京：商务印书馆，1977，第124页。

② Frank Edgar Melvin. *Napoleon's Navigation System: A Study of Trade Control During the Continental Blockade*[M]. New York: D. Appleton & Company, 1919, p.14.

离开了英国供应商的货物，法军后勤就会出现严重问题。在法军向波兰维斯瓦河挺进的过程中，他们中有很多人穿着英国哈利法克斯和利兹地区生产商制造的军服。英国下议院辩论时，有大臣得意扬扬地表示："如果没有我们英国的制造商，拿破仑无法给军官们的制服绣上徽章。"[1] 大陆封锁在民间也造成了严重的损失和破坏，来自英国及其殖民地的货物太多，要动用军队去查禁。依靠英国殖民地棉花作为原料的法国棉纺织工业本来正在蓬勃发展，如今却突然陷入了崩盘状态。受连年战争影响的欧洲大陆粮食价格本就在缓慢但坚定地爬升，能够平抑这个问题的质优价廉英国粮食、食品却被没收后公开烧毁。

　　法国本土还可以通过加紧对其势力范围的剥削来转嫁部分损失，被剥削的地区所受的损失则比英国和法国都要严重，德意志地区各个邦国、意大利各傀儡政权就在此列。在经济不能自立的情况下，为避免或至少是减轻自己受损的程度，欧洲大陆上利益相关各方都在偷偷摸摸地给自己大开方便之门，大陆体系从一开始就充满了各种合法或不合法的例外。拿破仑的弟弟路易对自己治下发生在荷兰境内的走私行动疏于监管，缪拉在那不勒斯王国对大陆封锁体制进行了有选择的适用，就连法国皇后约瑟芬自己也使用从黑市上买来的英国货[2]。在距离法国更远、附庸程度更低的东欧地区，拿破仑关于焚毁罚没英国商品的命令基本不会被执行。拿破仑对高丹发了脾气。"没我的命令，不管什么被禁货物都不得入境……如果我放任我的家族和滥用职权行径牵扯如此之深，那我显然是在玩忽职守。若有法律，则人人皆应遵守。"[3] 为了表示自己毫不徇私的态度，拿破仑在 1810 年解雇了近臣布列纳（将之发配到汉堡当总督），并废除了荷兰国王（同时也是自

① Denis Bingham. *A Selection from the Letters and Despatches of the First Napoleon, Vol. 2*[M]. London: Chapman & Hill Limited, 1884, p.329.

② Frank Edgar Melvin. *Napoleon's Navigation System: A Study of Trade Control During the Continental Blockade*[M]. New York: D. Appleton & Company, 1919, p.11.

③ Napoleon Foundation. *Correspondance générale de Napoléon: Tilsit, l'apogée de l'Empire, 1807*[M]. Paris: Fayard, 2010, p.1310.

己的四弟）路易。

这种严厉的措施并没能消灭英国人和欧洲大陆各国人所进行的走私活动。法国海军弱小又无助，不能有效巡查欧洲大陆的海岸线，英国货船纷纷改挂中立国国旗继续进行贸易。在遥远的东欧，类似赫尔戈兰岛那样的走私转运中心越来越繁荣。在地中海，英国人利用马耳他岛对地中海北岸进行走私。欧洲大陆各港口收到走私品之后，只有一部分会被没收，在这些被没收的货物中，又有一大部分可以通过对法国海关人员的贿赂"买"回来。伦敦著名保险公司劳埃德发现了较低没收风险中暗藏的盈利机会，开始向各国船主们销售基于货物被没收风险的保单。法国方面所能采取的应对措施比较有限，对被抓获的走私者，刑罚从十年有期徒刑或烙印刑加重到了死刑。对大陆封锁体系中不太严密的部分，拿破仑进行了一些制度上的修补和外交协调。1807 年 10 月 13 日，他颁布了《枫丹白露敕令》。11 月 23 日，他又颁布了《米兰敕令》。这两个新文件补充规定了对英国商品的明确定义。对于曾经在英国港口靠泊过的船只，法国将连货带船一起没收，但是最初的《米兰敕令》没有对中立国船只和在公海上航行的船只进行规定。12 月 17 日，拿破仑颁布了第二版《米兰敕令》。在这个版本中，不论船只的真实权属如何，任何中立国船只一旦为英国人所利用，即被认定为英国财产。基于这种认定，该船在各港口停泊时、在公海上航行时都变成了可以被法军和法国人合法拿捕的战利品。1808 年中期，奥地利趁着拿破仑在西班牙陷入困境的机会，暂时逃离了大陆封锁体系。对此，拿破仑用武力再次于 1809 年 7 月在瓦格拉姆战役中击溃了奥地利军队，并瓦解了第五次反法同盟。战后，拿破仑控制了奥地利在亚得里亚海岸边的所有领土和港口。世界其他国家深受英法欧陆争霸之害。英国加强了对亚洲、非洲、拉丁美洲英属殖民地的商品和资本输出，这些地方所受的剥削和压迫加深了。法国对欧洲大陆各国所采取的方法也与此相似，因而激起了更大的反抗。

英法两国都在打击中立国，这使得域外国家的经济活动也受了损失。

英国从 1807 年开始扣押生于英国的美国公民并强制他们进入皇家海军服役。在此期间，美国与英国的关系变得越来越不稳定。1807 年 6 月 22 日，皇家海军"豹"号为搜寻英国海军逃兵，在弗吉尼亚州诺福克外海炮击并强行登上了美国海军"切萨皮克"号。杰斐逊总统的反应是对所有外贸实行禁运，以削弱英国的经济。禁运在美国的新英格兰地区极不受欢迎，因为那里的经济严重依赖与英国的贸易。此外，英国经济并没有受到禁运的强烈影响，事实证明禁运很难实施。1809 年初，杰斐逊总统用《不干涉法》（Non-Intercourse Act）取代了禁运，允许与除英国和法国以外的其他国家进行贸易。事实证明，该法案也几乎无法执行。杰斐逊的继任者詹姆斯·麦迪逊总统面临着困难的选择，继续实施无效的《不干涉法》实际上就是屈从于英国的贸易条件，因为英国海军控制着大西洋。1810 年，纳撒尼尔·麦肯的《第 2 号法案》（Bill No.2）获得通过，为麦迪逊提供了帮助，该法案向英国和法国提供了停止扣押美国商船以换取美国加入任意一方所主导的贸易封锁的选择。拿破仑是第一个提出让步的人，尽管麦迪逊私下里对此持怀疑态度，但他还是公开接受了拿破仑的让步。麦迪逊这样做将美国推向了与英国开战的边缘。在此期间，麦迪逊还必须解决国务卿罗伯特·史密斯造成的问题。罗伯特·史密斯曾亲自向英国公使表示自己支持英国。当麦迪逊与史密斯当面对质，并提出让他体面地离开美国并就任美国驻俄公使一职时，史密斯表面上似乎接受了麦迪逊的提议，然后立即泄露了内阁文件，以作为自己抹黑麦迪逊总统的行动的一部分。美国外交官乔尔·巴洛发表了一份答辩书，煽动公众舆论反对史密斯，史密斯于 1811 年 4 月 1 日辞职。美国与英国的关系继续恶化，一艘美国海军军舰将一艘小得多的皇家海军"小贝尔特"号误认为是给美国水兵留下深刻印象的另一艘英国海军军舰，并向其开火。因此，英国驻美国公使托马斯·福斯特表示，英国不会就 1807 年的切萨皮克事件提供任何赔偿。福斯特还告知麦迪逊，英国政府不会撤销反对法国和美国的枢密院令。1812 年春，麦迪逊决定与英国开战。其实，他也曾经考虑过对法国开战，不过没有付诸行动。

美国国会于 6 月 17 日通过了宣战书，麦迪逊于次日签署了宣战书。虽然外交官们于 1814 年 12 月 23 日签署了《根特条约》（ *Treaty of Ghent* ），但战争一直持续到 1815 年 ①。

从 1810 年末起，法国对英国的封锁开始真的产生效果。1811 年，英国对欧洲大陆的贸易出现了明显的下降，但是法国自身所受的伤害比这要严重得多。法国的关税收入从 1806 年的 5100 万法郎下降到 1809 年的 1150 万法郎 ②，法国的农产品对英销售也难以为继，拿破仑不得不向英国学习，他模仿英国在经济封锁体系上开辟特殊窗口的办法，为了同英国及英属殖民地进行特定商品的进出口贸易而发放特许证。前文提及的法军制服不足问题得到了缓解。1809 年，英国农业歉收，拿破仑抓住机会向英国出口了大量粮食。在敌国粮价上涨、货币贬值的时候出口粮食这个决定在客观上有利于英国稳定食品价格，因此它看上去令人困惑，但是考虑到法国关税收入严重下降所带来的资金匮乏以及法国丰收后因为大陆封锁而导致的粮食难卖问题，对敌国出口粮食的决定似乎很有合理性。拿破仑更深一层的想法是通过对英出口粮食来消耗英国的贵金属储备，他凭着直觉感到这将加速英镑的贬值。他所特许的对英小麦出口非常成功——法国小麦在 1809 年英国进口的小麦总量中占 74% ③。然而，拿破仑所设想的那种英镑因贵金属稀缺而加速贬值的情况并未出现。相反，各国商人依然信赖英国的金融实力和信誉，伦敦金融城开出的汇票继续有效，国际资本（其中当然也包括法国的资本）仍然流向伦敦。英国实行金本位，金本位下的货币贬值代表着本国商品价格的绝对下降，本就很有竞争力的英国商品现在竞争力更强了。拿破仑的大陆封锁还带来另一个意想不到的结果，它迫使英国将自己的进出口来源地结构进行了多元化改造，英国的进口额也因为大

① Department of State Office of the Historian. Napoleonic Wars and the United States 1803–1815, Washington D.C.: Government Printing Office, 2017.

② Roger Knight. Britain Against Napoleon, London: Penguin Global, 2013, p403.

③ Roger Knight. *Britain Against Napoleon*[M]. London: Penguin Global, 2013, p403.

陆封锁而下跌。1810 年之后，英国的贸易结构和进出口平衡情况反而变好了。英国在 1811 年遭到的那种经济困难与其说是因为法国对它进行大陆封锁的效果，还不如说是它自身周期性必然爆发的经济危机因为封锁稍微提前到来了那么一点。英国 1811 年经济困难的内在逻辑是，英镑从 1809 年以来就一直在贬值。虽说这种贬值有利于出口商品竞争力的增强，却对工商业资本的韧性和资金链强度提出了更高的要求。当外国购买者不能按期付款（这种拖延中有他们受早已发生、发展中的经济危机外溢影响的因素，也有大陆封锁导致资金流动变慢的因素）时，已经凝结在已出口货物中的固定资本无法及时变回流动资本，于是越来越紧绷的资金链拖垮了许多英国企业。

　　拿破仑把英国遭遇的困难看成是大陆封锁正在发挥作用的证明。英国政府附息公债（年息 3%）的价格从 1810 年的 70 英镑跌至 1812 年的 56 英镑，英国国内食品价格上升了，政府预算赤字从 1810 年的 1600 万英镑上升至 1812 年的 2700 万英镑。1811 年冬，在英国工业中心利物浦约有 17% 的人口失业。英国工人们认为机器替代人工是造成他们失业和劳动条件劣化的根源，因此发动了破坏机器的"卢德运动"。英国政府加紧使用民兵和骑警镇压工人，首要犯罪分子纷纷被遣送到澳大利亚或直接处死，有许多人被投入监狱[①]。在前文中我们已经说过，拿破仑并不是一个熟练掌握了当时最先进经济理论的优秀经济学家，他的经济政策有很强的民族主义色彩，又带有旧时代的重商主义性质。拿破仑的经济民族主义让他想尽一切办法去打击英国并增强法国的经济实力。重商主义经济学说及其政策包含了进行贸易保护和保证本国出口商品拥有优势这两个基本原则。在经济民族主义和重商主义各自的目标之间存在着内在一致性。于是，拿破仑的经济政策就表现为通过大陆封锁为法国的商品找到独占的市场，再以此拉动工商业部门的发展。可是，大陆封锁打击英国并壮大法国的目标设定又有内在

① Roger Knight. *Britain Against Napoleon*[M]. London: Penguin Global, 2013, p412.

的矛盾性。法国工业部门无法离开英国及英属殖民地的工业原料、技术而独自存在，法国工业的后发和弱小又使它不能满足突然出现的庞大市场需求，贸易流量的萎缩和贸易流动的停滞给法国财政带来了严重的冲击。拿破仑学习英国，颁发了特许证来减轻这些痛苦。然而，特许证实际上放松了封锁，本就三心二意的欧洲大陆各国有了摆脱大陆封锁体系的合理借口，特许证也在事实上承认了法国商品并无绝对优势，它是对重商主义的否认和突破。在法兰西帝国末期，特许证的签发越来越频繁，使得法国对英国的封锁逐渐流于形式，在签发特许证时，腐败和不平等现象也很常见。拿破仑统治下的非法国籍商人、不在法国本土的商人们都确信，自己受到了不公正的待遇。举例而言，在 1810—1813 年期间，波尔多（Bordeaux）获得了 181 张长期特许证和 607 张一次性特许证。同一时期，布列纳治下的汉堡只拿到了 68 张长期特许证和 5 张一次性许可证①。

大陆封锁政策在欧洲大陆引发的矛盾和反抗在西班牙起义和法俄战争中起到了推波助澜的作用。以俄国在《提尔西特条约》签署之后受害的情况为例，它同英国的贸易关系受损严重，但它同法国的贸易情况也没有好到哪里去。与英国货相比，法国生产的产品质次价高，供应量也不足。俄国的政府赤字问题日益严峻，1808—1810 年，其历年赤字分别为 1.26 亿卢布、1.57 亿卢布和 7700 万卢布。为弥补收入不足并应付开支，俄国政府加大了国债发行力度，短短几年时间内，俄国国债总额上涨了 13 倍②。拿破仑把汉萨同盟各市并入法国同日，即 1810 年 12 月 19 日，俄国沙皇亚历山大颁布敕令，宣布对法国实行报复。俄国对英国的贸易没有恢复，但允许其他中立国前来贸易。俄国还禁止法国奢侈品进口并针对以葡萄酒为代表的法国产品征收高额惩罚性关税③。英国货船挂着中立国旗帜就能非常方便地

① Roger Knight. *Britain Against Napoleon*[M]. London: Penguin Global, 2013, p404.
② Christopher Clark. *Iron Kingdom: The Rise and Downfall of Prussia 1600—1947*[M]. Cambridge: Harvard University Press, 2006, p.317.
③ Thierry Lentz. *1810 Le tournant de l'Empire*[M]. Paris: Nouveau Monde Editions, 2010, p.306.

与俄国进行贸易。俄国的行为是对大陆封锁体系的公开破坏，俄法两国之间的战争难以避免。1811 年 4 月，拿破仑写信给符腾堡公国国王，在信中，拿破仑已经预计到了战争将于 1812 年爆发。他说："下一年他（指俄国沙皇亚历山大）会被战争之念控制，所以不管他怎样，不管我怎样，不管法国和俄国的利益怎样，战争都会爆发。"①

伊比利亚半岛局面的持续糜烂使得它变成了帝国不断流血的伤口，有约 30 万的法军被锁死在那里。1812 年，破仑远征俄国的巨大失败使他又损失了约 50 万军队，法军已经没有进行战略进攻的能力，它仍然能够勉强确保法国自身的安全，但已经无法维持对原有势力范围的威慑。在俄法战争期间，英国、瑞典、俄国于 1812 年 7 月 18 日签署了《厄勒布鲁条约》（Treaties of Örebro）。上述三国在 1812 年秋冬季节还进行了一系列关于缔结军事同盟并进行协调行动的谈判，但英国除了向俄国提供了一些金钱赞助外，没有直接向俄国提供军事支持。英国选择在西班牙不断开展游击战，以牵制和击溃那里的法军。拿破仑在俄国失败之后，普鲁士于 1812 年 12 月 30 日与俄国媾和，并依据稍早前新签署的《陶罗根协定》（Convention of Tauroggen）退出对法国的增援。普鲁士与俄国于 1813 年 2 月 28 日签署了《卡利什条约》（Kalicz Treaty）。英国得知消息后，立即向普俄两国提供了武器、装备、后勤支援。1813 年 2 月，奥地利与法国的同盟关系到期，奥地利立即改变立场，宣布武装中立。同年 6 月，奥地利向法国宣战。在 1810 年被吞并的德意志地区北方汉萨同盟各城市也开始背叛拿破仑。汉堡市于 1813 年 2 月 24 日脱离法国，驻扎在那里的法军只坚持到了 3 月 12 日就不得不撤退，接管汉堡的新势力是沙俄哥萨克。1813 年 3 月 3 日，英国同意了瑞典对挪威的主权要求，英瑞同盟对法宣战。3 月 13 日，普鲁士对法宣战，法国人在 3 天后收到了宣战声明。奥地利此时既不想法国人继续

---

① Denis Bingham. *A Selection from the Letters and Despatches of the First Napoleon, Vol. 3*[M]. London: Chapman & Hill Limited, 1884, p.98.

在中南欧耀武扬威，也不想俄国的势力深入巴尔干半岛并影响奥斯曼帝国和波兰地区。鉴于第七次俄土战争已经结束，俄国和奥斯曼还签署了《1812年布加勒斯特条约》(*Treaty of Bucharest 1812*)，俄国势力深入巴尔干的威胁不再是一种幻想而是一种现实的可能性。于是，奥地利在武装中立的同时积极调停法俄矛盾。它要削弱法国，又要防范普鲁士所鼓吹的大日耳曼统一主张。奥地利采取均势主义政策，要求拿破仑放弃伊利里亚、华沙大公国、莱茵邦联，但反对过分削弱法国。作为交换条件，奥地利在法国退让的情况下将重新与之结盟，共同反对俄国和普鲁士，但是拿破仑拒绝放弃那些已经被并入法国的地区，他希望复制 1807 年的胜利，在奥地利对法国不利之前就击败俄国和普鲁士。

1813 年 5 月 29 日，路易·尼古拉·达武元帅率领法军重新占领了汉堡，这是为了把英国商品进入德意志地区的通道重新封死。作为对叛乱行动的惩罚，拿破仑限期一个月，对汉堡居民强行征收 4800 万法郎特别捐税。吕贝克也被强征了 600 万法郎，但是这样的惩罚并没有完全实现。这个把达武留在汉堡的决定也使得拿破仑前往波兰斯得丁的计划被打断了。在 1813 年春季的一系列战役中，拿破仑一再获胜，但是他在这些战役中的损失数与他的歼敌数大致相等。1812 年征俄失败后重新组建的法军缺乏马匹，无法组织足够的骑兵，因此只能把艰难取胜的一次又一次战役打成击溃战，不能取得消灭大量敌方有生力量的决定性成果[①]。奥地利此时的态度越来越倾向于反法同盟一方。

法军在赶走俄国哥萨克和瑞典人并重新占领汉堡的行动是《普莱斯维茨停火协定》(*Armistice of Pläswitz*) 签署前第六次反法同盟敌对各国之间的最后一次重大行动。1813 年 6 月 4 日，拿破仑接受了敌方提出的临时停火协议。法国和反法同盟各国都需要从 1813 年春季的重大人员损失中恢复

---

① David Chandler. *The Campaigns of Napoleon Vol. I and II*[M]. Torrington: Easton Press, 1991, pp.880–891.

过来，但法国恢复的能力显然不如它的敌人们快。奥地利在事实上采取了反对法国的政策，它只是还没有公开宣战而已。两支奥地利主力军队部署在波西米亚和意大利北部，为反法同盟的军队增加了 30 万兵力。反法同盟在德意志地区的总兵力变成了约 80 万前线部队和 35 万战略预备队。由于停战，法国失去了停战时所拥有的数量优势。奥地利和俄罗斯庞大的人力储备被动员起来并被带到了前线①。1813 年 8 月 11 日，反法同盟宣布废止停火协定。次日，奥地利对法国宣战。

　　奥地利在武装中立期间曾经提出的那些和平条件遭到法国和反法同盟双方的共同反对，拿破仑仍然想要坚持执行大陆封锁政策，反法联盟各国则认为奥地利的条件对拿破仑太宽容了，梅特涅进行的杰出外交工作使得俄国和普鲁士接受了奥地利的条件，成功将奥地利拉入反法同盟一方。拿破仑想把再次开战的时间拖到 1813 年 9 月。"如有可能，我想等到 9 月再对他们发动猛烈的攻击，所以我必须处于能够打击到敌人的位置上，（我军所处的位置离法国本土）越远越好。那样的话，当奥地利发觉我能如此行动时，它就会发现自己（所提出的和平条件是）虚伪而又荒唐的借口。"②但是，反法同盟没有给拿破仑这个准备的时间。拿破仑也意识到了自己有可能被欺骗了。"假如反法同盟不是真心求和，这次停火对我方而言很可能是致命的。"③法军中有一些元帅开始动摇，他们觉得一旦停火协定失效，法军应立即全线收缩，撤回莱茵河一线，在集中兵力并退守莱茵河之后，法军的战略态势将得到极大的改善，法军后勤线也将不再受到奥地利威胁，但是拿破仑拒绝接受这种在他看来是未战先怯的失败主义论调。如果按照这个设想执行，法军等于连续放弃了奥德河、维斯瓦河、易北河，丢掉了

---

① David Chandler. *The Campaigns of Napoleon Vol. I and II*[M]. Torrington: Easton Press, 1991, p.901.

② Henri Plon. *Correspondance de Napoléon Ier Vol. 25*[M]. Paris: Publiée par ordre de l'Empereur Napoléon III, 1858, p.347.

③ Agathon Jean François Fain. *Manuscrit de Mil Huit Cent Douze, Vol. 1*[M]. London: Fb&c Limited, 2018, p.449.

对丹麦、华沙大公国、萨克森、威斯特伐利亚等国的控制权。拿破仑表示：
"就算打十次败仗也不至于让我败退到那里去，现在你们却让我马上就自
己走到那里去？"① 拿破仑打算利用德累斯顿的地利，以之为中心进行战略
机动，让反法联军疲于奔命并从中寻找战机。拿破仑愿意接受的和平条件
是放弃华沙大公国但保留但泽，同意恢复普鲁士但要求普鲁士给萨克森送
去 50 万人口，放弃伊利里亚但保留的里雅斯特和伊斯的利亚，汉萨同盟各
城市和北德意志部分地区因为已经被并入法国本土所以不再讨论。

　　细心的读者可以发现，拿破仑坚持要保留的领土都是一些港口城市或
半岛地带，这就揭示了他继续实施大陆封锁制度的坚强决心。1813 年 8 月
7 日，梅特涅提出的和平条件为：重新瓜分华沙大公国，法军放弃汉堡并
恢复其自由市的身份，但泽和吕贝克成为自由市，普鲁士应按易北河为边
界重建并恢复到 1805 年的状态，法国将包括的里雅斯特在内的伊利里亚转
让给奥地利②。假如拿破仑同意奥地利的和平提议并自动放弃了上述地方，
那意味着他放弃了法军 1805 年以来夺取奥地利海岸线的成果、1810 年以
来在北德意志海岸线上取得的进展、1808 年以来在波罗的海区域苦心经营
的战略局面。换句话说，这就是在实质上同意取消大陆封锁制度并承认英
国取得了对法国的经济和政治胜利。在拿破仑看来，即便身处 1812 年底
征俄失败的困境之中，他也没有放弃大陆封锁制度。到了 1813 年春夏之
交，他已经取得了多次战术胜利并眼看有望取得战略胜利。那么，他又怎
么会接受奥地利的和平条件呢？反言之，拿破仑要继续执行大陆封锁，就
必须把战争打下去，至此，奥地利终于不再伪装，而是公开倒向了反法同
盟一边。

　　战事再起之后，拿破仑似乎在德累斯顿战役中重新取得了主动权。

① 　Agathon Jean François Fain. *Manuscrit de Mil Huit Cent Douze, Vol. 2*[M]. London: Fb&c Limited, 2018, pp.26–31.

② 　Agathon Jean François Fain. *Manuscrit de Mil Huit Cent Douze, Vol. 2*[M]. London: Fb&c Limited, 2018, p.93.

1813 年 8 月 26—27 日，他给俄罗斯、普鲁士、奥地利三国联军造成了严重损失。可是，要继续执行大陆封锁，拿破仑就不能将已经处于数量劣势的军队集中起来形成局部优势。在军队总量无优势的情况下，法军连局部优势也没有了，取得胜利的可能性将取决于拿破仑所信赖的那种军队质量优势。皇帝的老近卫军确实是百战精锐，曾经在许多危急时刻发挥过改变战场局面的关键作用，但拿破仑 1812 年征俄失败后，法军老兵的损失已经非常严重。皇帝带到德意志地区前线的重建新军中缺乏有经验的老兵来担当战术组织的核心，他并不是完全没有老兵可用。法军还有十几万精锐步兵、骑兵和炮兵被分散在但泽、意大利、北德意志沿海。达武的军团虽然被抽调了部分兵力去北线攻击瑞典军队，但也还有人好好地蹲守在汉堡。约 15 万擅长山地作战的法军老兵还被困在西班牙的游击战泥潭里。正是由于拿破仑对执行大陆封锁的执念，这些分散在外的部队逐渐被各个击破。

北线法军于 8 月 23 日败于贝尔纳多特的北方军团之手，尼古拉·乌迪诺向柏林的进攻在格罗贝伦被普鲁士军队击退。在卡茨巴赫，由布吕歇尔指挥的普鲁士军队趁拿破仑向德累斯顿进军之机，攻击了麦克唐纳元帅的博贝尔军团。8 月 26 日，在一场倾盆大雨中，由于命令冲突和通信中断，麦克唐纳的几个军团发现自己彼此孤立，卡茨巴赫河和尼萨河上的许多桥梁被汹涌的洪水冲毁。20 万普军和法军在混乱的战斗中相遇，并演变成了肉搏战。然而，布吕歇尔和普鲁士人设法重新集结了他们四散的部队，攻击了一支孤立的法国军团，并将其困在卡茨巴赫，并将其全歼；法军被逼入激流，许多人溺亡。法军有 13 000 人死伤，20 000 人被俘。普鲁士军仅损失 4000 人[①]。事后看来，乌迪诺向柏林攻击前进的行动毫无意义。1813 年法军在德意志地区面临的形势和 1806 年已经完全不同，如果拿破仑预想中的大会战能够取得完全胜利，那么贝尔纳多特在战后根本不可能还守得

---

① David Chandler. *The Campaigns of Napoleon Vol. I and II*[M]. Torrington: Easton Press, 1991, pp.908–911.

住柏林。达武元帅在汉堡的兵力本就不多，还被进一步分散了，达武军团剩下的这些人直到拿破仑退位为止都守住了汉堡，这足以证明德意志西北部根本不在反法同盟联军的优先攻击名单上。

拿破仑亲自指挥法军艰难取得德累斯顿战役的胜利之后，后续的战斗进展完全脱离了他的控制。1813 年 8 月 29 日，雅克·皮托所率领的 3000 人在普拉格威兹被敌军围困并投降[①]。在德累斯顿战役中被击败的俄普奥联军计划退往波西米亚。拿破仑命令多米尼克·旺达姆带领 37 000 人从彼得斯瓦尔德出发，快速切入波西米亚并击退那里的符腾堡亲王。这种布置的目的是切断通往杰钦、奥西希、特普利茨的敌军交通线，但敌军兵力是法军的两倍。在连续不断的追击战和截击战中，孤立无援的旺达姆遭遇了严重的战斗减员（总损失约 13 000 人），仅仅在库尔姆村一处，向奥地利军队投降的法军就达到约 10 000 人[②]。到了 8 月底，拿破仑在德累斯顿争取到的优势已经被其他法军将领一连串的失败葬送。9 月 6 日，由内伊和乌迪诺指挥的法军在丹讷维茨再次惨败于贝尔纳多特的瑞典军队。法军再次试图攻占柏林，拿破仑认为，如果法军能够再次占领柏林，普鲁士就会被迫退出战争。然而，内伊误入贝尔纳多特设下的陷阱，被普鲁士军队阻滞。随后，贝尔纳多特率领瑞典和俄罗斯军队抵达，法军从无掩护的侧翼方向被击溃。背叛拿破仑的贝尔纳多特已经是第二次击败法军了，对法军来说是灾难性的。法军在战场上损失了 50 门大炮、4 面象征荣誉的鹰旗和约 10 000 人[③]。法军在当晚和第二天一直遭到追歼，损失惨重。瑞典和普鲁士骑兵在追歼中又陆续抓获了约 13 000~14 000 名法军俘虏。内伊带着他剩

① Digby Smith. *The Greenhill Napoleonic Wars Data Book*[M]. London: Lionel Leventhal, 1998, p.446.

② David Chandler. *The Campaigns of Napoleon Vol. I and II*[M]. Torrington: Easton Press, 1991, p.912.

③ Hans Kléber. *Marschall Bernadotte, Kronprinz von Schweden*[M]. Stockholm: Perthes, 1910, p.469–479.

下的部队撤退到维滕贝格，没有再试图攻占柏林[①]。拿破仑将普鲁士赶出战争的企图失败了。他在德意志地区中部采取内线机动作战并调动敌人，迫使他们疲于奔命并露出破绽的作战计划也就随之失败了。在失去战争主动权后，拿破仑现在被迫集中军队，寻求在莱比锡进行决战，但是法军面临的形势越发恶化了。

贝尔纳多特的胜利消息鼓舞了整个德意志地区的民族主义者，法国在北德意志汉萨同盟城市实施的大陆封锁和惩罚性税收早已不受欢迎。现在，还在形式上忠于拿破仑的巴伐利亚也看到了获得自由的机会，它秘密和奥地利展开谈判，以局外中立换取奥地利对巴伐利亚领土安全的保证、对原巴伐利亚国王王位的保留[②]。在莱比锡会战中，萨克森、威斯特伐利亚等国的士兵大批临阵倒戈，巴伐利亚于 1813 年 10 月 8 日正式加入反法同盟[③]。法军在莱比锡会战中的失败标志着法国和拿破仑的彻底失败，在军事史上，它具有重要的意义。反法同盟方面在兵力上占有巨大优势，一个连年战争、力量消耗殆尽的国家，已不可能单独抵抗整个欧洲武装起来的各个民族对它的联合进攻。拿破仑的战术胜利于事无补，法国很快又落入 1793 年那样的危险境地。异民族的干涉军再次进入了国境线内。在德意志民族意识崛起的过程中，莱比锡会战也有重要的地位。在莱比锡会战中，出现了法兰西人、德意志人、俄罗斯人、瑞典人、意大利人、波兰人、奥地利国内各民族、英格兰人、爱尔兰人、西班牙人、葡萄牙人。可以说全欧洲所有主要的民族都参加了对法军的向心突击。在血与火的斗争中，德意志民族决心由他们自己而不是各域外大国来掌握自己的命运，但是在大陆封锁政策的整个生命周期里，它并没有什么独特的意义。它确实敲响了大陆封锁制

---

① Franklin Scott. *Bernadotte and the Fall of Napoleon*[M]. Cambridge: Harvard University Press, 1935, p.100.

② David Chandler. *The Campaigns of Napoleon Vol. I and II*[M]. Torrington: Easton Press, 1991, pp.916–917.

③ Plunket Barton. *Bernadotte: Prince and King 1810–1844*[M]. London: John Murray, 1925, pp.94–95.

度的丧钟，但它既不是对大陆封锁制度的总结，也没能指出大陆封锁必然走向失败的原因。

五、对大陆封锁政策的反思

《柏林敕令》的颁布标志着大陆封锁政策的正式形成，但它同样标志着英法两国的经济矛盾和斗争从常规转向极端。从这之后，法国对英国的经济封锁在很大程度上模仿了战争手段。经济封锁本身也变成了大国争霸战争的工具之一，这已经具备了后来第一次世界大战、第二次世界大战那种动员一切资源和力量为战争服务的"总体战"意味。拿破仑对英国采取的一切经济封锁都是为了削弱英国的战争能力，迫使英国停止对法国的战争并对法求和。可是，拿破仑在实际执行经济封锁时，真正能够打击的主要是英国一部分的对外贸易活动。在对外贸易受损后，英国的工商业运转所受到的打击是间接而非直接的，英国的军事能力因为经济被干扰确实受了一定影响，但这种影响远非决定性、毁灭性的打击。

英国是世界上第一个进行工业革命的国家，也是 19 世纪全球第一的经济体，它的强大综合国力和活跃的国际干涉能力源于它庞大的经济体量、高效的财政体系。英法两国公债利息率的差别、公债在金融市场运作中的表现差异等都是英法经济力量差异的折射。拿破仑在不能用武力直接打击英国本土的情况下，注意到了经济基础对一国国际活动能力的决定性作用，他根据英国依赖全球殖民体系和国际贸易的突出特点，把摧毁英国经济选定为击败英国的关键点。这种看法包含了对资本主义经济和政治体系已经跨出民族国家地理界限的准确认识，但是拿破仑用来攻击他所选定的这个弱点的武器却并不顺手，他所选择的封锁武器，内核仍然是上一个时代的那种重商主义。从经济思想史的角度讲，英国当时流行的最新经济学说已经今非昔比。英国经济学家已经认识到国际和国内分工所带来的经济发展动力（斯密动力），还逐渐发现了摆脱农业部门对工业部门增长率限制（即摆脱低水平均衡陷阱）的方法。他们在国际贸易的实践中观察到了生产效率全面落后的国家在面对先进国家时，也可以从国际贸易中获得对本国劳动时间的节省。这就意味着，除了绝对优势之外，在国际贸易中一定还存在着相对（比较）优势。作为拥有强大封建制度且革命较晚的工业革命后发国家，法国的工业发展程度还不够高，当时的客观条件限制了拿破仑所能接触到和所能理解的经济思想，正是客观条件的限制使得他不能真正完成保护法国弱质工业幼苗、加速完成法国工业化的任务。

如果不考虑指导思想的错误和匮乏，仅仅考虑封锁英国经济的技术手段，法国的表现也没有抓住重点。英国本土是个岛国，内部回旋余地较小。如果拿破仑能够通过海军建设和海战胜利掌握制海权，他就有希望切断英国同它的殖民地之间的经济联系，如此一来，英国经济和战争潜力的枯竭将更为直接，拿破仑也就不会为了仅仅影响英国对外贸易的一个组成部分而去征服整个欧洲大陆（并引起各民族人民的反对）。可是，拿破仑在没能掌握制海权、海军建设和海上战争屡次失败的情况下仍然决定对英国进行经济封锁。在英国的制海权和海军优势特别巨大的情况下，拿破仑强行实施大陆封锁的结果非常不妙。本来大陆封锁是法国对英国的一个进攻性措施，现在法国海军不能对英展开胜利的破交战，大陆封锁实际上变成了法国对自己和自己的盟友们进行自我设限，这个措施的性质变成了被迫的防御动作。

只有法国一家进行自我防御完全不可能打击到英国的经济，把欧洲大陆上的一部分国家纠集起来采取集体行动也还不够，英国的货币和商品完全可以通过走私和第三国转口顺利入境，拿破仑只有统一全欧洲，这种封锁才会在一定程度上打击到英国的经济实力。我们很难衡量这种打击将会在多大程度上限制英国的战争能力并使之对法求和，为了实施一个效果可疑的政策而付出与全欧洲为敌的代价显然是不明智的。

如果法国的工业革命进展神速、英法经济体量和技术水平接近的话，拿破仑的大陆封锁还应该能够坚持更长的时间。可是，我们知道法国的工业化进程还处在早期阶段，它还要依赖英国和英属殖民地的原料、机器、技术等的输入。由于法国的这种落后性，欧洲大陆各国即使在法国陆军的威压下被迫断绝了与英国的贸易，也不能指望会从法国那里拿到同样价廉物美的替代品。这些欧洲国家也完全无法指望由法国那落后的小规模工业体系消纳各国产出的原材料和农产品。拿破仑的经济民族主义使得这些问题愈发严重，法国工业品质次价高，欧洲各国的原料只能经指定的港口和运输路线，低价送给法国的工厂使用，为了保护法国小农的利益（他们是拿破仑忠实的拥护者），即便是这样的原料生意也不稳定。如有可能，法国工厂按种种偏心的政府规定，更倾向于使用本国的原料。一旦被拿破仑纳入大陆封锁体系内，欧洲大陆各国的经济活动和财政收入都必然蒙受巨大的损失。拿破仑在欧洲大陆的扩张涤荡了各国的封建势力，给各国带去了法国大革命的新思想、保护资产阶级利益的《民法典》，但是大陆封锁体系的扩张又马上反过来损害了这些国家的资产阶级。这些国家的封建主和资产阶级、市民阶层必然因为都讨厌拿破仑而临时团结起来，至于他们内部的矛盾，那是打败拿破仑以后才要去考虑的远期问题。大陆封锁制度变成了完全不得人心而只是依靠法军武力才能维持存在的一种强加在各国头上的枷锁。

法军武力在欧洲不同国家得以实现的形式各有不同，主要有吞并、扶植傀儡、占领、胁迫式结盟等。欧洲大陆各国为了维护自身利益，明里暗里采取各种手段破坏或绕过大陆封锁体系，为了维持这个体系，拿破仑不得不一步一步走上了征服全欧洲的道路，然而随着战争迁延日久，法军兵员的质量每况愈下。法军每向前推进一点，它所要驻扎的地方也越多，处处皆备的结果是使法军很快就过度分散了兵力，变得处处皆寡。以老兵带领新兵在战争中学习战争曾经是法军行之有效的练兵方法，军队过度分散之后，老兵在一处处小股部队里所占的比例也越来越低。经过战争消耗之后，法军终于在1809年迎来了只有新兵而无老兵的师级部队，法军征兵的年龄限制也一再下调。法兰西帝国越来越依靠三心二意的附庸国提供兵力支援。如果拿破仑能一直取胜倒还罢了，一旦他陷入某种进退不得的两难境地，就必须要担心自己的后方是否安全。当混合了许多仆从国部队的法军真的失败，军队中真正的法国人绝对会感到不安。正是德意志各个邦国在莱比锡的阵前倒戈造成了完全由真正法国人承担的无法挽回的损失。在德累斯顿战役中，拿破仑还可以拿惨胜中有许多损失并非法国人而是德意志人来安慰自己。在莱比锡，他就再也不能这样故作轻松了，欧洲各民族对法军发动向心突击所带来的损失现在要由法国人自己承担了。在没有远距离即时通信（信息传输）手段的 19 世纪初，你可以在短时间内大规模占领新的土地，但长期维持对新征服地区的统治是一件成本高昂的苦差事。最终，你将不得不依赖本地新组建的附庸政权，或依靠从旧领土迁来的本民族核心人口，这需要时间，而我们知道，在同一次又一次重建起来的反法同盟作战时，拿破仑所缺乏的正是时间。地理距离给征服者带来的暴虐直到 19 世纪末人类发明电报之后才逐渐消退，拿破仑显然等不到那个时候。为了确保大陆封锁制度得到执行，拿破仑不得不长期维持着对远方成本高昂的占领。如果他后退一步，欧洲大陆就会出现能同英国展开自由贸易的地方，英国的商品就会从这个破口如潮水般涌入并最终冲垮大陆封锁的堤坝。到了这一步，拿破仑原本计划用来促成欧洲各国一致反英的制度最终演变成了促使他们一致反法的动因。

六、大陆封锁政策的遗产

拿破仑帝国的灭亡和拿破仑个人的悲剧给我们留下了深刻的教训。战争是政治的延续，政治这种上层建筑又由经济基础决定。如果一个国家的经济政策出现了重大偏误而又无法被纠正，它暂时取得的那些成果都将在未来重新丧失。这种国家和民族的悲剧甚至强烈到能够影响未来几个世纪国家的发展。

在古典王朝时代，一个国家往往会追求把自己的实际控制范围扩大到自然地理条件所允许的最大限度，罗马帝国鼎盛时期的情况正是如此。它向东和向北扩张到了葡萄和小麦所能生长的最远地方，向南受到撒哈拉沙漠的阻挡，向西来到了陆地尽头的大西洋之滨。拿破仑自比亚历山大和凯撒，继承了历代法国统治者关于王朝自然疆界的认识。从中世纪晚期开始，西法兰克人的国家就在稳步迈向自己的自然疆界。大革命前的法国边界已经向西和向北抵达了大西洋。在西南方向，它遇到了比利牛斯山的阻碍。在东南方向，它遇到了阿尔卑斯山。历代法国君主所未能实现的唯一开放边界地带只剩下了东面，以莱茵河为界是一个伟大的梦想。可是，要实现这个梦想，就要完全吞并比利时、荷兰，并部分吞并邦国林立的德意志地区、瑞士地区。1794年，法军为反对外国干涉法国革命而打进莱茵地区，到法国于1797年沉重打击奥地利在意大利的势力并成功粉碎第二次反法同盟时为止，法国已经基本实现了统治莱茵河左岸的目标。此后，虽然欧洲列强对于法国扩张到自然疆界线的结果感到不满，它们却并不是为了改变这种态势才组织起新的反法同盟。即便是在拿破仑兵败莱比锡之后，第六次反法同盟仍然愿意让法国保留自然疆界。联军于1814年进展过于迅速并进入法国本土的现实才刺激了各国（尤其是俄国和奥地利）的野心，最终促使反法同盟各国提出要求法国缩回1792年国界线之内的新条件。在此之后，法国人自16世纪以来的扩张成果丧失殆尽，沉重的赔款负担给法国人民带来了战争创伤之外新的苦难，法国工业化的又一次尝试失败了。

法国的农民因为获得了国家的土地，衷心拥护拿破仑，他们即便在1814年和1815年的困境中也属于最坚决的爱国者，可是拿破仑战争带来的生命损失将伴随他们许多年。拿破仑建立起来的倾向维护小农的体制在将来将成为阻碍法国资本主义商品化大农业发展、迫使拿破仑三世持续支付大量财政补贴成本的陷阱。法国的商业资产阶级反对大陆封锁制度并因此而反对拿破仑个人。法国的工业资产阶级拥护大陆封锁制度中使法国人高人一等的经济民族主义部分，但他们对封锁造成的原材料短缺怨声载道。小市民、小资产阶级知识分子讨厌拿破仑对新闻和出版物的检查。工人群众感激拿破仑带来的劳动条件改善和工资上涨，但讨厌带有强迫劳动性质的劳动手册所规定的条条框框。拿破仑垮台的原因不在于法国人民有什么不忠的缺点，而在于他自己违背了资本主义制度发展的历史性的要求和规律，妄图以大陆封锁制度来长期将法国和欧洲各国隔绝在资本主义世界市场和世界体系之外。

法国的大陆封锁、英国对反法各国的经济援助等都属于一种全新形式的外交活动——经济外交。在拿破仑统治的时期，经济外交乃至经济战的手段在实践中得到了快速完善和发展，国与国之间的经济关系在国际关系中越来越受到重视，通过政治协调和外交活动保护和争取本国经济利益越来越常见。经济政策及其外交策应也成为一国实现自己国家利益的重要手段，经济发展越来越成为外交政策所追求的目标，经济基础也成为一国国际诉求的根本来源。

在欧洲，大陆封锁制度的建立与衰败最终塑造了国际政治、经济的新秩序。在政治上，法国大革命之前的旧的欧洲秩序被扫荡一空，扫荡这种旧秩序的法国革命力量也消失了，拿破仑所塑造的短暂辉煌消退了，英国在欧洲大陆的地缘政治棋盘上再也找不到能够挑战自己的实质性威胁。然而，民族主义和民族解放的浪潮塑造出许多新的追随本国根本利益的新型国家。在拿破仑崩溃后的欧洲大陆上，它们实力相近，行事风格各有不同，不受原来至高无上的封建道德、贵族体面、宗教信条等的约束。英国对欧洲大陆外交政策的精髓固然是去挑起矛盾并防止那里出现一个统一的强权，过分碎片化的欧洲却有着更多的不可控因素。英国想继续在欧洲大陆边缘操纵离岸平衡外交的难度陡然加大，各中等强国对欧洲大陆霸权的争夺最终将演绎出世界大战的序章。在世界大战之后，无人愿意再去拾起滚落满地的王冠。

在欧洲之外，大陆封锁体系的兴起与衰落间接影响了美国崛起的进程。法国大革命前的财政危机有很大一部分可以归因于王室政府对美国独立的干涉投资。由于法国在美洲的力量不足且海军不够强大，它在路易斯安那地区的命运不得不仰赖英法之间能够维持和平友好，而我们知道，英国在1803年所采取的敌意举措迫使拿破仑最终不得不把根本没有希望可以保住的路易斯安娜地区整个儿地卖给了美国。站在拿破仑的角度上，这是一笔合算的买卖，能把自己注定保不住的东西抢在真的失去之前卖出合适的价格，那就等于是大赚。英法将来爆发战争时，一个强大的美国看来有希望替法国转移英国的注意力并发挥相当的牵制作用。美法友好使得法国能够指望美国支持（或者至少不反对）自己的大陆封锁政策。出卖路易斯安娜的收入充实了拿破仑的军费，为他在1805—1807年间成功的军事行动提供了助力。对美国而言，这也是一次成功的外交和经济合作，购地之后，美国国土面积扩大了一倍，国土防御纵深问题突然得到解决，美国继续西进的通道已经打开，西部天量的自然资源将成为美国经济快速发展的基础，两大洋环抱的美国将成为欧洲人力、资本与技术面临战火时的天然之选。

在经济理论及其实践方面，法国为了建立和执行大陆封锁政策，认真调查研究了英国经济的特点和结构。英国在反封锁和破坏大陆封锁制度的过程中，也研究和利用了法国和欧洲大陆其他君主国经济的弱点。英镑、黄金、武器装备、走私带来的利益和大宗商品都可以用来武装反法的军队，并引诱不坚定的各国君主及其臣民。残酷经济战的考验大大加强了英镑、英国国债、英格兰银行在世界资本主义经济体系中的地位。英国的金本位靠着这种优势，压过了法国的金银复本位，国际金本位奠基于此。英国的金融制度在经济战中展现出了自身的韧性与价值。金融工具、国家对金融活动的安排与调控作为国家力量的倍增器，逐渐得到各国重视。始于荷兰的金融革命经由英国人之手，开始席卷欧洲大陆。金融创新、资本主义金融业活动的发展加快了欧洲各国力量对比的变动速度，也有利于这些国家的工业化进程。拿破仑的大陆封锁虽然失败了，他的经济民族主义、保护弱质新兴产业等思想却后继有人。1841年，弗里德里希·李斯特写出了《政治经济学的国民体系》（*The National System of Political Economy*）一书，这是资产阶级政治经济学历史学派的重要著作。它系统阐述了保护尚处于幼稚时期的工业以促进后发国家工业化的理论。李斯特以生产力理论为基础，建立了一整套关于不同国家处于不同历史演进阶段、批判继承和吸收古典经济学派的自由贸易理论、通过实施保护性关税制度来促进一国初创期弱势工业继续发展的理论。

尾 声

总的来说，拿破仑个人的命运与他的资产负债表表现密切相关，但他并不是一个精通个人财务规划的人，在他统治法国的时段内，法国的财政、经济情况有过为数不多的亮点，但总体上仍然是负面的，这也足以说明他不是一个杰出的经济学家或财政学者。他的财税改革、经济建设、大陆封锁政策等都可以被看成是别无选择时的最后手段，是战争和经济混乱催生的特殊处置方法。拿破仑的大陆封锁政策未能摧毁英国或迫使它向法国求和。复辟的波旁王朝却不得不沿袭了拿破仑的保护主义，在复辟之初立刻重拾保护性关税政策。拿破仑的最持久影响是使法国的工商业发展方向发生了显著的变化，工商业繁荣地区从大西洋沿岸转向了内陆。这种转变加强了法国东北部省份在国家经济和政治生活中的重要性，西南部地区成为法国较为落后的地方。

在帝国崩溃之后，也有一些正面的遗产幸存下来，拿破仑制定的法典和他确立的大部分司法体系得到了保留，通过将国家划分为直属中央的省，法国完成了国家集权，在金融和货币改革中诞生的法兰西银行、"芽月法郎"的寿命比帝国长得多。部分"芽月法郎"作为法定货币的地位直到20世纪20年代末才被取消。拿破仑与教皇达成的《1801年教务专约》保证了政教分离和国家对社会公共生活的主导。这些拥有长久生命力的遗产都有一个共同的特点——它们虽然在设计之初是为战争服务的，但却不直接源自战场。

拿破仑毫无疑问是伟大的军事家和独裁者，但他做了许多额外的工作使自己变得更加符合当时的文明标准。这是他那个时代所流行的启蒙思想和理性主义投射在他身上所形成的光环。他的影响最终对法国乃至欧洲是更具建设性还是更具破坏性？这取决于读者采取什么样的认识方式和道德假设。历史事实本身不容许假设，但历史人物采取行动的动机和道德标准却留有供人想象的空间。对于那些重视强大祖国和宏大叙事的人而言，法兰西第一帝国和拿破仑个人的事迹令人回味无穷而又扼腕叹息，已经成为法国历史上反复出现并被赞颂的主题。

·附　录·

法国大革命以来的重要战役年表（1792—1815）

1792 年

4 月 19 日：布伦瑞克公爵入侵法国。

4 月 20 日：法国对奥地利宣战。

4 月 29 日：法军反攻进入弗兰德斯，但在瓦朗谢讷被奥地利军队阻击。

5 月 15 日：法国对撒丁王国宣战。

5 月 18 日：俄军入侵波兰。

6 月 18 日：法军攻入奥属尼德兰，并占领科特赖克。

6 月 26 日：奥地利、普鲁士组成第一次反法同盟。

6 月 29 日：法军撤离科特赖克。

7 月 24 日：普鲁士对法国宣战。

8 月 1 日：普奥联军跨过莱茵河。

9 月 20 日：瓦尔米之战开始；法军第一次试图入侵意大利。

9 月 22 日：法国宣布采用共和制。

9 月 25 日：反法联军攻击里尔。

9 月 28 日：法军占领尼斯。

10 月 6 日：反法联军撤离里尔。

10 月 20 日：法军占领美因茨和法兰克福。

10 月 22 日：普鲁士军队逃出法国国境。

11 月 6 日：法军在奥属尼德兰作战，攻击热马普。

11 月 15 日：法军占领布鲁塞尔。

11 月 20 日：法军宣布解放并开放斯海尔德。

12 月 1 日—16 日：法军从莱茵河东岸被击退。

12 月 2 日：法国完全占领奥属尼德兰。

1793 年

1 月 20 日：路易十六被砍头。

1 月 23 日：俄国、普鲁士第二次瓜分波兰。

2 月 1 日：法国对英国、荷兰联合省宣战。

3 月 6 日：马斯特里赫特战役爆发。

3 月 7 日：法国对西班牙宣战。

3 月 10 日：旺代保王党分子暴乱。

3 月 18 日：尼尔温登战斗打响。

4 月 5 日：迪穆里埃叛逃到反法联军一边。

4 月 6 日："公安委员会"在巴黎成立。

4 月 14 日：反法联军包围美因茨。

4 月 15 日：英国在加勒比海地区与法国开战，攻击多巴哥。

5 月 8 日：圣阿曼达之战爆发

6 月 5 日：英军占领法属圣多明各殖民地首府太子港。

6 月 28 日：反法联军占领瓦朗谢讷。

7 月 17 日：比利牛斯山脉方向爆发佩皮尼昂战役。

7 月 21 日：反法联军占领美因茨。

8 月 28 日：土伦城向英国和西班牙联合远征军投降；勒凯努瓦被围。

8 月 29 日：敦刻尔克被围。

9 月 8 日：洪斯霍特战斗爆发，敦刻尔克之围被解除。

9 月 11 日：勒凯努瓦向反法联军投降。

9 月 22 日：比利牛斯山脉方向爆发特鲁亚斯战役。

10 月 8 日：里昂保王党叛乱结束。

10 月 15 日—16 日：奥属尼德兰方向爆发瓦蒂涅战斗。

12 月 19 日：反法联军撤出土伦城，保王派平民随行。

12 月 23 日：旺代暴乱结束。

12 月 26 日：莱茵河方向爆发盖斯堡之战。

1794 年

4 月 1 日：英军在加勒比海地区占领法属圣卢西亚。

4 月 20 日：英军在加勒比海地区占领法属瓜德罗普。

4 月 26 日：奥属尼德兰方向爆发兰德西斯之战。

4 月 29 日—30 日：比利牛斯山脉方向爆发勒布卢之战。

5 月 11 日：奥属尼德兰方向爆发科特赖克之战。

5 月 18 日：奥属尼德兰方向爆发图尔昆之战。

5 月 23 日：奥属尼德兰方向爆发图尔奈之战。

6 月 1 日：乌尚特之战爆发。

6 月 6 日：法军在意大利发动新攻势。

6 月 26 日：奥属尼德兰方向爆发弗勒鲁斯之战。

7 月 27 日："热月政变"爆发，罗伯斯庇尔次日被处决。

8 月 1 日：比利牛斯山脉方向爆发圣马夏尔之战。

8 月 10 日：英军占领科西嘉岛。

8 月 25 日：法军入侵荷兰。

8 月 29 日：法军夺回瓦朗谢讷。

10 月 5 日：波兰暴动达到高潮，在马切约维采爆发战斗。

10 月 6 日：法军夺回法属瓜德罗普。

10 月 9 日：法军占领科隆。

11 月 4 日—5 日：波兰暴动持续，在布拉格爆发战斗。

11 月 18 日：法军占领荷兰奈梅亨。

11 月 26 日：法军在比利牛斯山脉方向取得进展，占领菲格雷斯。

12 月 10 日：法军再次夺回法属瓜德罗普。

1795 年

1 月 3 日：俄罗斯、普鲁士、奥地利第三次瓜分波兰。

1 月 20 日：法军占领阿姆斯特丹。

1 月 30 日：法军骑兵在特塞尔俘虏了荷兰舰队。

2 月 3 日：法军在比利牛斯山脉方向占领罗萨斯。

3 月 13 日—14 日：热那亚湾之战。

3 月 25 日：英国派往弗兰德斯的远征军被迫从不莱梅经海路撤回英国。

4 月 5 日：法国与普鲁士签署《巴塞尔条约》（*Treaty of Basle*）

4 月 25 日：法军在比利牛斯山脉方向开始沿弗鲁维亚河攻击前进。

6 月 17 日：贝尔岛之战。

6 月 19 日：法军夺回圣卢西亚。

6 月 23 日：格鲁瓦岛战役。

6 月 27 日：英国在法国海岸的基伯龙湾将法国保王党的军队运送上岸。

7 月 17 日：耶尔之战。

7 月 21 日：法军击败基伯龙湾地区的保王党叛军。

7 月 22 日：法国和西班牙在巴塞尔缔结和约。

8 月 1 日：英军入侵荷兰殖民地锡兰（今斯里兰卡）。

9 月 6 日：法军沿莱茵河攻击前进。

9 月 14 日：英国远征军夺取荷兰在非洲南部的开普殖民地。

10 月 1 日：法国吞并比利时。

10 月 5 日：拿破仑在巴黎街头向本国人民开炮，镇压了葡月政变。

10 月 27 日：督政府在巴黎掌握了国家最高权力。

11 月 23 日：洛阿诺之战。

1796 年

2 月 14 日：英国远征军占领锡兰。

3 月 2 日：拿破仑接管法军意大利方面军。

3 月 9 日：约瑟芬与拿破仑结婚。

4 月 11 日：拿破仑在意大利前线开战。

4 月 12 日：蒙特诺特战役。

4 月 14 日—15 日：第二次德戈战役。

4 月 16 日—17 日：切瓦战役。

4 月 21 日：蒙多维战役。

4 月 28 日：皮埃蒙特和法国在凯拉斯科缔结和平协议。

5 月 8 日：法军抵达科多尼奥。

5 月 10 日：洛迪之战。

5 月 13 日：法军占领米兰。

5 月 26 日：英军夺回圣卢西亚。

5 月 30 日：博尔盖托之战爆发，第一次曼图亚之围开始。

6 月 3 日：英军在加勒比海地区占领圣文森特。

6 月 4 日：莱茵河方向爆发第一次阿尔滕基兴战役。

6 月 28 日：米兰要塞向法军投降。

7 月 5 日：莱茵河方向爆发拉施塔特之战。

7 月 9 日：莱茵河方向爆发埃特林根之战。

7 月 14 日：莱茵河方向爆发哈斯拉赫之战。

7 月 31 日：法军放弃围困曼图亚。

8 月 3 日：意大利前线发生洛纳托之战。

8 月 5 日：意大利前线发生卡斯蒂廖内战役。

8 月 7 日：莱茵河方向爆发福尔海姆之战。

8 月 11 日：莱茵河方向爆发内雷斯海姆之战。

8 月 17 日：荷兰舰队在开普殖民地向英军投降。

8 月 19 日：法国和西班牙缔结《圣伊尔德丰索条约》。

8 月 24 日：法军再围曼图亚；莱茵河方向发生弗里德堡之战、安贝格
　　　　　之战。

9 月 3 日：莱茵河方向发生维尔茨堡之战。

9 月 4 日：莱茵河方向发生罗韦雷托之战。

9 月 8 日：意大利前线发生巴萨诺之战。

10 月 2 日：莱茵河方向爆发比伯拉赫之战。

10 月 8 日：西班牙对英国宣战。

10 月 10 日：法国和那不勒斯缔结的和平协定。

10 月 19 日：莱茵河方向爆发埃门德林根之战。

10 月 23 日：莱茵河方向爆发施林根之战。

11 月 2 日：法军在英军撤退后接管科西嘉岛。

11 月 12 日：意大利前线发生卡尔迪罗战役。

11 月 15 日—17 日：意大利前线发生阿尔科拉战役。

11 月 17 日：俄罗斯沙皇叶卡捷琳娜二世去世。

12 月 22 日：法国海军出现在爱尔兰海岸的班特里湾附近。

1797 年

1 月 14 日至 15 日：意大利前线发生里沃利之战。

2 月 2 日：曼图亚向法军投降。

2 月 14 日：西班牙沿海发生战斗。

297

2 月 17 日：英国在加勒比海地区占领特利尼达。

2 月 19 日：法国与教皇国达成和平协议。

2 月 22 日：法国远征军在威尔士海岸登陆。

2 月 24 日：法军在威尔士向英国农妇投降并被移交给英军。

4 月 16 日：斯皮特黑德锚地英国海军船员爆发兵变。

4 月 17 日：法国和奥地利在莱奥本缔结初步的和平草案。

4 月 18 日：第二次阿尔滕基兴战役。

4 月 20 日：迪尔斯海姆战役。

5 月 12 日：诺尔锚地英国海军船员爆发兵变。

5 月 15 日：斯皮特黑德兵变结束。

6 月 15 日：诺尔兵变结束。

10 月 11 日：英国海军分舰队与荷兰海军分舰队爆发坎珀当海战。

10 月 17 日：法国和奥地利缔结《坎波福尔米奥条约》（*Treaty of Campo Formio*）。

1798 年

5 月 19 日：法国远征军离开土伦港，前往埃及。

5 月 24 日：爱尔兰爆发反英起义。

6 月 12 日：法军在远征埃及途中占领马耳他岛。

7 月 1 日：法国远征军抵达埃及。

7 月 13 日：在前往开罗途中，法军取得舒卜拉希特战役胜利。

7 月 21 日：金字塔之战。

7 月 22 日：法军占领开罗。

8 月 1 日：尼罗河之战。

8 月 22 日：法国远征军在爱尔兰海岸的基拉拉湾登陆。

9 月 8 日：法军在爱尔兰向英军投降。

9月9日：奥斯曼帝国对法国宣战。

10月12日：爱尔兰海岸附近爆发多尼戈尔之战。

11月19日：英军占领梅诺卡岛。

11月23日：那不勒斯军队向北打击意大利中部。

11月29日：那不勒斯军队占领罗马。

12月13日：那不勒斯军队撤离罗马。

1799年

1月23日：法国在前两西西里王国（那不勒斯）建立了帕特诺佩共和国。

2月10日：法军在叙利亚展开行动。

3月12日：法国对奥地利宣战。

3月17日：法国围攻叙利亚海岸的阿卡。

3月21日：莱茵河奥斯特拉赫之战。

3月25日：莱茵河施托卡赫之战。

3月30日：意大利维罗纳之战。

4月5日：意大利马格纳诺之战。

4月15日：俄军抵达意大利。

4月26日：意大利卡萨诺之战。

4月29日：反法联军占领米兰。

5月20日：法军撤除对叙利亚阿卡的围困。

6月4日—7日：第一次瑞士苏黎世战役。

6月18日—19日：意大利特雷比亚之战。

6月21日：意大利圣朱利亚诺之战。

7月15日：奥斯曼帝国军队在埃及阿布基尔湾登陆。

7月25日：法军对奥斯曼军在阿布基尔设置的阵地发动进攻。

8月2日：法军占领阿布基尔。

8月15日：意大利诺维之战。

8月24日：拿破仑离开埃及，返回法国。

8月26日：法军在莱茵河方向攻击曼海姆。

8月27日：英国远征军从荷兰北部海岸登陆；俄军从意大利出发前往瑞士；俄国开始组织安排各国在英法之间武装中立事宜。

8月30日：英国中队在赫尔德夺取荷兰舰队。

9月18日：法军攻克曼海姆。

9月19日：荷兰卑尔根战役。

9月25日—26日：第二次瑞士苏黎世战役。

10月9日：拿破仑在法国登陆。

10月10日：英俄联军与法军局部议和，将从荷兰北部撤离。

11月9日—10日：雾月政变，执政府上台。

12月25日：拿破仑担任第一执政。

1800 年

1月24日：英法达成关于埃及问题的《阿里什条约》。

3月20日：埃及赫利奥波利斯战役。

4月20日：反法联军围困意大利热那亚。

5月15日：法军进入阿尔卑斯山的大圣伯纳德山口。

6月2日：法军再占米兰。

6月4日：法军收复热那亚。

6月9日：蒙特贝罗战役爆发。

6月14日：马伦戈战役开始；克莱贝尔在开罗遇刺身亡。

6月15日：奥地利与法国停火并同意撤出北意大利。

6月19日：莱茵河方向爆发霍赫施塔特战役。

7月28日：法国人和奥地利人在莱茵河前线达成休战协议。

9 月 5 日：驻马耳他法军向英军投降。

12 月 3 日：莱茵河方向再次开战，霍恩林登战役开始。

12 月 16 日：丹麦和瑞典加入俄国倡导的武装中立。

12 月 18 日：普鲁士加入武装中立。

12 月 25 日：法国与奥地利休战。

1801 年

1 月 1 日：《联合法案》（*Act of Union*）将爱尔兰并入英国。

2 月 4 日：英国首相威廉·皮特辞职，由亨利·阿丁顿接任。

2 月 8 日：法国和奥地利达成《吕内维尔条约》（*Treaty of Lunéville*），获得
暂时的和平。

3 月 8 日：英国远征军登陆埃及。

3 月 20 日—21 日：埃及亚历山大之战。

3 月 23 日：俄国沙皇保罗一世被暗杀。

3 月 28 日：法国与那不勒斯签署《佛罗伦萨条约》，归于和平。

4 月 2 日：丹麦哥本哈根之战。

7 月 6 日：第一次西班牙阿尔赫西拉斯海岸之战。

7 月 12 日：第二次西班牙阿尔赫西拉斯海岸之战。

7 月 15 日：拿破仑与教皇达成《1801 年教务专约》。

8 月 31 日：驻埃及法军向英军投降。

10 月 1 日：英法《亚眠条约》主要条款议定。

1802 年

2 月 5 日：法国远征军在加勒比海地区圣多明各登陆。

3 月 25 日：《亚眠条约》最终版确定。

8 月 2 日：拿破仑担任终身执政官。

10 月 15 日：法军入侵瑞士。

1803 年

5 月 2 日：美国同意购买法属路易斯安。

5 月 18 日：英国向拿破仑宣战。

1804 年

1 月 1 日：法属圣多明各殖民地宣布独立，自称海地。

3 月 21 日：《民法典》颁布；昂吉安公爵路易·安托万被处决。

5 月 18 日：拿破仑称帝。

5 月 19 日：法国拟定元帅制度。

12 月 2 日：拿破仑加冕典礼举行。

12 月 12 日：西班牙对英国宣战。

1805 年

4 月 11 日：英俄缔结同盟条约。

5 月 26 日：拿破仑加冕为意大利国王。

7 月 22 日：在法国海岸附近发生菲尼斯特雷战役。

8 月 9 日：奥地利加入英俄同盟条约，组成第三次反法同盟。

8 月 26 日：法国原定用于远征英国的大军团离开法国一面的英吉利海峡沿
岸，被调往多瑙河沿岸。

8 月 31 日：英国和瑞典缔约，瑞典向反法同盟提供军队，英国提供资金
补贴。

9 月 8 日：奥地利军队进入巴伐利亚。

10 月 3 日：瑞典正式加入第三次反法同盟。

10 月 20 日：奥地利军队在乌尔姆向法军投降。

10 月 21 日：特拉法尔加海战。

10 月 29 日—31 日：第二次意大利卡尔迪罗战役。

11 月 4 日：西班牙海岸附近发生奥尔特加尔角战斗。

11 月 5 日：巴伐利亚阿姆施泰滕战役。

11 月 11 日：巴伐利亚杜伦施泰因战役。

11 月 12 日：法军占领维也纳。

11 月 15 日：巴伐利亚霍拉布伦战役。

12 月 2 日：奥斯特里茨会战。

12 月 3 日：奥地利向法国求和。

12 月 26 日：法国和奥地利缔结《普雷斯堡条约》(*Treaty of Pressburg*)。

1806 年

1 月 23 日：威廉·皮特去世。

2 月 6 日：英法在加勒比海进行小规模海战。

3 月 30 日：约瑟夫·波拿巴加冕为那不勒斯国王。

6 月 5 日：路易·波拿巴加冕为荷兰国王。

7 月 6 日：南意大利麦达之战。

7 月 9 日：英国远征军占领阿根廷布宜诺斯艾利斯。

7 月 25 日：拿破仑创设莱茵邦联。

8 月 6 日：神圣罗马帝国停止存在。

10 月 8 日：法国军队在前往普鲁士的途中进入萨克森。

10 月 10 日：法军在萨尔费尔德作战。

10 月 14 日：耶拿和奥尔施泰特的双重战役。

10 月 17 日：哈雷之战。

10 月 20 日：法军包围马格德堡。

10 月 27 日：拿破仑进入柏林。

10 月 28 日：普鲁士军队在普伦茨劳投降

11 月 1 日：拿破仑颁布《柏林敕令》。

11 月 6 日：普鲁士军队在吕贝克附近继续投降。

11 月 11 日：马格德堡守军投降。

11 月 28 日：法军进入华沙。

12 月 26 日：东普鲁士普尔图斯克和戈利明战役。

1807 年

2 月 3 日—8 日：法军在东普鲁士继续作战。

2 月 19 日：英国海军进入达达尼尔海峡。

3 月 18 日：法军包围但泽。

5 月 27 日：但泽投降。

6 月 10 日：海尔斯贝格之战。

6 月 14 日：弗里德兰之战。

6 月 25 日：拿破仑和沙皇亚历山大在涅曼河相遇。

7 月 7 日：法俄签署《提尔西特条约》，两国恢复和平。

7 月 9 日：普鲁士加入《提尔西特条约》，两国恢复和平。

7 月 19 日：法国对葡萄牙发出最后通牒，要求其遵守大陆封锁的要求。

9 月 2 日—5 日：英国海军炮击哥本哈根。

10 月 27 日：法国和西班牙缔结《枫丹白露条约》。

11 月 23 日：拿破仑颁布第一次《米兰敕令》。

11 月 30 日：法军进入葡萄牙首都里斯本。

12 月 17 日：拿破仑颁布第二次《米兰敕令》。

1808 年

2 月 16 日：法国开始入侵西班牙。

3 月 17 日：西班牙国王查理四世退位。

3 月 24 日：法军进入马德里。

4 月 17 日：巴约讷会议开幕。

5 月 2 日：马德里人民大起义。

6 月 6 日：约瑟夫·波拿巴加冕为西班牙国王。

6 月 15 日：法军第一次包围萨拉戈萨。

7 月 14 日：麦地那·德尔·里奥·塞科战役。

7 月 20 日：法国在拜伦投降

8 月 1 日：缪拉成为那不勒斯国王；英军在葡萄牙登陆。

8 月 16 日：罗利萨之战。

8 月 17 日：法军放弃对萨拉戈萨的包围。

8 月 21 日：维米耶罗之战。

8 月 22 日：《辛特拉公约》（*Convention of Cintra*）缔结。

9 月 27 日：拿破仑和沙皇亚历山大举行爱尔福特会议。

11 月 5 日：瓦尔梅塞达之战。

11 月 10 日：埃斯皮诺萨·德洛斯·蒙特罗斯和加莫纳尔战役。

11 月 23 日：图德拉之战。

11 月 29 日：法军在索莫西耶拉作战。

12 月 20 日：法军第二次包围萨拉戈萨。

12 月 21 日：萨阿贡之战。

1809 年

1 月 16 日：科鲁尼亚战役。

2 月 20 日：萨拉戈萨向法军投降。

3 月 28 日：麦德林之战。

4 月 11 日—16 日：英国海军袭击巴斯克地区。

4 月 16 日：萨西尔之战。

4 月 20 日：阿本斯贝格之战。

4 月 21 日：法国军队占领兰茨胡特。

4 月 22 日：韦尔斯利接管在葡萄牙的英国军队。

4 月 23 日：雷根斯堡之战。

5 月 3 日：埃伯斯贝格战役。

5 月 12 日：波尔图战役。

5 月 13 日：法军占领维也纳。

5 月 21 日：阿斯佩恩—埃斯林战役。

6 月 14 日：拉布之战。

7 月 5 日—6 日：瓦格拉姆战役。

7 月 10 日—11 日：兹奈姆之战。

7 月 12 日：法奥停战。

7 月 27 日—29 日：塔拉韦拉之战。

10 月 14 日：法奥签署《美泉宫条约》。

11 月 19 日：奥卡尼亚战役。

12 月 15 日：拿破仑与约瑟芬离婚。

1810 年

2 月 5 日：法国在西班牙加的斯进行军事建设。

2 月 20 日：法国处决蒂罗尔叛军领导人安德烈亚斯·霍费尔。

4 月 2 日：拿破仑与路易丝结婚

7 月 1 日：路易·波拿巴放弃荷兰王位并退位。

7 月 9 日：法国吞并荷兰。

9 月 27 日：布萨科之战。

10 月 10 日：法军抵达托雷斯韦德拉斯防线前沿。

11 月 16 日：法军从该防线撤退。

1811 年

1 月 26 日：法国围攻巴达霍斯。

3 月 5 日：巴罗萨之战。

3 月 9 日：巴达霍斯向法军投降。

3 月 11 日："罗马王"出生。

5 月 7 日：英军围困巴达霍斯。

5 月 16 日：阿尔布埃拉之战。

6 月 20 日：法军解围巴达霍斯。

9 月 25 日：埃尔博东战役。

1812 年

1 月 20 日：威灵顿公爵攻占罗德里格城。

3 月 16 日：威灵顿再次围困巴达霍斯。

5 月 28 日：《布加勒斯特条约》（*Treaty of Bucharest*）结束了俄土战争。

6 月 19 日：美国对英国宣战。

6 月 22 日：拿破仑开始远征俄国。

6 月 28 日：法国占领维尔纳。

7 月 8 日：法军占领明斯克。

7 月 22 日：萨拉曼卡之战。

7 月 25 日—26 日：奥斯特罗诺沃之战。

7 月 28 日：法军占领维捷布斯克。

8 月 8 日：因科沃战役。

8 月 12 日：威灵顿进入马德里。

8 月 14 日：第一次克拉斯尼之战。

8 月 16 日—18 日：波洛茨克战役。

8 月 24 日：法军放弃对加的斯的围困。

8 月 26 日：库图佐夫被任命为俄罗斯总司令。

9 月 7 日：博罗季诺战役。

9 月 14 日：法军占领莫斯科。

9 月 19 日：威灵顿围攻布尔戈斯。

10 月 18 日：温科沃战役。

10 月 19 日：法军放弃莫斯科并向西撤退。

10 月 21 日：威灵顿从布尔戈斯撤退。

10 月 24 日：马洛亚罗斯拉维茨战役。

10 月 30 日：威灵顿放弃马德里。

11 月 17 日：第二次克拉斯尼之战。

11 月 25 日—29 日：法军渡过别列津纳河。

12 月 5 日：拿破仑离开征俄军团并提前返回巴黎。

12 月 8 日：法国军队抵达维尔纳。

12 月 14 日：最后一批法军渡过涅曼河。

12 月 28 日：普鲁士与俄国签署《陶罗根协定》。

1813 年

2 月 7 日：俄军进入华沙。

3 月 12 日：法军放弃汉堡。

3 月 13 日：普鲁士对法国宣战。

3 月 27 日：反法联军占领德累斯顿。

4月3日：莫克恩之战。

5月2日：吕岑之战。

5月8日：法军占领德累斯顿。

5月20日—21日：包岑之战。

5月27日：法军放弃马德里。

6月2日：英军围攻塔拉戈纳。

6月4日：法国与反法联军在德意志地区暂时停战。

6月12日：英军撤除对塔拉戈纳的围困；法国人撤离布尔戈斯。

6月21日：维托利亚之战。

6月28日：圣塞巴斯蒂安被英军围困。

6月30日：潘普洛纳被英军围困。

7月7日：瑞典加入第六次反法同盟。

7月19日：奥地利同意加入反法同盟。

7月28日—30日：索拉伦之战。

8月12日：奥地利对法国宣战。

8月23日：格罗斯比伦之战。

8月26日：皮尔纳战役。

8月26日—27日：德累斯顿会战。

8月30日：库尔姆之战。

8月31日：英军占领圣塞巴斯蒂安；维拉之战；圣马夏尔之战。

9月6日：丹讷维茨之战。

10月7日：威灵顿跨过比达索阿河。

10月9日：杜本之战。

10月14日：利伯特沃克维茨之战。

10月16日—19日：莱比锡会战。

10月18日：萨克森叛逃至反法同盟一方。

10月30日：哈瑙之战。

10 月 31 日：法军放弃潘普洛纳。

11 月 11 日：法军放弃德累斯顿。

1814 年

1 月 11 日：那不勒斯加入反法同盟。

1 月 14 日：丹麦与反法同盟议和。

1 月 27 日：圣迪济耶之战。

1 月 29 日：布雷尼之战。

2 月 1 日：拉罗蒂埃战役。

2 月 3 日：法国开始尝试与反法同盟议和。

2 月 10 日：尚波贝尔之战。

2 月 11 日：蒙米莱尔之战。

2 月 12 日：蒂埃里城堡之战。

2 月 14 日：沃尚之战。

2 月 17 日：瓦尔茹安之战。

2 月 18 日：蒙特罗之战。

2 月 26 日：英军围攻巴约讷。

2 月 27 日：奥尔泰兹之战。

2 月 27 日—28 日：莫城之战。

3 月 7 日：克雷恩之战。

3 月 9 日：反法同盟制定《休蒙条约》（*Treaty of Chaumont*），准备处置
法国。

3 月 9 日—10 日：拉昂之战。

3 月 13 日：兰斯之战。

3 月 20 日：奥布河畔阿尔西斯之战。

3 月 25 日：拉菲尔尚佩诺斯之战。

3 月 31 日：反法联军进攻蒙马特高地，巴黎投降。

4 月 6 日：拿破仑无条件退位。

4 月 17 日：伊比利亚半岛战争结束。

4 月 28 日：拿破仑前往厄尔巴岛。

4 月 30 日：法国签署与反法同盟的第一次《巴黎条约》。

5 月 27 日：法军达武元帅所部放弃汉堡。

7 月 5 日：奇佩瓦之战。

7 月 25 日：伦迪巷之战。

11 月 1 日：维也纳会议召开。

12 月 23 日：美英签署《根特条约》。

1815 年

1 月 8 日：新奥尔良之战。

2 月 26 日：拿破仑逃出厄尔巴岛。

3 月 1 日：拿破仑在法国南部登陆。

3 月 15 日：缪拉统治下的那不勒斯王国对奥地利宣战。

3 月 19 日：波旁王室离开巴黎。

3 月 20 日：拿破仑抵达他忠诚的巴黎。

3 月 25 日：第七次反法同盟成立。

5 月 2 日—3 日：托伦蒂诺之战。

6 月 9 日：维也纳会议闭会。

6 月 16 日：利尼和四臂村之战。

6 月 18 日：滑铁卢之战；瓦夫尔之战。

6 月 22 日：拿破仑再次退位。

9 月 26 日：俄国、普鲁士、奥地利组成神圣同盟。

11 月 20 日：法国签署与反法同盟的第二次《巴黎条约》。

参考文献

一、中文文献

［1］郭廷以．近代中国史纲［M］．香港：香港中文大学出版社，1986.

［2］王养冲，陈崇武．拿破仑书信文件集［M］．上海：上海人民出版社，1986.

［3］许天成．指文烽火工作室．跃动的金银：14—17 世纪欧洲战争经济简史［C］//.欧洲佣兵战争史［M］．北京：中国长安出版社，2018.

［4］杨灏城．埃及近代史［M］．北京：中国社会科学出版社，1985.

［5］（英）马歇·康华尔．作为军事指挥官的拿破仑［M］．钮先钟，译．台北：军事译粹出版社，1975.

［6］（英）约翰·霍兰·罗斯．拿破仑一世传（下册）［M］．广东外国语学院英语系翻译组，译．北京：商务印书馆，1977.

［7］张宏杰．饥饿的盛世：乾隆时代的得与失［M］．长沙：湖南人民出版社，2012.

［8］赵立人．拿破仑临终不忘广州人［N］．羊城晚报，2012-01-07，B10 版．

［9］孟庆莉．试论法国大革命时期的货币、财政问题［J］．素质教育论坛，2012（24）．

［10］潘凤娟．澄定堂寄存国家图书馆拿破仑终身执政文件［J］．国家图书馆馆讯，2020（3）．

［11］王泰．19 世纪上半期埃及政治与宗教关系的历史流变［J］．外国问题研究，2021（4）．

二、外文文献

［1］Abd al-Rahmân al-Jabarti. *Journal d'un Notable du Caire Durant l'expédition Française 1798-1801*［M］. Paris: Albin Michel, 1979.

［2］Agathon Jean François Fain. *Manuscrit de Mil Huit Cent Douze: Vol. 1*［M］. London: Fb&c Limited, 2018.

［3］Agathon Jean François Fain. *Mémoires*［M］. Paris: Arléa, 2001.

［4］Albert Mathiez. *La Vie Chère et le Mouvement Social sous la Terreur*［M］. Paris: Payot, 1973.

［5］Albert Sorel. *Bonaparte en Italie*［M］. Paris: Flammarion, 1933.

［6］Alfred Fierro. *La Vie des Parisiens sous Napoléon*［M］. Paris: Napoléon Ier Éditions, 2003.

［7］Alian Decaux. *Napoleon's Mother*［M］. London: Cresset Press, 1962.

［8］Alphonse Aulard. *Paris Sous le Premier Empire*［M］. London: Forgotten Books, 2018.

［9］Alphonse de Lamartine. *The History of the Restoration of Monarchy in France*［M］. Paris: H. G. Bohn, 1854.

［10］Amédée Vialay. *La Vente des biens nationaux pendant la Révolution française*［M］. Paris: Perrin, 1908.

［11］Andrew Roberts. *Napoleon: A Life*［M］. London: Penguin Global, 2014.

［12］Antoine Henry de Jomini. *Histoire Critique et Militaire des Guerres de la Révolution*［M］. Paris: Bruxelles, 1838.

［13］Antonin Debidour. *Recueil des Actes du Directoire Exécutif*［M］. Paris: Imprimerie Nationale, 1910.

［14］Archibald Alison. *History of Europe from the Commencement of the French Revolution to the Restoration of the Bourbons in 1815*［M］. London:

Blackwood, 1860.

［15］ Arthur Chuquet. *La Jeunesse de Napoléon* ［M］. Paris: Armand Colin et Cie, 1900.

［16］ Arthur Richard Wellesley. *Supplementary Despatches and Memoranda of Field Marshal Arthur, Duke of Wellington, K.G* ［M］. London: J. Murray, 1864.

［17］ August Fournier. *Napoleon I: Eine Biographie* ［M］. Leipzig: Ulan Press, 1922.

［18］ Baron Peyrusse. *Mémorial et archives 1809—1815* ［M］. Carcassonne: Labau, 1869.

［19］ Bernard Chevallier. *Napoléon Les Lieux du Pouvoir* ［M］. Versailles: ART LYS, 2004.

［20］ Charles Gomel. *Les Causes Financières de la Révolution Française* ［M］. New York: B. Franklin, 1966.

［21］ Charles Montholon. *History of the Captivity of Napoleon at St Helena* ［M］. London: John Murray: 7.

［22］ Charles Otto Zieseniss. *Napoléon et la Cour impériale* ［M］. Paris: Jules Tallandier, 1980.

［23］ Charles Shriner. *Wit, Wisdom and Foibles of the Great: Together with Numerous Anecdotes Illustrative of the Characters of People and Their Rulers* ［M］. London: Forgotten Books, 2018.

［24］ Christine Sutherland. *Marie Walewska le Grand Amour de Napoléon* ［M］. Paris: Perrin, 1981.

［25］ Christopher Clark. *Iron Kingdom: The Rise and Downfall of Prussia 1600—1947* ［M］. Cambridge: Harvard University Press, 2006.

［26］ Clément de La Jonquière. *L›Expédition d'Égypte* ［M］. Paris: Éditions Historiques Teissèdre, 2003.

［27］Comte de Lavalette. *Mémoires et souvenirs du comte de Lavalette*［M］. Paris: Mercure de France, 1994.

［28］Constant. *Mémoires de Constant*［M］. Paris: Jean de Bonnot, 1967.

［29］*Copies of Original Letters from the French Army Part the Third: Letters to the French Government Intercepted by the British Fleet in the Mediterranean*［M］. London: Published Here by Authority, 1800.

［30］David Andress. *The Oxford Handbook of the French Revolution*［M］. Oxford: Oxford University Press, 2015.

［31］David Chandler. *The Campaigns of Napoleon*［M］. Torrington: Easton Press, 1991.

［32］Denis Bingham. *A Selection from the Letters and Despatches of the First Napoleon*［M］. London: Chapman & Hill Limited, 1884.

［33］Denis Lemarié. *Chroniques de Versailles*［M］. Paris: Éditions Publibook, 2005.

［34］Department of State Office of the Historian. *Napoleonic Wars and the United States 1803-1815*［M］. Washington D.C.: Government Printing Office, 2017.

［35］Desmond Gregory. *Napoleon's Jailer: Lt. General Sir Hudson Lowe: A Life*［M］. Plainsboro: Associated University Presses, 1996.

［36］Digby Smith. *The Greenhill Napoleonic Wars Data Book*［M］. London: Lionel Leventhal, 1998.

［37］Dominique Vincent Ramel. *Des Finances de la République Française en l'an IX*［M］. Paris: Agasse, 1801.

［38］Dorothy Carrington. *Portrait de Charles Bonaparte*［M］. Ajaccio: Alain Piazzola, 2013.

［39］Duchesse de Abrantes. *At the Court of Napoleon*［M］. New York: Doubleday, 1989.

［40］Émile Laurent, Jérôme Mavidal. *Archives Parlementaires de 1787 à 1860: Tome IX*［M］. Paris: Librairie Administrative P. Dupont, 1877.

［41］Emmanuel de Las Cases. *Le Mémorial de Sainte-Hélène*［M］. Paris: Points, 2016.

［42］Emmanuel de Waresquiel. *Talleyrand, le Prince Immobile*［M］. Paris: Fayard, 2003.

［43］Emmanuel Joseph Sieyès. *Qu›est-ce que le Tiers-État*［M］. Paris: Société de l›Histoire de la Révolution Française, 1888.

［44］Eric Anderson Arnold. *A Documentary Survey of Napoleonic France*［M］. Lanham: University Press of America, 1995.

［45］Éric Hazan. *Une Histoire de la Révolution Française*［M］. Paris: La Fabrique, 2012.

［46］Évelyne Lever. *Louis XVI*［M］. Paris: Fayard, 1985.

［47］Félix Bouvier. *Bonaparte en Italie*［M］. Versailles: Éditions Léopold Cerf, 1899.

［48］François Crouzet. *La Grande Inflation. La Monnaie en France de Louis XVI à Napoléon*［M］. Paris: Fayard, 1993.

［49］François Furet, Denis Richet. *La Révolution*［M］. Paris: Hachette Littérature, 1997.

［50］François Latour. *Gaudin, le Grand Argentier de Napoléon*［M］. Paris: Éditions du Scorpion, 1962.

［51］Frank Edgar Melvin. *Napoleon's Navigation System: A Study of Trade Control During the Continental Blockade*［M］. New York: D. Appleton & Company, 1919.

［52］Franklin Scott. *Bernadotte and the Fall of Napoleon*［M］. Cambridge: Harvard University Press, 1935.

［53］Frédéric Masson. *Joséphine impératrice et reine*［M］. Paris: Librairie Paul

Ollendorf, 1910.

[54] Frederic Masson. *Marie Walewska* [M] . Paris: Guillaume, 1897.

[55] Frédéric Masson. *Napoléon Chez Lui* [M] . Paris: Albin Michel, 1929.

[56] Gabriel Fabry. *Capitaine Campagne de l'armée d'Italie* [M] . Paris: Librairie Lucien Dorbon, 1914.

[57] Gaspard Gourgaud. *Sainte-Hélène: Journal Inedit de 1815—1818* [M] . Paris: LACF Editions, 2013.

[58] George Kirk. *A short History of the Middle East: From the Rise of Islam to Modern Times* [M] . London: Methuen, 1964.

[59] Germain Sicard. *Mélanges Germain Sicard* [M] . Toulouse: Presses de l'Université Toulouse Capitole, 2021.

[60] Ghislain de Diesbach. *Necker ou la Faillite de la Vertu* [M] . Paris: Perrin, 2004.

[61] Great Britain Parliament. *The Parliamentary Debates from the Year 1803 to the Present Time* [M] . London: T.C. Hansard, 1816.

[62] Guglielmo Ferrero. *Bonaparte en Italie* [M] . Paris: Éditions de Fallois, 1994.

[63] Hans Kléber. *Marschall Bernadotte, Kronprinz von Schweden* [M] . Stockholm: Perthes, 1910.

[64] Helen Maria Williams. *A Narrative of the Events Which Have Taken Place in France From the Landing of Napoleon Bonaparte on the First of March, 1815, Till the Restoration of Louis XVIII* [M] . London: Forgotten Books, 2017.

[65] Henri Bertrand, Paul Fleuriot de Langle. *Cahiers de Sainte-Hélène: journal 1818—1819, Manuscrit déchiffré et annoté par Paul Fleuriot de Langle* [M] . Paris: Albin Michel, 1959.

[66] Henri Plon. *Correspondance de Napoléon Ier* [M] . Paris: Publiée par ordre

de l'Empereur Napoléon III, 1858.

［67］Henry Laurens. *L'Expédition d'Égypte 1798-1801*［M］. Paris: Armand
Colin, 1989.

［68］Hubert Richardson. *A Dictionary of Napoleon and His Times*［M］. London:
Cassell Company, 1920.

［69］Hugh Chisholm. *Encyclopædia Britannica: Vol. 17 (11th ed.)*［M］.
Cambridge: Cambridge University Press, 1911.

［70］Irene Collins. *Napoleon: First Consul and Emperor of the French*［M］.
London: THA, 1986.

［71］Jacques Godechot. *La Grande Nation*［M］. Paris: Aubier, 2004.

［72］Jacques Godechot. *La Vie Quotidienne en France sous le Directoire*［M］.
Paris: Hachette, 1977.

［73］Jacques Godechot. *Les Commissaires des Armées sous le Directoire*［M］.
Paris: Presses Universitaires de France, 1941.

［74］Jacques Macé. *Dictionnaire Historique de Sainte-Hélène*［M］. Paris:
Tallandier, 2004.

［75］Jacques Marquet de Montbreton Norvins. *Histoire de Napoléon*［M］. Paris:
Furne, 1842.

［76］Janice Alberti Russell. *The Italian community in Tunisia 1861–1961: a Viable
Minority*［M］. New York: Columbia University Press, 1977.

［77］Jean Antoine Chaptal. *Mes souvenirs sur Napoleon*［M］. Paris: Librairie
Plon, 1893.

［78］Jean Baptiste Poussielgue. *Lettre de M. Poussielgue, ancien administrateur-
général des finances de l'Egypte accompagnée de pièces justificatives, à M.
Thiers*［M］. Paris: Gustave Pissin, 1845.

［79］Jean Claude Damamme. *La Bataille de Waterloo*［M］. Paris: Perrin, 1999.

［80］Jean Landrieux. *Mémoires de l'adjudant Général Jean Landrieux*［M］.

Paris: Albert Savine, 1893.

[81] Jean Paul Massaloux. *La Régie de l'enregistrement et des Domaines aux XVIIIe et XIXe Siècles* [M] . Genève: Droz, 1989.

[82] Jean Tulard. *Dictionnaire Napoleon* [M] . Paris: Fayard, 1999.

[83] Jean Tulard. *Les Thermidoriens* [M] . Paris: Fayard, 2005.

[84] Jonathan North. *Napoleon on Elba: Diary of an Eyewitness to Exile* [M] . Welwyn Garden City: Ravenhall Books, 2004.

[85] Joseph Turquan. *L'impératrice Joséphine d'après les témoignages des contemporains* [M] . Paris: Tallandier, 1896.

[86] Laffitte. *Mémoires Publiés par Paul Duchon* [M] . Paris: Firmin-Didot, 1932.

[87] Louis Antoine de Bourrienne. *Mémoires de Bourrienne* [M] . Paris: Ladvocat, 1829.

[88] Louis Madelin. *Histoire du Consulat et de l'Empire* [M] . Paris: Tallandier, 1974.

[89] M. *W. Daly. The Cambridge History of Egypt From 1517 to the End of Twentieth Century* [M] . New York: Cambridge University Press, 2008.

[90] Mahmoud Hussein. Sur l'expédition de Bonaparte en Égypte [M] . Arles: Actes Sud, 1998.

[91] Marcel Marion. *Histoire Financière de la France Depuis 1715* [M] . Paris: Arthur Rousseau, 1914.

[92] Marchand. *Mémoires Publiés par Jean Bourguignon et Henry Lachouque* [M] . Paris: Plon, 1955.

[93] Maréchal Marmont. *Avec Bonaparte* [M] . Paris: Arléa, 2006.

[94] Marian Brandys. *The troubles with Lady Walewska* [M] . Warsaw: Iskry, 1971.

[95] Martin Gaudin. *Mémoires, Souvenirs, Opinions et Écrits du Duc de Gaëte*

［M］. Paris: Armand Colin, 1926.

［96］Michael Graham Fry, Erik Goldstein, Richard Langhorne. *Guide to International Relations and Diplomacy* ［M］. Bloomsbury: Bloomsbury Publishing, 2002.

［97］Michel Winock. *1789: l'Annee Sans Pareille* ［M］. Paris: Hachette, 1998.

［98］Napoleon Foundation. *Correspondance générale de Napoléon: Ruptures et Fondation (1803-1804)* ［M］. Paris: Fayard, 2007.

［99］Napoleon Foundation. *Correspondance générale de Napoléon: Tilsit, l'apogée de l'Empire, 1807* ［M］. Paris: Fayard, 2010.

［100］Napoléon. *Correspondance Générale publiée par la Fondation Napoléon* ［M］. Paris: Fayard, 2004.

［101］Nicolas Machiavel. *Le Prince* ［M］. Paris: Jean de Bonnot, 1985.

［102］Nicole Gotteri. *Maison de l'empereur, Domaine étranger* ［M］. Paris: Archives Nationales, 1989.

［103］Ouvrard. *Mémoires de G.-J. Ouvrard* ［M］. Paris: Moutardier, 1826.

［104］Par Iung. *Bonaparte et Son Temps* ［M］. Paris: Charpentier, 1883.

［105］Pasquier. *Mémoires* ［M］. Paris: Plon, 1893.

［106］Patrice Gueniffey. *Bonaparte* ［M］. Paris: Gallimard, 2013.

［107］Paul Barras. *Mémoires de Barras: Tome III* ［M］. Paris: Hachette, 1896.

［108］Paul Gaffarel. *Bonaparte et les Républiques Italiennes* ［M］. Paris: Alcan, 1895.

［109］Paul Ganière. *Napoléon à Sainte-Hélène: le Dernier Voyage de l'Empereur de la Malmaison à Longwood* ［M］. Paris: Amiot Dumont, 1957.

［110］Paul Thiébault. *Mémoires du Général Baron Thiébault* ［M］. Paris: Librairie Plon, 1897.

［111］Philip Dwyer, Peter McPhee. *The French Revolution and Napoleon* ［M］. London: Routledge, 2002.

［112］Philippe Minard, Collectif, Guy Antonetti. *État, finances et économie pendant la Révolution française* ［M］. Paris: Comité pour l'histoire économique et financière de la France, 1991.

［113］Plunket Barton. *Bernadotte: Prince and King 1810—1844* ［M］. London: John Murray, 1925.

［114］Pons de l'Hérault. *Souvenirs et anecdotes de l'île d'Elbe* ［M］. Paris: Plon, 1897.

［115］Ramon Gabriel. *Histoire de la Banque de France* ［M］. Paris: Bernard Grasse, 1929.

［116］René Stourm. *Les Finances de l'Ancien Régime et de la Révolution* ［M］. Paris: Guillaumin & Cie, 1885.

［117］René Stourm. *Les Finances du Consulat* ［M］. Paris: Guillaumin & Cie, 1902.

［118］Robert Tombs, Isabelle Tombs. *That Sweet Enemy: Britain and France: The History of a Love-Hate Relationship* ［M］. New York: Vintage, 2008.

［119］Roger Knight. *Britain Against Napoleon* ［M］. London: Penguin Global, 2013.

［120］Sir Walter Scott. *The Life of Napoleon Bonaparte, Emperor of the French* ［M］. New York: J. & J. Harper, 1827.

［121］Thierry Lentz. *1810 Le tournant de l'Empire* ［M］. Paris: Nouveau Monde Editions, 2010.

［122］Thomas Carlyle. *The French Revolution: A History* ［M］. New York: Thomas Nelson and Sons, 1902.

［123］Thomas Ussher. *Napoleon's Last Voyages* ［M］. Ithaca: Cornell University Library, 2009.

［124］Vicomte de Pelleport. *Souvenirs Militaires et Intimes de 1793 à 1853: Publiés par son Fils* ［M］. Tome 1. Paris: Didier et Chaumas, 1857.

［125］William Doyle. *The Oxford History of the French Revolution*［M］. Oxford: Oxford University Press, 1990.

［126］Charles Bonaparte. *Aide-mémoire pour mes affaires domestiques, commencé au mois de septembre 1780, à Ajaccio*［G］. Bibliothèque Nationale, Cabinet des Manuscrits.

［127］*Compte des finances de l'an VI*［G］. Paris: Imprimerie Nationale, an VII.

［128］*Compte rendu au Directoire exécutif par le ministre des Finances sur l'administration de son département depuis l'organisation du gouvernement constitutionnel jusqu'au 1er vendémiaire de l'an V*［G］. Paris: Imprimerie de la République, Fructidor an V.

［129］*Comptes généraux du Trésor public*［G］. AN. X, Imprimerie Nationale.

［130］*Lettre de Laffitte du 22 février 1822 adressée au journal Le Constitutionnel*［G］. Paris: Imprimerie Nationale, 1830.

［131］*Lettre de Las Cases au cardinal Fesch, 12 mars 1818*［G］. Catalogue de vente Osenat, 10 décembre 2005.

［132］*Napoléon et Son Temps*［G］. Catalogue de la Vente Émile Brouwet, Drouot, 1934: No. 118.

［133］Prévot Chantal. *Le Testament de Napoléon Ier*［G］. Napoleon Foundation.

［134］*Procès-verbal de la Séance des Banquiers et Négociants Convoqués Chez le Consul Bonaparte, le 3 frimaire an VIII*［G］. S.L.N.D.

［135］Roger Quentin. *Peyrusse Guillaume Joseph (1776-1860) un Trésorier de Napoléon, Histoire des 2 Empires, Biograhies*［G］. Napoléon Foundation.

［136］André Peyrusse. *Les finances de l'Égypte Durant l'occupation Française*［J］. Revue Britannique, 1882(5).

［137］Antoine Romain Hamelin. *Douze ans de ma vie*［J］. Revue de Paris, 1926(6).

［138］Colonel Henri Ramé. *Denuelle de la Plaigne, Eeléonore, (1787—1868)*

Maîtresse de Nnapoléon, Mère du Comte Léon [J] . Revue du Souvenir Napoléonien, No.357, Issue 2, 1988.

[139] Eugene Nelson White. *The French Revolution and the Politics of Government Finance, 1770—1815* [J] . Journal of Economic History, 1995(2).

[140] Gérard Lucotte, Jacques Macé, Peter Hrechdakian. *Reconstruction of the Lineage Y Chromosome Haplotype of Napoléon the First* [J] . International Journal of Sciences, 2013(2).

[141] Gerri Chanel. *Taxation as a Cause of the French Revolution: Setting the Record Straight* [J] . Studia Historica Gedansia, 2016(4).

[142] Jean Savant. *Les Fonds Secrets de Napoléon* [J] . Toute l'Histoire de Napoléon, 1952: No.1 & No.2.

[143] Jeff Horn. *Building the New Regime: Founding the Bonapartist State in the Department of the Aube* [J] . French Historical Studies, 2002(2).

[144] Peter Mathias, Patrick O'Brien. *Taxation in Britain and France, 1715-1810: A Comparison of the Social and Economic Incidence of Taxes Collected for the Central Governments* [J] . Journal of European Economic History, 1976(5).

[145] Pierre Branda. *La liquidation du trésor de l'empereur en 1815* [J] . Revue du Souvenir Napoléonien, 1957(449).

[146] Staff. *State Papers* [J] . The European Magazine, and London Review, 1918:(1).

[147] Kathleen Mcilvenna. *From the civil list to deferred pay : the British government, superannuation and pensions 1810—1909* [D] . Doctoral thesis, 2019, University of London.

[148] Richard Dewever. *On the Changing Size of Nobility Under Ancien Régime 1500—1789* [D] . Paris: Université PSL, 2017.

［149］AF-III-198［Z］. Archives Nationales.

［150］Évelyne Cohen. *Création du franc Germinal 7-24 germinal an XI (7-14 avril 1803)*［Z］. Commemorations Collection 2003, Archives Nationales.

［151］FRAN_NP_050537, fonds Poussielgue 131 AP［Z］. Archives Nationales.

［152］HD-GR2. C/571［Z］. Archives de France.

［153］Le Testament de Napoléon［Z］. AE-I-13-21, Archives Nationales.

［154］O2-13［Z］. Archives Nationales.

［155］Андре Пон де л'Эро. *Энциклопедический словарь Брокгауза и Ефрона: в 86 т. (82 т. и 4 доп.)*［Z］. — С П б ., 1890—1907.